中级经济师
3天高效学习方法课

超过10万同学和你一起学

零基础，也能快速入门

公开课内容

- ✓ 最新考情变化解析
- ✓ 如何选择一个高通过率专业
- ✓ 如何攻克最难的《经济基础知识》
- ✓ 听故事解读会计报表及计算

张老师

第一财经广播&电视特邀嘉宾
10多年经济师教学经验
累计服务10万+经济师学员

扫描下方二维码
立即加入名师课堂

全国经济专业技术资格考试用书

66小时过中级经济师
金融专业知识与实务
一本通

高顿财经研究院

文汇出版社

图书在版编目（CIP）数据

66小时过中级经济师. 金融专业知识与实务一本通 / 高顿财经研究院编著. —上海：文汇出版社，2021.8

ISBN 978-7-5496-3558-0

Ⅰ.①6… Ⅱ.①高… Ⅲ.①金融-资格考试-自学参考资料 Ⅳ.①F0

中国版本图书馆CIP数据核字（2021）第094675号

66小时过中级经济师·金融专业知识与实务一本通

作　　者 /	高顿财经研究院
责任编辑 /	戴　铮
助理编辑 /	邱奕霖
封面设计 /	汤惟惟
版式设计 /	汤惟惟
出版发行 /	文匯出版社
	上海市威海路755号
	（邮政编码：200041）
印刷装订 /	上海祝桥新华印刷有限公司
版　　次 /	2021年8月第1版
印　　次 /	2021年8月第1次印刷
开　　本 /	787毫米×1092毫米　1/16
字　　数 /	505千字
印　　张 /	18.5
书　　号 /	ISBN 978-7-5496-3558-0
定　　价 /	70.00元

编委会

编委会主要成员

冯伟章　牛嘉　李哲　宋洁

主要内容校对

孙文　郁丰　刘畅　汪安琪　王胤　庄非凡　金哲

前　言

改革开放四十多年来，中国经济发展取得伟大成就，科技创新日新月异，民生水平不断提高。然而，国内国际经济形势仍然复杂严峻，构建以国内大循环为主体、国内国际双循环相互促进的新发展格局，依然任重而道远。

经济水平与结构的提升，必然要求职场从业者具有更高的认知水平和职业能力。中级经济师是我国的职称之一，众多职场朋友选择参加中级经济师的考试，来进行学习与自我提高。为此，高顿教育推出了"66小时过中级经济师"系列教材。

本教材基于诸多老师多年的教学积累，将"体系性"与"靶向教学"有机结合，以通俗易懂为行文标准，以备考实用为全书目标，力求帮助读者快速掌握知识、精准把握考点，从而高效通过考试。

本教材根据最新的考试大纲要求进行编写，采用特有的"任务制"学习体系，将每个部分进行了学习任务的划分，在每个任务中都清晰的注明了考查分值、难度和重要考点，方便读者精准地进行学习规划，把握学习进度。具体知识的讲解，都力求结构清晰、要点明确，同时辅以"名师说"、"趣味说"、"记忆小窍门"等环节，构建沉浸式学习场景，让读者轻松、高效掌握要点、考点。

有成长才是生命，否则日出日落并无意义！

在此也祝愿各位读者，顺利通过中级经济师考试，得到更好的职业发展，为我国经济的进一步蓬勃发展添砖加瓦。

本书得以付梓出版，要特别感谢众多在撰写和校审中倾心付出的老师，正是他们对精益求精的执着，对工作不懈的努力，才有本教材的顺利完成。

相信书中仍有不当之处，恳请广大读者提出宝贵意见，我们将持续改进！

冯伟章

CFA 持证人、FRM 持证人

高顿教育 CFA/FRM 研究院　院长

开 篇

一、考试介绍

"中级经济师"是经济师类别的职称,要取得该职称,需要通过我国人力资源和社会保障部举办的"经济专业技术资格考试",自 2020 年起,经济专业技术资格分为初级、中级、高级三个级别,本书涉及的是其中的中级级别。

该考试有两个科目,具体为《经济基础知识》《专业知识与实务》,其中,《经济基础知识》为公共科目(必考),《专业知识和实务》为专业科目(任选一个进行考试),分别按工商管理、农业经济、财政税收、金融、保险、运输经济、人力资源管理、旅游经济、建筑与房地产经济、知识产权 10 个专业类别命制试卷。

《金融专业知识与实务》考试时间为 90 分钟,考试题型均为客观题,分别为:单项选择题、多项选择题、案例分析题(不定项选择题)。具体的题型、题量、分值和评分标准如下表所示:

考试科目	题型	题量/分值	评分标准	满分
《金融专业知识与实务》	单项选择题	60/60	只有一个选项最符合题意	140
	多项选择题	20/40	有 2 个或 2 个以上的选项符合题意,错选,本题不得分;少选,所选的每个选项得 0.5 分	
	案例分析题	20/40	由"单项选择题"和"多项选择题"组成。错选,本题不得分;少选,所选的每个选项得 0.5 分	

二、本书特色

经济专业技术资格考试主要考查考生对知识点的理解和记忆。总体来说,考题相对简单,但需要记忆的知识点较多,建议考生以知识点的理解为主,从题目练习入手,通过"知识点学习+做题"来达到记忆考点的目的。

(一)知识体系

《金融专业知识与实务》一共有十个章节,本书从金融市场、金融机构、利率、货币、金融监管、国际金融等方面对金融专业知识展开了介绍,按照知识点的逻辑,分为 24 个任务。

章节序号	章节名称	任务编号	任务名称
第1章	金融市场与金融工具	1	金融市场概述
		2	金融市场分类及其工具
第2章	利率与金融资产定价	3	利率的计算和决定理论
		4	收益率与金融资产的定价
第3章	金融机构与金融制度	5	金融机构和金融制度
		6	我国的金融机构
第4章	商业银行经营与管理	7	商业银行经营
		8	商业银行管理
第5章	投资银行与证券投资基金	9	投资银行
		10	证券投资基金
第6章	信托与租赁	11	信托概述
		12	信托公司
		13	融资租赁
		14	金融租赁
第7章	金融工程与金融风险	15	金融工程
		16	金融风险
第8章	货币供求及其均衡	17	货币供求
		18	货币均衡
第9章	中央银行与金融监管	19	中央银行
		20	货币政策（上）
		21	货币政策（下）
		22	金融监管
第10章	国际金融及其管理	23	国际收支和国际储备
		24	国际货币和外汇管理

（二）本书亮点

本书紧扣考试大纲，对官方教材的知识点进行总结概述，结合历年真题，精炼出高频考点，采用分任务学习的方法，让考生了解自身的学习进度，灵活地控制学习节奏，更好地分配学习时间，做好应试准备。

1. "任务制"学习法

本书采用"任务制"模式。将官方教材按照知识点进行划分，基于考试特点——记忆知识点为主，对所有的重要考点进行了合并或拆分，将教材的重要知识点颗粒化为每一个"任务"。

任务制的学习可以让考生对每部分知识有一个框架性的掌握，然后按知识的逻辑，一步一步地深入了解该部分内容。

例如，本书将《金融专业知识与实务》的"第九章 中央银行与金融监管"，划分为四个任务——中央银行；货币政策（上）；货币政策（下）；金融监管。层层递进，来介绍我国的金融监管体系。

2. "66小时"通关秘诀

根据中级经济师考试特点，高顿财经研究院的老师们从学习逻辑和学习效率角度，将每个科目拆分为若干个学习任务，每个"任务"的学习时间控制在 1~1.5 小时，力争实现通过 66 个小时完成中级经济师两门科目的学习。

"66小时"通关秘诀旨在让考生理清学习脉络，主动掌握自身的学习进度，有效控制学习节奏，从而合理安排学习时间，完成充足的考前准备。

三、本书模块具体说明：

1. 任务框架图

本书中，每个任务均绘制了框架图，旨在告知考生该任务所包含的任务内容和学习目标，让考生能够有的放矢，合理安排复习节奏。框架图中，按照考纲要求对每个任务的知识点做了"星级"标识。"★★★"考点，建议考生结合例题，对知识点有透彻的理解和熟练的掌握；"★★"考点，建议考生对知识点加以记忆；"★"考点，建议考生了解知识点即可。

2. 知识点讲解

为了将繁多的知识点梳理清晰，本书在知识点的呈现形式上，尽可能采用图和表的形式，突出知识点之间的逻辑和关联，帮助考生理解记忆。

3. 配套例题

本书选择历年真题作为例题，在对例题进行深入分析、研究的基础上，总结考试规律，并针对高频考点和易错的知识点给出了相应的例题，帮助考生加深对这些知识点的理解。

4. 名师说

这一模块对难度较高且不易理解的知识点进行详细的解释，旨在帮助考生在深入、透彻理解知识点的基础上加深记忆。

5. 记忆小窍门

这一模块主要是提供部分知识点的记忆诀窍，辅助考生更好地理解记忆、快速背诵。

6. 趣味说

这一模块主要包含一些与知识点相关的有趣小故事或形象性的描述，旨在让考生在学习繁杂的知识点时，放松心情，体会到学习的乐趣。

7. 在线题库

考生可通过扫描封底二维码，领取在线题库。在线题库可以模拟考试环境，不仅习题量充足，而且每道题都配有详细的答案解析，帮助考生更好地复习巩固、查漏补缺。

目　录

任务 1　金融市场概述 ………………………………………………………… 1
　一、金融市场的含义 …………………… 1
　二、金融市场的构成要素 ……………… 2
　三、金融市场的类型 …………………… 5
　四、货币市场及其构成 ………………… 7

任务 2　金融市场分类及其工具 ……………………………………………… 12
　一、资本市场及其工具 ………………… 12
　二、金融衍生品市场及其工具 ………… 20
　三、互联网金融 ………………………… 24

任务 3　利率的计算和决定理论 ……………………………………………… 27
　一、利率的计算 ………………………… 27
　二、利率决定理论 ……………………… 32

任务 4　收益率与金融资产的定价 …………………………………………… 37
　一、收益率 ……………………………… 37
　二、金融资产定价 ……………………… 40
　三、我国的利率市场化 ………………… 46

任务 5　金融机构和金融制度 ………………………………………………… 49
　一、金融机构概述 ……………………… 49
　二、金融制度 …………………………… 54

任务 6　我国的金融机构 ……………………………………………………… 60
　一、我国金融机构体系 ………………… 60
　二、我国金融监管机构及制度安排 …… 65

任务 7　商业银行经营 ………………………………………………………… 72
　一、商业银行经营与管理概述 ………… 72
　二、商业银行经营 ……………………… 74

任务 8　商业银行管理 ………………………………………………………… 85
　一、商业银行管理 ……………………… 85
　二、我国商业银行经营与管理 ………… 99

任务 9　投资银行 ……………………………………………………………… 101
　一、投资银行概述 ……………………… 101
　二、投资银行的主要业务 ……………… 103

任务 10　证券投资基金 ………………………………………………………… 117
　一、证券投资基金概述 ………………… 117
　二、证券投资基金的基金管理人和托管人
　　　……………………………………… 125

任务 11　信托概述 ……………………………………………………………… 128
　一、信托的概念与功能 ………………… 128
　二、信托的起源和发展 ………………… 132
　三、信托的设立及管理 ………………… 133
　四、信托市场及其体系 ………………… 135

任务 12　信托公司 ………………………………………………………………… 141

一、信托公司的设立、变更与终止 …………………………………………… 141

二、信托公司的业务运营 ………… 142

三、信托产品管理与客户关系管理 ………………………………………… 145

四、信托公司的财务管理、资本管理与会计核算 ……………………… 146

五、信托公司面临的风险与管理 …………………………………………… 147

任务 13　融资租赁 ………………………………………………………………… 150

一、租赁的概念与功能 …………… 150

二、租赁的产生与发展 …………… 153

三、租金管理 ……………………… 154

四、融资租赁合同 ………………… 155

五、融资租赁市场及其体系 ……… 157

任务 14　金融租赁 ………………………………………………………………… 159

一、金融租赁公司与融资租赁公司的区别 …………………………………… 159

二、金融租赁公司的设立、变更与终止 …………………………………… 160

三、金融租赁公司的业务运营 …… 162

四、金融租赁公司的资金筹集与盈利模式 ……………………………… 163

五、金融租赁公司的风险与监管 …………………………………………… 164

任务 15　金融工程 ………………………………………………………………… 167

一、金融工程概述 ………………… 167

二、金融远期 ……………………… 170

三、金融期货 ……………………… 173

四、金融互换 ……………………… 176

五、金融期权 ……………………… 180

任务 16　金融风险 ………………………………………………………………… 184

一、金融风险概述 ………………… 184

二、金融风险的管理 ……………… 189

三、金融风险管理的国际规则 …… 197

四、我国的金融风险管理 ………… 198

任务 17　货币供求 ………………………………………………………………… 201

一、货币需求概述 ………………… 201

二、货币需求理论 ………………… 201

三、货币供给过程 ………………… 207

四、货币层次 ……………………… 209

五、存款创造 ……………………… 210

六、货币乘数 ……………………… 211

任务 18　货币均衡 ………………………………………………………………… 213

一、货币均衡的含义 ……………… 213

二、货币均衡的实现机制 ………… 216

三、通货膨胀及其治理 …………… 216

四、通货紧缩及其治理 …………… 219

任务 19　中央银行 ································· 221
一、中央银行的产生及独立性 ······ 221
二、中央银行的性质与职能 ········ 222
三、中央银行的业务 ················ 224

任务 20　货币政策（上）························· 226
一、金融宏观调控概述 ············· 226
二、货币政策概述 ···················· 229
三、货币政策的目标 ················ 231
四、货币政策的工具 ················ 233

任务 21　货币政策（下）························· 238
一、货币政策的传导机制 ··········· 238
二、货币政策的中介目标和操作指标
　　·· 240
三、我国的货币政策 ················ 242
四、我国的宏观审慎政策 ·········· 245

任务 22　金融监管 ································· 247
一、金融监管概述 ···················· 247
二、金融监管的框架和内容 ········ 249

任务 23　国际收支和国际储备 ················ 261
一、汇率 ································ 261
二、国际收支及其调节 ············· 268
三、国际储备及其管理 ············· 272

任务 24　国际货币和外汇管理 ················ 274
一、国际货币体系 ···················· 274
二、离岸金融市场 ···················· 276
三、外汇管理与外债管理 ·········· 278

任务1 金融市场概述

任务概述

本任务涉及"第一章 金融市场与金融工具"的"第一节 金融市场与金融工具概述"和"第二节 货币市场及其工具"。内容包括：金融市场的含义、金融市场的构成要素、金融市场的类型、货币市场及其构成。

此任务在中级经济师考试中约考查3分，分值占比约为2%~3%。考试题型同时涉及单选题和多选题。

本任务整体难度适中，其中，重要考点为：金融市场的主体、金融工具的分类和性质、金融市场的类型，以及货币市场及其构成。

任务框架图

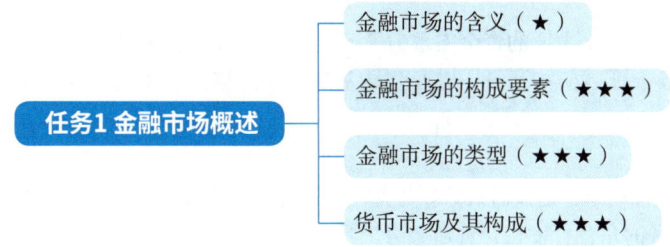

一、金融市场的含义（★）

（一）金融市场的含义

金融市场是指各类金融资产发生交易的场所，包括货币市场、股票市场、债券市场、外汇市场以及衍生品市场等。

（二）金融市场的功能

金融市场的功能主要包含提供资产交易的场所、进行资金的归集与传递，以及制定机制这3个特征，如表1-1所示：

表1-1 金融市场的功能

功能	含义
资产交易的场所	可以是有形的证券交易所或通过电信网络构成的无形市场
资金的归集与传递	反映金融市场的供求关系
制定机制	为个人、企业和政府的投融资活动提供便利

二、金融市场的构成要素（★★★）

金融市场包含3个基本的构成要素：金融市场主体、金融市场客体以及金融市场价格。

（一）金融市场主体

1. 家庭

家庭在金融市场中是**主要的资金供给者**。家庭通过将闲置资金投资在股票、债券、基金等金融工具中，为金融市场提供资金。同时，家庭也是资金的需求者。例如，家庭在购买房屋、汽车以及装修时，需要贷款融资和分期偿还。

2. 企业

企业是金融市场中**重要的资金需求者和供给者**。企业可以通过向银行借款、发行股票或债券等方式来募集资金，用于扩大生产规模和填补短期的资金缺口，此时企业是资金需求者。同时，企业在经营过程中也会有暂时闲置的货币资金，将用于投资金融工具，成为金融市场的资金供给者。另外，在金融衍生品市场，企业是重要的套期保值主体。

3. 政府

政府在金融市场中，是**主要的资金需求方**。政府需要通过发行公债来筹集资金，用于弥补财政赤字、调解收支平衡、干预经济运行，以及公共基础建设。当政府出现短期资金盈余时，也会暂时成为资金的供给者。

4. 金融机构

金融机构在金融市场中，是**最活跃**的参与者，扮演着资金需求者、资金供给者、中介机构的角色。
（1）资金需求者的角色：发行、创造金融工具和金融产品。
（2）资金供给者的角色：在金融市场中购买各类金融工具。
（3）中介机构的角色：能够将储蓄转化为投资。

金融市场主体中，金融机构的作用特殊在它的"多重角色"上。这个知识点可能出现在多选题中，考生需要重点掌握。

5. 金融调控及监管机构

中央银行的特殊地位在于它既是金融市场中重要的交易主体，又承担着一定的监管和调控职责。

作为金融市场资金的供给者，中央银行是商业银行的最后的贷款人。另外，中央银行也会通过货币政策的三大工具（法定存款准备金政策、再贴现政策以及公开市场政策）参与金融市场交易。当政府出现短期资金盈余时，也会成为资金的供应者。

另外，中央银行所从事的业务不是为了营利，而是为了实现国家宏观经济目标服务；同时，中央银行对商业银行以及其他金融机构的业务还有着监督和管理职能。

作为金融市场主体，中央银行的特殊地位集中表现为它是一个"特殊的金融机构"上面。具体来说，包括地位、业务和管理的特殊性。考生需要理解其基本含义，并与"任务16 金融风险"中的内容相结合。

6. 服务中介

服务中介是金融市场上不可缺少的服务机构，它不是中介机构，如会计师事务所。

例题 1.1（2018 年真题改编，单选题）金融市场中主要的资金供给者是（ ）。
A. 政府及政府机构　　　　　　　　B. 家庭
C. 金融中介机构　　　　　　　　　D. 企业

【答案】B

【名师解析】选项 A，政府通常是资金的需求者，当出现短期资金盈余时，也会暂时成为资金的供给者。选项 C，金融中介机构在金融市场中既可以是资金的需求者，也可以是资金的供给者。选项 D，企业是金融市场中重要的资金需求者和资金供给者。

（二）金融市场客体

金融市场客体是指金融市场上交易的对象或交易标的物，即金融工具。

1. 金融工具的分类

（1）根据期限不同，分为货币市场工具和资本市场工具。如表 1-2 所示：

表 1-2　金融工具分类

期限	分类	金融工具举例
1 年以内	货币市场工具	短期国债、商业票据、银行承兑汇票、大额可转让定期存单、同业拆借等
1 年以上	资本市场工具	股票、企业债券、中长期国债等

（2）根据性质不同，分为所有权凭证和债权凭证。
① 所有权凭证：主要是股票，投资者享有股东身份和权益，能够取得相应股息和红利。
② 债权凭证：一定时间内还本付息的有价证券，反映的是债权债务关系。
（3）根据与实际活动的关系，分为原生金融工具和金融衍生工具。
① 原生金融工具：股票、债券、基金、商业票据等能证明债权债务关系或所有权关系的合法凭证，也叫基础金融工具。
② 衍生金融工具：在原生金融工具的基础上衍化和派生的，其价值受基础金融工具的价值变动的影响，如期货合约、期权合约、远期合同、权益互换等。

中国金融博物馆中，完整地保存了一张 1911 年 5 月 20 日发行的湖广铁路债券，债券面值 20 英镑，年息 5 厘，九五折实付，期限 40 年。这张沉浸了历史密码的旧债券，是金融与辛亥革命之间因果关系的直接见证。从某种程度上讲，这张债券直接引发了结束中国 2 000 多年封建帝制的辛亥革命。它在清末签发，导致了清王朝的垮台，中华民国政府的出现。但是这张债券直到 1949 年中华人民共和国成立，再一次政权更替时，便不再付息，相当于无效了。在该债券存续过程中，各国还在和我们打官司，这也被人们称为"百年诉讼"。直到后来邓小平去美国谈到最高层的时候，认为它已经是一个政治问题，而不仅是经济问题了。后来美国高院判中国胜诉，事情才算了结。

例题 1.2（2019 年真题改编，多选题） 下列金融工具中，属于原生金融工具的是（　　）。
A. 商业票据　　　　B. 企业债券　　　　C. 股指期权　　　　D. 利率互换
E. 银行承兑汇票

【答案】ABE

【名师解析】选项 C，股指期权属于衍生金融工具。选项 D，利率互换属于互换合约，是衍生金融工具。

2. 金融工具的性质

金融工具有以下 4 个性质：

（1）期限性。指金融工具中债权凭证的偿还期，借款人或发行人必须按期还本付息。

（2）流动性。指金融资产在快速转化成现金时，其价值不会受到损失的能力。

（3）收益性。指金融工具能为持有人带来一定的收益，一方面来自金融工具的股息或利息，另一方面来自出售金融资产时所获得的资本利得。

（4）风险性。指投资于金融工具的本金或者预定收益会遭受损失的可能性。

这里的风险可分为两类：

① 信用风险：指债务人不履行债务，导致债权人遭受损失的风险。

② 市场风险：指金融工具的价格随利率、汇率或股价波动而变动的风险。

金融工具的 4 个性质之间的相互关系，如表 1-3 所示：

表 1-3　金融工具的 4 个性质之间的关系

性质	相关关系	具体内容
收益性与期限性	正相关	期限越长，收益越高；反之亦然
收益性与风险性	正相关	风险越大，收益越高；反之亦然
收益性与流动性	负相关	流动性越高，收益越低；反之亦然

名师说

收益性与期限性、风险性、流动性之间的关系和组合，增加了金融产品的多样性和丰富程度，满足了投资者和融资者多元化的需求和对"4 个性质"的不同偏好。

记忆小窍门

金融工具的 4 个性质之间的关系，主要是针对收益性与其他 3 个性质展开。其中，只有流动性与收益性是成负相关关系（考生需特别注意），其他都是正相关关系。

例题 1.3（2018 年真题改编，单选题） 关于金融工具的性质之间的关系，表述正确的是（　　）。
A. 期限性与流动性成负相关关系
B. 期限性与收益性成负相关关系
C. 收益性与风险性成负相关关系
D. 期限性与风险性成负相关关系

【答案】A

【名师解析】选项B，期限长的产品，收益较高；反之亦然。选项C，风险大的产品，收益较高；反之亦然。选项D，期限长的产品，流动性较差，风险性较高，二者成正相关关系。

(三) 金融市场价格

金融市场价格是指各种金融工具的价格。不同的金融工具价格不同，影响金融工具价格的因素也十分广泛。价格机制是金融市场运行的基础，金融产品的价格与交易者的实际收益直接相关，因此金融工具的定价是金融市场关注的焦点。

例题1.4（2019年真题改编，多选题）下列属于金融市场的基本构成要素的有（　　）。
A. 金融市场类型　　　B. 金融中介机构　　　C. 金融市场价格　　　D. 金融市场客体
E. 金融市场主体

【答案】CDE

【名师解析】选项A，金融市场的构成要素包括金融市场主体、金融市场客体以及金融市场价格，不包含金融市场类型。选项B，金融中介机构属于金融市场主体。

三、金融市场的类型（★★★）

根据不同的分类标准，金融市场可被划分为不同的市场类型，如表1-4所示：

表1-4　金融市场的分类标准和市场类型举例

分类标准	市场类型
交易标的	货币市场、债券市场、股票市场、外汇市场、黄金市场、保险市场、衍生品市场等
融资方式	① **直接**融资市场：资金供求双方直接进行资金融通，如政府或企业通过发行债券和股票在金融市场筹资； ② **间接**融资市场：借助金融中介（如银行）进行资金融通
	二者区别：依据中介机构在金融交易中的地位和性质而非中介的有无做区分： ① 直接融资市场：信息中介和服务中介； ② 间接融资市场：资金中介
交易性质	**发行市场**（一级市场或初级市场）： ① 资金需求者首次向资金供给者出售证券的市场； ② 投资银行、经纪人、证券公司承购或分销
	流通市场（二级市场或次级市场）： (1) 含义：买卖交易已经发行的金融工具的市场； (2) 两种形态： ① 有固定场所：在证券交易所内集中竞价； ② 分散的场外交易市场：运用网络通信技术

续表

分类标准	市场类型
有无固定场所	**场内市场（证券交易所市场）**： ① 是证券买卖双方在固定时间公开交易的集中场所； ② 证券交易所不参与定价与交易，实行公开竞价 **场外市场**（OTC）： ① 交易所外买卖双方一对一交易的市场； ② 信息披露要求较低，不存开公开竞价 **区别**：伴随金融市场的网络化、电子化、无纸化，二者边界越来越模糊
交易期限	① **货币市场**：1年以内的短期金融工具交易的市场； ② **资本市场**：1年以上的中长期金融工具融通的市场
地域范围	**国内金融市场**： (1) 金融工具的交易以本币定价； (2) 受本国法律制度的规范和保护； (3) 分类 ① 全国性金融市场； ② 地区性金融市场 **国际金融市场**： ① 金融工具进行国际交易的场所； ② 资本在国际市场流动，属于无形市场
成交与定价方式	① **公开市场**：交易双方公开竞价，买卖金融工具； ② **议价市场**：买卖双方相互协商定价，达成交易
交割时间	① **即期市场**：金融工具即刻交割和支付的市场； ② **远期市场**：不在当下交割，一段时间过后按合同清算和交割

> 金融市场是由多个子市场组成的市场体系，种类丰富。金融市场可按照不同的分类标准分为多种类型，考生需要重点掌握每种分类标准下的市场类型。

例题1.5（2018年真题改编，单选题）证券交易所市场又称（　　）。

A. 资本市场　　　　B. 货币市场　　　　C. 场外市场　　　　D. 场内市场

【答案】D

【名师解析】选项AB，根据交易期限划分，金融市场可分为货币市场和资本市场。选项C，根据有无固定交易场所划分，金融市场可分为场内市场和场外市场，其中场内市场又称证券交易所市场。

例题1.6（2017年真题改编，多选题）根据有无固定场所划分，下列关于金融市场类型的说法中，正确的是（　　）。

A. 场内市场能够取代场外市场

B. 场外市场是最原始的市场

C. 场外市场信息披露不充分

D. 目前场内市场与场外市场的界限越来越清晰

E. 场内市场与场外市场两者缺一不可

【答案】BCE

【名师解析】选项 A，场外市场（OTC）是最原始的市场，但是存在成本高、信息披露不充分的问题，因此开始组建场内市场。但是，场内市场的发展不能取代场外市场。选项 D，伴随金融交易的电子化、网络化和无纸化发展，场内市场与场外市场的界限越来越模糊。

四、货币市场及其构成（★★★）

货币市场是短期金融工具交易流通的市场。货币市场中交易的金融资产通常具有低风险、低收益、期限短、流动性高、对市场利率的变化敏感等特征，可以被认定为"准货币"。货币市场活动的主要目的有两个：一是为资金的需求者提供短期的资金支持，二是为资金的供给者提供闲置资金的短期盈利机会。

（一）同业拆借市场

1. 定义

同业拆借市场是除中央银行之外的金融机构之间进行短期资金融通、临时性头寸调剂的市场。

2. 特点

同业拆借市场具有以下 4 个特点：

（1）期限短：最长期限不超过 1 年，其中以隔夜拆借为主。

（2）参与者广泛：商业银行、非银行金融机构以及中介机构都可以参与。

（3）用于同业拆借市场中交易的资金主要来自各金融机构存放在中央银行的超额存款准备金。

（4）信用拆借：同业拆借市场的准入门槛较高，双方都以自己的信用作担保。

3. 功能

同业拆借市场具有以下 3 个功能：

（1）解决金融机构临时性资金不足，加强了资金的流动性和使用效率。

（2）是中央银行实行货币政策的重要载体。

（3）反映了货币的供求情况，有利于提高金融机构的盈利水平。

情景一

刘备经营的荆州银行之前收到孙权的 300 两白银存款，约好定期 3 个月之后取出。于是，刘备转手就将 300 两白银借给曹操，约好 3 个月归还。刘备坐等 3 个月后收取利息差价。可是刚半月有余，孙权便来提前提款，要求刘备一天之内就备齐自己所存的 300 两白银。此时的刘备手里已然没有足够的银子来偿付，于是找到同是开银行的刘表借钱偿还孙权。

情景二

荆州银行收到蜀中张飞 300 两的借款请求，利息相当可观。可是刘备现在手里无银 300 两，如果等收回此前的贷款，估计还得等上数日。张飞的暴脾气可等不得，扬言一日之内拿不到钱便寻别处借钱。刘备心想万万不能错过此等买卖，便又前往刘表处借钱贷给张飞。

情景三

魏蜀吴全境所有的银行都归三国银行督管，三国银行会时不时请各家银行进行一番煮酒论英雄。虽然刘备近期经营惨淡，为了避免被上面邀请煮酒，还是要找一下刘表借点钱，让自己的资产账簿好看些。

以上同业拆借发生的情景，可以总结为同业拆借是因为借贷存在错配，拆借可以补充流动性，改善经营，应对监管。

（二）回购协议市场

1. 定义

（1）回购协议市场：也被称作证券购回协议市场，是交易双方进行的以有价证券作质押的短期资金融通业务的场所。

（2）回购协议：资金融入方在卖出一定数量的证券的同时，与资金融出方签订在未来某个日期由融入方按照约定价格购回所卖证券的协议。其中资金融入方叫回购方，资金融出方叫逆回购方。

（3）回购协议中的标的物：国库券等政府债券、有担保的企业债、大额可转让定期存单、商业票据等货币市场工具。

2. 作用

发展回购协议具有以下4个重要作用：

（1）增加证券用途及闲置资金灵活性。

（2）规范银行间同业拆借行为。

（3）有助于中央银行进行公开市场操作业务。

（4）有助于中央扩大国债交易规模，降低经营成本，拓展经营范围，增强市场竞争能力和稳定性。

名师说

从本质上看，回购协议是一种质押贷款协议，也就是一种有担保的借贷。考生需要把握的关键点在于回购交易是以签订协议的形式进行交易，协议的标的物是有价证券。

例题 1.7（2015 年真题改编，多选题）回购协议市场中，不属于能够作为回购证券标的物的有（　　）。

A. 国库券　　　　　B. 商业票据　　　　C. 股指期权合约　　　D. 股指期货合约

E. 大额可转让定期存单

【答案】CD

【名师解析】选项 A，回购协议中的标的物包括国债或政府债。选项 B，回购协议中的标的物包括商业票据。选项 E，回购协议中的标的物包括大额可转让定期存单等货币市场工具。

（三）商业票据市场

商业票据是规模较大、有良好信誉的企业所发行的无担保的短期流动票据。

一般而言,商业票据具有以下几个特点:
(1) 面额一般比较大,发行期限较短,一级市场发行量大。
(2) 利率较低,融资方式灵活,能够提高发行企业的声誉。

(四) 银行承兑汇票市场

1. 定义
(1) 银行承兑汇票是商业汇票的一种,指在承兑银行开户的存款人开票,且向开户银行申请并获得银行审查通过后同意承兑的,承诺在汇票指定日期无条件向汇票持有人支付确定金额的票据。
(2) 一级市场主要发生的是银行承兑汇票的出票和承兑业务,二级市场主要是汇票的贴现与再贴现业务。

2. 特点
银行承兑汇票有以下 3 个特点:
(1) 安全性强:银行承诺到期无条件付款,企业间的信用转化为银行信用。
(2) 流动性强:以银行信用为担保,易于在市场上流转和交易。
(3) 灵活性强:既可以持有到期,也可以在二级市场背书转让或申请贴现。

兔子公司成立了,在动物银行开了账户,也就是结算账户,用于公司业务的资金往来。有一天,兔子想买一批胡萝卜,所以找到斑马,达成交易,签订合同,合同款 100 万元,过了几天,兔子收到货了,斑马让兔子付钱,兔子说:"我给你银行承兑汇票吧?"斑马表示同意,然后兔子来找动物银行,申请一张银行承兑汇票,意思是"我要给斑马付款,但我现在没有现金,直接打个白条,斑马不认,现在我要开出一张银行承兑汇票,请你们银行帮我做付款承诺:在这张汇票到期后,银行会无条件兑付这张票据。"

动物银行当然不会无缘无故地开承兑汇票,肯定会考察、评估兔子公司的实力后,再让兔子公司存一定比例的保证金,一般是 30%,也就是 30 万元,才同意开出。

兔子拿到这张有银行在承兑处盖章的票据后,兔子公司要保证在动物银行的账户内除了 30 万元的保证金外,还要打入 70 万元。等斑马将银行承兑汇票交回银行时,动物银行负责将票据上的 100 万元款项划给斑马公司。这里兔子公司签发的就是银行承兑汇票,动物银行是付款人,也叫承兑人。

兔子是出票人,斑马是收款人。兔子把汇票给了斑马,斑马前期欠了羚羊 100 万元,所以背书把票据给了羚羊还债,所以羚羊是持票人也是被背书人,如果羚羊到时候直接去银行兑钱,那么羚羊是最终收款人。羚羊拿到票据后,票据上写 2021 年 3 月 20 日到期,那么羚羊有几种选择:

(1) 3 月 10 日,也就是提前 10 天,羚羊到他的开户银行比如 A 银行,说:"我委托你收款,A 银行会帮它收款。"
(2) 3 月 20 日,羚羊拿着票自己去 B 银行提示付款,办理手续。
(3) 羚羊急用现金没等到期就到 B 银行贴现,付给 B 银行手续费和利息。

名师说

对于银行承兑汇票,在一级市场和二级市场涉及的行为、银行承兑汇票是受欢迎的短期信用工具的原因,在考试中经常以多选题的形式出现。考生需要重点掌握其定义和3个特点,并了解其在二级市场中的转让和贴现过程。

例题 1.8（2019年真题改编,多选题） 银行承兑汇票在二级市场中涉及的主要行为有（　　）。

A. 承兑　　　B. 再贴现　　　C. 转让　　　D. 出票　　　E. 贴现

【答案】BCE

【名师解析】选项A,一级市场主要涉及银行承兑汇票的承兑行为。选项D,一级市场主要涉及银行承兑汇票的出票行为。

（五）短期政府债券市场

1. 定义

短期政府债券是政府发行的期限小于一年的债券凭证。

（1）面额一般比较小,发行期限较短,一级市场发行量大。

（2）利率较低,融资方式灵活。

2. 特点

短期政府债券有以下4个特点：

（1）违约风险低：以国家信用作担保。

（2）流动性高：期限短、风险低、易变现。

（3）收益免征所得税。

（4）面额较小。

（六）大额可转让定期存单市场（CDs）

1. 定义

银行发给存款者的一种可转让的、有固定面额的存款凭证。

2. 特点

大额可转让定期存单与传统定期存单的区别,如表1-5所示：

表1-5 大额可转让定期存单 vs. 传统定期存单

种类	记名+转让	金额	是否提前支取	利率
大额可转让定期存单	不记名；可流通转让	固定；面额较大	不可提前支取,可在二级市场流通转让	既有固定利率,也有浮动利率
				一般高于同期限的定期存款利率
传统定期存单	记名；不可流通；不可转让	不固定	可提前支取,但损失一些利息	依照期限长短不同有不同的固定利率

名师说

　　题目经常考查大额可转让定期存单与传统定期存单的区别。这部分考点可以从多方面进行考查，既可以考查大额可转让定期存单的特点，也可以考查二者的区别，考生需要重点掌握上述表 1-5 中的内容，不要混淆。

 记忆小窍门

　　大额可转让定期存单与传统定期存单在 4 个方面的区别，都是相反关系。考生只需要记住其中的一种情况，另外几种便可推断出来。

　　大额可转让定期存单的首创是在商业银行发展比较成熟的美国。在 1961 年之前，所有的存单（Certificate of Deposit，CD）都是不可转让的。在存款到期之前，不能将它再转卖给任何人，而且，除非付出一笔可观的罚金，存款人不能提前支取，不能要求银行清偿存款。1961 年，为了使存单更具流动性并使之对投资者更具吸引力，花旗银行（Citibank）发行了第一张大额（10 万美元以上）可在二级市场上交易的可转让存单。因为这种存单有一个活跃的市场，所以它成为一种高度流动的资产。现在，几乎所有主要的美国商业银行都发行这种债务工具而且都非常成功。发行大额可转让存单已成为商业银行从公司、货币市场互助资金、慈善机构和政府机构取得资金的极重要的来源。

　　在香港，货币市场也相当发达，商业银行所提供的存款服务也非常全面，品种花样繁多。

　　我国自 1980 年以来，主要的国有商业银行吸收和仿效外国的经验，开始发行大额可转让定期存单以扩大存款业务，活跃金融市场。

例题 1.9（2017 年真题改编，单选题） 大额可转让定期存单的特点不包括（　　）。

A. 可以在二级市场交易转让　　　　　　B. 存款利率一般高于同期的传统定期存单

C. 面值不固定　　　　　　　　　　　　D. 既有固定利率，也有浮动利率

【答案】C

【名师解析】选项 A，大额可转让定期存单可以在二级市场流通转让。选项 B，大额可转让定期存单的利率一般高于同期限的定期存款利率。选项 D，大额可转让定期存单的利率既可以是固定利率，也可以是浮动利率。

例题 1.10（2016 年真题改编，多选题） 货币市场是专门服务于短期资金融通的金融市场，主要包括（　　）。

A. 同业拆借市场　　　　　　　　　　　B. 公司债券市场

C. 银行承兑汇票市场　　　　　　　　　D. 大额可转让定期存单市场

E. 证券投资基金市场

【答案】ACD

【名师解析】选项 B，公司债券市场属于资本市场。选项 E，证券投资基金市场属于资本市场。

任务 2 金融市场分类及其工具

任务概述

本任务涉及"第一章 金融市场与金融工具"的"第三节 资本市场及其工具""第四节 金融衍生品市场及其工具"和"第五节 互联网金融"。涉及内容包括：资本市场及其工具、金融衍生品市场及其工具，以及互联网金融。

此任务在中级经济师考试中约考查 4 分，分值占比约为 3%~4%。考试题型同时涉及单选题和多选题。

本任务整体难度适中，其中，重要考点为：资本市场的概念及构成、我国的资本市场及其工具、金融衍生品市场概述、金融衍生品工具的分类和特点、互联网金融的概念与特征，以及互联网金融的模式。

任务框架图

```
                                    ┌── 资本市场及其工具（★★★）
任务2 金融市场分类及其工具 ─────────┼── 金融衍生品市场及其工具（★★★）
                                    └── 互联网金融（★★★）
```

一、资本市场及其工具（★★★）

（一）资本市场的概念及构成

资本市场是指交易中长期（1 年以上）金融资产的场所，主要包括债券市场、股票市场、证券投资基金市场等。

1. 债券市场

（1）债券的定义与特征。

债券是指政府、金融机构、企业等筹资者向投资者发行的，承诺按照约定的时间和方式支付利息，到期偿还本金的债务凭证。

根据不同的分类标准，债券可被划分为不同的类型，如表 2-1 所示：

表 2-1 债券的类型

分类标准	类型
发行主体	政府债券、公司债券、金融债券
偿还期限	短期债券、中期债券、长期债券

续表

分类标准	类型
利率是否固定	固定利率债券、浮动利率债券
利息支付方式	附息债券、贴现债券、息票累积债券
性质	信用债券、抵押债券、担保债券等
募集方式	公募债券、私募债券
券面形态	实物债券、凭证式债券、记账式债券
是否可转换	可转换债券、不可转换债券

债券有以下 4 个特征：
① 偿还性：指债务人必须按照约定的条件偿还本金并支付利息。
② 流动性：债券具有较强的流动性，一般都可以在流通市场中自由转让。一般来说，信用越高、期限越短的债券流动性越强。
③ 收益性：债券的收益可以表现为两种形式，一是投资者通过投资债券获得利息收入，二是投资者通过买卖债券获得价差收益。
④ 安全性：投资者的收益相对稳定，投资风险相比其他有价证券较小。

名师说

债券的类型是经常出现的考点，考生需要重点掌握上述表格中的分类标准和对应的债券类型，明确区分。

记忆小窍门

债券的 4 个特征，可以对比金融工具的 4 个性质来进行记忆。其中，流动性与收益性都是成负相关关系。金融工具具有期限性特征，债券具有偿还性特征。金融工具的风险性与债券的安全性特征，本质相同，只是表达不同。

例题 2.1（2017 年真题改编，多选题） 债券是资本市场重要的工具之一，其特征包括（　　）。
A. 永久性　　　　B. 收益性　　　　C. 安全性　　　　D. 流动性
E. 偿还性
【答案】BCDE
【名师解析】选项 A，债券的特征不包括永久性。

(2) 债券市场的含义及功能。
债券市场是指进行债券买卖的市场，主要分为发行市场和流通市场，如表 2-2 所示：

表 2-2　债券市场的分类

类型	定义和特征
债券发行市场（一级市场）	债券发行方首次发行债券的市场；将债券售卖到债券投资方

续表

类型	定义和特征
债券流通市场（二级市场）	买卖和转让已发行债券的市场
	根据组织形式不同，可分为以下两种： ① 场内交易市场：在证券交易所内交易债券； ② 场外交易市场：在证券交易所外交易债券
	根据债券发行地点不同，可分为以下两种： ① 国内债券市场：债券的发行者和发行地属于同一个国家； ② 国际债券市场：债券的发行者和发行地属于不同国家

债券市场具有以下 5 个功能：
① 资金融通功能：使闲置的资金从投资方流向融资方，实现资金的流动和传导。
② 宏观调控功能：中国人民银行（以下简称央行）通过公开市场业务对经济进行宏观调控。
③ 提供市场基准利率的功能：国债利率通常被视为其他资产和金融衍生品的定价基础。
④ 债券市场能够反映发行企业的经营实力和财务状况。
⑤ 债券市场体现了流动性与收益性的统一，是资本市场的必要组成部分。

2. 股票市场

（1）股票的定义与特征。

股票是指股份公司为了筹集资金而发行的能够代表股东所有权的有价证券。股票持有人需承担一定的责任与风险，也依法享有以下权利：
① 股息和红利收益权。
② 重大决策投票权。
③ 管理层选择权。

（2）股票的分类及其特点。

股票可被分为普通股和优先股，如表 2-3 所示：

表 2-3 股票的分类

类型	定义和特征
普通股	最基本、最重要、风险最大的一种股票，具有以下特征： ① 拥有发言权和表决权，有权参与投票决定公司的重大事务； ② 股利不固定，随公司利润状况波动； ③ 在盈利分配和破产清算时，普通股股东要在公司的债权人、优先股股东之后分得剩余资产
优先股	享有优先分配公司盈利和剩余资产权利的股票，具有以下特征： ① 享有公司红利，但通常没有投票权； ② 享有公司所有权，但只在公司有盈利时才能得到补偿； ③ 通常除既定比例之外，不再参与利润分配

根据记名与否，股票可被分为以下 2 个类型：
① 记名股票：在股东名册上登记股东姓名和住址，同时在股票上注明持有人姓名或名称；
② 不记名股票：在股东名册和股票票面上均不记载股东姓名。

根据是否在股票上注明金额，股票可被分为以下 2 个类型：
① 有面额股票：股票票面上有金额记载；
② 无面额股票：股票票面上无金额记载。

(3) 股票市场。

股票市场是指发行和交易股票的场所，分类如下：

① 发行市场（一级市场）：股份公司为筹集资金发行新股的市场，为股票的流通提供了基础。

② 流通市场（二级市场）：交易和转让已发行股票的市场，为投资者提供了交易变现的渠道，保证了股票的流动性。

题目经常考查普通股和优先股的分类和区别。这部分考点可以从多方面进行考查，出题形式上既可以考查普通股和优先股的特点，也可以考查二者的区别，考生需要重点掌握上述表格中的内容，不要混淆。

股票的一级市场和二级市场，类似债券的一级市场和二级市场，二者记一个即可。

3. 证券投资基金市场

（1）证券投资基金的定义。

证券投资基金是一种共享利益、共担风险的投资收益凭证，基金公司通过发行单位份额来募集资金，由基金托管人托管、基金管理人管理和投资的集合证券投资方式。基金通过汇集众多投资者的资金，委托基金经理按照投资组合原理进行共同投资，共同承担风险，获得的收益再按照投资者的出资比例分享，表现出一种集合理财的特点。

（2）证券投资基金的分类。

根据不同的分类标准，证券投资基金分可被划分为不同的类型，如表2-4所示：

表2-4 证券投资基金的分类

分类标准	类型
运作方式	① 开放式基金：基金规模不固定，投资者随时可以申购或赎回基金份额； ② 封闭式基金：基金规模在发行后一定期限内固定
组织形态	① 公司型基金：基金公司以发行股份的形式募集资金，投资者通过购买基金成为公司股东，凭其股份享有收益，承担责任；具有独立的"法人"地位，设立董事会，代表投资者利益行使权利； ② 契约型基金：投资人、管理人、托管人三者作为基金当事人，通过签订基金契约，权利主要体现在契约条款上
投资对象	① 股票基金：以股票为主要投资对象； ② 债券基金：以债券为主要投资对象； ③ 货币市场基金：以货币市场工具为主要投资对象，包括银行大额可转让定期存单、银行承兑汇票、商业票据、公司债券、国库券等； ④ 基金中基金：以其他基金为投资对象； ⑤ 混合基金：投资股票、债券和货币的比例不固定
投资理念	① 主动型基金：寻求超越市场的业绩表现； ② 被动型基金：一般选取特定的指数成分股作为投资对象，不主动寻求超越市场的表现，而是复制指数的表现

续表

分类标准	类型
资金来源和用途	① 在岸基金：在本国募集资金并投资于本国证券市场；投资人、基金管理人、基金托管人及其他当事人均在本国境内，因此管理比较容易； ② 离岸基金：在本国募集资金并投资于国外金融市场
募集方式	① 公募基金：面向社会公众公开发售； ② 私募基金：非公开形式向特定投资者募集资金
资产配置比例	① 偏股型基金：股票配置的比例较高（50%~70%），而债券配置的比例较低（20%~40%）； ② 偏债型基金：债券配置的比例较高，股票配置的比例较低； ③ 股债平衡型基金：股票、债券的配置比例较为平衡，通常分别为40%~60%； ④ 灵活配置型基金：股票、债券的配置比例随市场波动而调整

> **名师说**
>
> 证券投资基金的类型是考试中经常出现的考点，考查形式较为灵活。其中，按照"运作方式""组织形态""投资对象"这几个标准划分的基金类型又是重要考点，考生必须格外重视。此外，考试形式上既可以考查同一标准下不同的基金类型，也可以对不同的分类标准进行考查，考生需要掌握上述表 2－4 中的分类标准和其所对应的基金类型，准确记忆。

（3）证券投资基金的特征。

证券投资基金是一种间接投资形式，体现了基金持有者和基金管理者之间的信托关系，具有以下 6 个特征：

① 集合投资：将零散的资金汇集起来，由专业机构投资于金融工具，实现规模收益。

② 分散风险：运用科学的投资组合原理将资金分散到多个金融市场，提高收益、降低风险。

③ 专业理财：由专业机构进行投资、运作、管理。

④ 共享利益，共担风险。

⑤ 监管严格，信息透明。

⑥ 托管独立，保障安全：基金托管人负责保管基金资产，基金管理人负责投资操作，二者相互独立。

例题 2.2（2018 年真题改编，多选题）在我国，资本市场主要包括（   ）。

A. 票据市场　　　　　B. 债券市场　　　　　C. 股票市场　　　　　D. 证券投资基金市场

E. 证券回购市场

【答案】BCD

【名师解析】选项 AE，票据市场和证券回购市场属于货币市场。

（二）我国的资本市场及其工具

1. 债券市场

（1）我国债券市场的发展。

我国债券市场经过了以下几个阶段：

① 1981年：开始恢复国债发行，但当时还没有市场化。
② 1996年年末：债券中央托管机构成立，进入债券市场快速发展阶段。
③ 1997年：银行间市场成立，我国逐渐形成以银行间市场为主，交易所市场和商业银行柜台市场为辅的多层次债券市场。

（2）债券市场的分类和比较。

银行间市场是债券市场的主体，债券存量和债券交易量占整个市场的90%左右。交易品种主要包括现券交易、质押式回购、买断式回购、远期交易等。

交易所市场是以非银行金融机构和个人为主的场内市场，实行净额结算，交易品种主要包括现券交易、质押式回购和融资融券。

交易所市场实行两级托管体制：

（1）一级托管人：中央国债登记结算有限公司（以下简称中债登），主要负责为交易所开立代理总账户，与交易所投资者没有直接的权责关系。

（2）二级托管人：中国证券登记结算有限责任公司（以下简称中证登），记录交易所投资者账户，负责交易所交易结算。

商业银行柜台市场属于零售市场，是指银行通过营业网点（包括电子银行系统）与投资人进行债券交易，并办理相关托管与结算业务的市场。承办银行需在日终将余额变动数据传给中债登，由中债登为柜台投资人提供查询服务，保护投资人权益。

银行间市场、交易所市场、商业银行柜台市场的比较，如表2-5所示：

表2-5　银行间市场、交易所市场、商业银行柜台市场比较

债券市场	银行间市场		交易所市场	商业银行柜台市场
	中债登	上海清算所		
市场性质	场外交易	场外交易	场内交易	场外交易
债权托管机构	中债登	上海清算所	中证登、上海证券交易所、深圳证券交易所	商业银行
交易类型	现券、回购、远期、互换等，T+1或T+0		现券、回购，T+1	现券，T+0
交易方式	一对一询价和双边报价		自动撮合交易	银行柜台报价
投资人	银行、农信社、证券、保险、基金、财务公司、企业、境外机构等		证券、保险、基金、个人、财务企业、企业、合格的境外机构投资者（银行除外）	个人
债券产品	国债、地方债、政策性银行债券、中央银行票据、中期票据、商业银行债券	短期融资券、中期票据、同业存单、资产证券化产品等	国债、地方债、政策性银行债券、公司债、可转债、中小企业私募债等	记账式国债、凭证式国债、国家开发银行债券、政策性银行债券、中国铁路总公司债券等

注：T指交易日（trading day），T+1指的是交易日后一个工作日交割，T+0指的是交易日当天交割。

例题 2.3（2018 年真题改编，单选题） 我国债券市场的主体是（　　）市场。
A. 银行间　　　　　B. 主板　　　　　C. 创业板　　　　　D. 商业银行柜台
【答案】A
【名师解析】选项 BCD，我国债券市场以银行间市场为主，交易所市场和商业银行柜台市场为辅。

（3）债券的分类和比较。

我国的债券可被划分为不同的类型：

① 按币种：人民币债券和外币债券。

② 按债券属性：政府债券、中央银行票据、金融债券、企业债券、短期融资券、中期票据、国际机构债、可转换债券、政府支持机构债（目前，包括中央汇金投资有限责任公司发行的债券等）。

③ 政府债券：国债和地方政府债。

④ 中央银行票据：发行人为中国人民银行。

⑤ 金融债券：政策性金融债券、保险公司次级债务、资产支持证券等。

⑥ 企业债券：中央企业债券和地方企业债券。

2. 股票市场

（1）我国股票市场的分类。

我国股票市场可交易的股票有以下两种：

① A 股：人民币普通股，由中国境内注册的公司发行，在境内上市，以人民币标明面值，供境内机构、组织或个人以人民币认购和交易的普通股股票。

② B 股：境内上市外资股，在中国境内证券交易所上市，以人民币标明面值，以外币认购和购买。

另外，根据投资主体性质，我国上市公司的股票可以分为以下几种：

① 国有股：股东为由国家授权的投资部门或机构，以国有资产投资有限公司形成的股份。

② 法人股：企业法人以其依法可支配的财产投资公司形成的股份，或具有法人资格的事业单位和社会团体以国家允许用于经营的资产投资公司形成的股份。

③ 社会公众股：社会公众依法以其拥有的资产投资公司形成的可上市流通的股份。

④ 外资股：股份公司向外国和我国港澳台地区投资者发行的股票。

此外，2013 年 11 月 30 日，国务院发布《国务院关于开展优先股试点的指导意见》，开展优先股试点。

（2）我国股票市场的发展。

我国股票市场经过了以下几个阶段：

① 初期发展阶段：20 世纪 80 年代，部分企业开始采用股份制形式筹集资金开发项目或组建新企业，但股票的规范化程度较低。

② 迅速发展阶段：1990 年 12 月上海证券交易所（以下简称上交所）运营，1991 年 7 月深圳证券交易所（以下简称深交所）运营。

③ 市场化和公开化：1993 年以后股票市场由点及面，扩大到全国。

④ 我国场外市场的发展：2013 年 1 月 16 日，全国中小企业股份转让系统正式揭牌运营，加快了我国多层次资本市场的发展。

⑤ 我国股票市场的发展与完善：2010 年 3 月 31 日，股票市场融资融券交易正式启动。融资融券交易具有发现价格、稳定市场、增强流动性和风险管控以及优化股市交易结构的功能。

⑥ 2012 年，上交所和深交所相继发布了《关于完善上海证券交易所上市公司退市制度的方案》和《关于改进和完善深圳证券交易所主板、中小企业板上市公司退市制度的方案》，上市公司优胜劣汰的市场环境逐渐建立。

（3）我国的股票交易市场主体分类。

我国的股票市场主体包括以下几类：

① 主板市场：我国股票市场最重要的组成部分，以沪、深两市为代表。主板上市的企业一般为传统产业，发展前景较好，资本规模较大，回报收益较高。

② 中小企业板市场：2004 年 5 月成立，促进了中小企业及民营企业的发展。

③ 创业板市场：2009 年 10 月 23 日，我国创业板举行开板启动仪式，28 家企业获准首批在深圳交易所上市。2009 年 10 月 30 日，我国创业板正式推出。创业板主要服务于高新技术或新兴经济企业，对支持企业自主创新、科技成果转化和产业化、推动经济转型、调整产业结构、培育战略性新兴产业和落实国家自主创新战略有重要意义。

2007 年 12 月 31 日，我国股权分置改革基本完成。在我国 A 股市场上市的公司内部普遍形成了"两种不同性质的股票"：

① 流通股：在证券交易所挂牌的，公开发行的，投资者可以购买的股票。

② 非流通股：股东在上市公司公开发行前所持有的股份，不能交易，只能通过协议方式转让。

2014 年 3 月 21 日，中国证券监督管理委员会（以下简称证监会）发布《优先股试点管理办法》，规定上市公司发行优先股，应当符合以下情形之一：

① 其普通股为上证 50 指数成分股；

② 以公开发行优先股作为支付手段收购或吸收合并其他上市公司；

③ 以减少注册资本为目的回购普通股的，可以公开发行优先股作为支付手段，或在回购方案实施完毕后，可公开发行不超过回购减资总额的优先股。

截至 2016 年年底，我国已经有 13 家商业银行发行了优先股。

2014 年 11 月 17 日，沪港通正式启动，推动了内地和香港资本市场发展。

2015 年 12 月 4 日，上交所、深交所以及中国金融期货交易所正式发布指数熔断机制相关规定，2016 年 1 月 1 日正式实施。熔断阈值分别为 5% 和 7% 两档。2016 年 1 月 8 日，熔断机制暂停实施。

2019 年 6 月 13 日，上交所科创板正式开板。

2019 年 7 月 22 日，首批 25 家公司在上交所科创板挂牌上市。

例题 2.4（2016 年真题改编，单选题）2009 年，服务于我国高新技术和新型经济企业的（　　）正式挂牌运营。

A. 中小板　　　　　　B. 新三板　　　　　　C. 战略新兴板　　　　D. 创业板

【答案】D

【名师解析】选项 A，中小企业板于 2004 年 5 月成立。选项 B，新三板源于"股权代办转让系统"，于 2013 年正式揭牌运营。选项 C，中国人民银行在 2015 年推出战略新兴板。

3. 证券投资基金市场

我国的证券投资基金市场经历了以下几个阶段：

（1）1992 年—1997 年："老基金"阶段。基金规模小，运作不规范，专业性基金管理公司很少，基金管理的主管机关是中国人民银行。

（2）1997 年—2004 年 5 月底："新基金"阶段。基金管理的主管机关是证监会，证券投资基金的品种出现多样化布局,包括成长型、稳健型、平衡型、优化指数型、指标股成长型以及国企股型等。

(3) 2004年6月1日起:开放式基金取代封闭式基金成为市场主流,进入以法治业的新时代。

二、金融衍生品市场及其工具(★★★)

(一)金融衍生品市场概述

1. 金融衍生品的概念和特点

金融衍生品是指其价格依赖于标的产品价值变动的合约,是一种金融工具。其中,标的资产可以是基础的金融产品,也可以是基础变量,分别包括现货金融产品(如货币、股票、债券等),和利率、汇率、价格指数、通货膨胀率及信用等级等。金融衍生品合约中包含交易品种、价格、数量、交割时间及地点等。

金融衍生品具有以下4个特点:

① 跨期性。是金融衍生品最基本的特征,交易双方基于对基础金融工具或变量未来可能发生的变化的预测进行交易。交易发生在现在,而交易结果要在约定的未来的某一时间,因此会影响未来某一时间内或某一点的现金流。

② 杠杆性。金融衍生品市场中允许进行保证金交易,这就意味着投资者可以从事几倍甚至几十倍于自身拥有资金的交易,放大了交易所获得的收益和损失。金融衍生品的保证金越低,杠杆效应越明显。

③ 联动性。金融衍生工具的价格随基础金融产品或基础变量的变化而波动,其联动关系既可以是简单的线性关系,也可以是非线性函数或分段函数。

④ 高风险性。交易金融衍生品的收益取决于投资者对标的产品未来价值预测的准确性,基础工具价格的波动决定了金融衍生品投资收益的不确定性。

金融衍生品的4个基本特征及其含义是重要考点,这个知识点可能在多选题中出现,考生需要重点掌握。

2. 金融衍生品市场的交易机制

场外交易是金融衍生品交易的主要形式,根据交易目的的不同,主要有以下4类金融衍生品的交易主体:

① 套期保值者:也是风险对冲者,这类投资者进行金融衍生品交易的目的是降低未来价格变动带来的不确定性,降低甚至消除风险。

② 投机者:与保值者相反,这类投资者希望增加未来的不确定性,他们参与金融衍生品交易的目的在于赚取远期价格与未来实际价格之差。

③ 套利者:利用不同市场的不同价格,通过在两个或两个以上的市场中进行交易,来获得无风险利润。

④ 经纪人:交易者和客户的中间人,以促成交易为目的。

（二）主要的金融衍生品

根据不同的合约类型，金融衍生品主要包括金融远期、金融期货、金融期权、金融互换和信用衍生品等。

1. 金融远期

（1）金融远期的含义和特征。

金融远期合约，是指交易双方承诺在未来某一特定时间，以约定的价格和方式买入或卖出约定数量的某种金融工具，并事先签订合约，方便交割。金融远期合约具有以下特征：

① 非标准化合约，没有固定的交易场所。

② 具有自由灵活的优点，但是投资者面临较大的交易风险。

（2）金融远期的分类。

常见的金融远期合约主要包括以下3种：

① 远期利率协议：交易双方约定未来的某一时间点开始的一定期限内的协议利率，并在协议中规定以哪种利率作为参考利率，在未来的利率起算日按照约定的协议利率、期限和本金金额，合约交易的一方向另一方支付协议利率与参考利率之间的利息差额。

② 远期外汇合约：交易双方在约定的交割日期向合约的另一方支付基于合约起始日的远期汇率与结算日的即期汇率之差。

③ 远期股票合约：交易双方在约定的日期交割约定数量的某只股票或一篮子股票。

2. 金融期货

（1）金融期货的含义和特征。

金融期货，是指交易双方承诺在未来某一特定时间，以约定的条件交割约定数量的特定金融资产的标准化金融商品合约。金融期货具有以下2个功能：

① 投机：投资者通过对未来一定时期内金融期货合约价格变化的预测来获取价差收益。

② 套期保值：通过交易期货合约来对冲由于现货价格变动带来的风险，实现保值的目的。

（2）金融期货的分类。

金融期货合约主要有以下3种类型：

① 货币期货：以本币或外币为标的资产。

② 利率期货：以债务证券（国库券、长期国债、中期国债等）为标的资产。

③ 股指期货：以股票价格指数为标的资产，交易双方约定在未来某一时间以约定价格买入或卖出股票价格指数。

> 金融远期和金融期货都是基于对某金融标的资产未来价格的预测，但是在"标准化"和"是否有固定交易场所"两个方面有明显区别。考生需要特别注意区分二者的概念和特征，避免混淆。

3. 金融期权

（1）金融期权的定义。

金融期权，是指买方向卖方支付一定的期权费用后获得能在约定期限内以约定的价格买入或卖出约定数量的某种金融工具的权利。

（2）金融期权的分类。

根据不同的分类标准，金融期权合约的分类如表 2-6 所示：

表 2-6　金融期权合约的分类

标准	分类
标的物	① 货币期权； ② 利率期权； ③ 股指期权等。
买方权利	（1）看涨期权： ① 在某确定时间或时间段内，以确定的价格购买某一金融资产；② 当市场价格高于期权的执行价格时，投资者会行使期权获得收益；当市场价格低于期权的执行价格时，投资者会放弃行权，损失期权费。 （2）看跌期权： ① 在某确定时间或时间段内，以确定的价格卖出某一金融资产；② 当市场价格低于期权的执行价格时，投资者会行使期权获得收益；当市场价格高于期权的执行价格时，投资者会放弃行权，损失期权费。 期权的买方可以通过购买期权来控制损失，并实现无限的收益

（3）金融期权与金融期货的区别。

金融期权与金融期货的区别主要体现在以下两个方面：

① 投资者购买期权合约时，需支付标的物价格和期权费。

② 期权的买方在到期日可以选择行权或放弃行权，如果放弃行权，买方损失期权费，卖方获得期权费作为收益；期货的交易双方必须在到期日进行交割，否则就是发生违约。

　　金融期货与金融期权的区别是考试中经常出现的考点，二者主要的区分在于是否支付期权费用和是否必须交割，考生需要重点掌握。

　　看涨期权和看跌期权的买方权利和特点相反，只需要掌握其中一种，另一种便可以推断得出。这部分内容不建议死记硬背，掌握其原理，举例推理即可。

例题 2.5（2016 年真题改编，单选题） 某投资者买入一只股票的看跌期权，当股票的市场价格低于执行价格时，该投资者的正确选择是（　　）。

A. 行使期权，获得收益　　　　　　　　B. 行使期权，全额亏损期权费

C. 放弃合约，获得收益　　　　　　　　D. 执行合约，获得期权费收益

【答案】A

【名师解析】选项 B，行使期权将不会损失期权费。选项 C，如果投资者买的是看跌期权，当市场价格高于执行价格时，投资者应该放弃行权。选项 D，如果投资者买的是看跌期权，当市场价格低于行权价格时，应该执行合约，获得价差收益，而不是期权费收益。

4. 金融互换

(1) 金融互换的定义。

金融互换，是指两个或两个以上的投资者在约定的时间，按照约定的条件交换一系列现金流的互换协议。

(2) 金融互换的分类和特征。

金融互换主要有货币互换、利率互换、交叉互换 3 种类型，如表 2-7 所示：

表 2-7 金融互换的类型和特征

类型	特征
货币互换	① 在约定时间，以约定价格将一种货币兑换为另一种货币的协议； ② 通常来说，商业银行是货币互换的中介；有时，商业银行也会成为交易方，此时需持有足够头寸以降低其面临的汇率风险
利率互换	(1) 交易双方约定交换相同币种、相同本金、相同期限、不同利率的利息支付的协议； (2) 最普遍的利率互换包含以下几种： ① 普通互换：定期交换固定利率与浮动利率； ② 远期互换：互换的生效日在未来的某一确定时期； ③ 可赎回互换：支付固定利率的交易方有权提前终止或延长期限； ④ 可退卖互换：支付浮动利率的交易方有权提前终止合约； ⑤ 可延期互换：利率互换双方有权延长互换期限； ⑥ 零息互换：在互换期限内，固定利率的一方可以选择在互换期末一次性支付利息，浮动利率的一方定期支付利息； ⑦ 利率上限互换：可以设置固定利率与浮动利率的上限； ⑧ 股权互换：将利息支付与股票指数波动相关联的一种互换
交叉互换	利率互换与货币互换的结合，交易双方的现金流所使用的货币和利率都不同

(三) 我国的金融衍生品市场

我国的金融衍生品市场起步于 20 世纪 90 年代初，经历了以下几个发展阶段：

1997 年，以银行对客户的远期外汇产品为主的外汇衍生市场产生。

2005 年 8 月，中国人民银行和国家外汇管理局开放了银行间远期外汇市场，此后又陆续推出了外汇掉期、外汇期权、货币掉期等业务。

2014 年，外汇掉期占人民币外汇市场比例超过 60%。

2015 年，银行间外汇市场推出标准化人民币掉期交易。

2005 年以来，我国利率衍生品市场不断发展，先后推出债券远期、利率互换和远期利率协议。2008 年，人民币利率互换开始正式全面推进。2014 年，全国银行间同业拆借中心交易系统确认。

2006 年，中国金融期货交易所在上海挂牌成立，是中国内地首家金融衍生品交易所。2010 年，国务院批准推出股指期货品种，同年推出沪深 300 股指期货，具有抑制单边市场、减缓涨跌过度、提高股市内在稳定性的作用。

2013 年，国债期货正式上市交易。目前已推出 5 年期和 10 年期两个品种。

2015 年，上海证券交易所上市交易上证 50ETF 期权合约。

> **名师说**
>
> 随着我国衍生品市场的不断发展,金融衍生品的种类也不断丰富。考生需要重点掌握并记忆不同阶段推出或产生的金融工具及其产生的年份。

例题 2.6（2019 年真题改编，单选题） 我国在 2013 年推出的金融衍生品是（　　）。
A. 股指期货　　　　B. 利率互换　　　　C. 债券远期　　　　D. 国债期货
【答案】D
【名师解析】选项 A，2010 年，国务院批准推出股指期货。选项 BC，2005 年以来我国利率衍生品市场不断发展，推出利率互换协议、债券远期和远期利率协议。

三、互联网金融（★★★）

（一）互联网金融的概念与特点

互联网金融是指借助互联网、移动科技和通信手段来实现资金融通、投资、支付和信息服务的新兴金融模式，具有"开放、平等、协作和分享"的精神。

互联网金融同时具备了传统金融行业和互联网行业的特征，有以下 3 个特点：

（1）网络化、数字化和信息化。互联网金融的信息通过网络生成和传播，通过云计算进行处理，帮助用户深度挖掘信息和控制风险。互联网金融的发展来自大数据、云计算与移动支付。通过使用大数据，金融机构能够以更低的成本获取信息，用于资产定价。云计算能够提高运算的效率和节约服务器资源，例如帮助银行降低风险和成本、提高数据分析能力、缩短响应和运行时间等。通信技术和设备的发展带来了智能手机和掌上电脑的普及，促进移动支付业务的发展。

（2）普惠和大众化。互联网金融实现了金融需求的"大众化"，传统金融行业中受到排斥的中小企业和中小投资者，可以通过互联网平台寻求需要的金融资源，参与金融交易和风险评估，"普惠金融"得到发展。

（3）提高服务效率和降低服务成本。资金的筹集方和提供方通过互联网平台发布信息和匹配需求，双方可以直接联系和完成交易，不受时间和地域的限制，实现了资金的高速流通，提高了资源配置效率。同时，互联网金融交易能够避开传统金融行业的高额手续费，有效降低交易成本。通过互联网对信息的检索，企业和个人能更加全面地了解交易对方的财务状况和信用行为，以极低的成本解决了信息不对称问题。此外，借助社交网络建立起的网络共同体，能够建立大规模的共享信用体系，降低信息成本。

（二）互联网金融的模式

1. 互联网支付

互联网支付是指通过计算机、手机等电子支付手段，通过网络来进行货币的支付和资金的流转。从事互联网支付的银行业金融机构和第三方金融机构，受到中国人民银行的监管，必须遵守有关的法律法规。当第三方金融机构与其他机构合作时，双方应界定各自的权利和义务，有效防范风险和保护客户权益。并且向客户披露服务信息，提示业务风险，不得夸大其性质和职能。

2. 网络借贷

（1）个体网络借贷：个体与个体通过互联网直接进行借贷，属于民间借贷范畴。其中，网络平台要为借贷双方提供信息交换和评估功能，不得提供增信服务。

（2）网络小额贷款：互联网企业通过其控制的小额贷款公司，向客户提供小额贷款服务，降低资金需求方的融资成本。

网络借贷受到中国银行保险监督管理委员会（以下简称中国银保监会）的监管。

3. 股权众筹融资

股权众筹融资是指公司出让一部分股份，通过互联网渠道向普通投资者进行小额融资，必须通过股权众筹融资中介（互联网网站或其他类似电子媒介）完成。股权众筹融资方应为小微、创新创业企业，需如实披露企业的经营状况、商业模式、融资资金的使用情况等信息，投资者应充分了解融资风险，具备风险承受能力。股权众筹融资业务受到中国证监会的监管。

4. 互联网基金销售

基金销售机构通过互联网平台向投资者销售基金等理财产品，必须如实披露风险，不得承诺收益。基金管理人应采取有效措施对期限错配和流动性风险进行管理，全面、准确地对基金的收益组成、决定条件和适用情形进行展示和表述。第三方支付机构若参与基金的互联网销售服务，应遵守相关的监管要求。第三方支付机构的客户备付金只能用于办理客户委托的支付业务，不得用于垫付基金和其他理财产品的资金赎回。互联网基金销售受到中国证监会的监管。

5. 互联网保险

保险公司通过互联网进行保险产品的销售，须符合安全性、保密性和稳定性的要求，确保交易、信息和资金的安全性。专业保险公司应向客户提供有针对性的保险服务，不得进行不实或片面陈述、夸大过往业绩、违规承诺收益以及承担损失等描述。互联网保险受到中国银保监会的监管。

> 🎓 **名师说**
>
> 互联网金融市场中的 6 种主要的业务模式及其所对应的业务特征是这部分内容的重点，各类业务所属的监管当局也是考试的常见考点，考生应特别注意，考试中可能以多选题的形式出现。

（三）我国的互联网金融

我国互联网金融的发展经历了以下几个阶段：

（1）萌芽阶段（1997 年—2005 年）。这个阶段，网上银行、网上证券、网络保险开始诞生。招商银行是我国首家推出网上银行业务的银行，于 1997 年成立了官方网站，1998 年推出一网通服务。此外，支付系统、征信系统和反洗钱系统也在这个阶段形成。

（2）快速发展阶段（2012 年—2014 年）。这个阶段，第三方支付机构被纳入监管，2013 年是"互联网金融元年"。2011 年，中国人民银行开始发放第三方支付牌照。此后，余额宝开始推出大量的理财产品。股权众筹融资开始起步，个体网络借贷平台迅速发展，第一家网络保险公司（众安在线财产保险股份有限公司）获批。

（3）规范发展阶段（2015 年至今）。这个阶段，我国加强对互联网金融的监管，促进互联网金融的健康发展。2015 年 7 月，《关于促进互联网金融健康发展的指导意见》颁布，对互联网金融的发展提出总体要求。2016年8月,《网络借贷信息中介机构业务活动管理暂行办法》颁布,对境内通过互联网渠道实现的借贷活动进行规范。2018年10月,《互联网金融从业机构反洗钱和反恐怖融资管理办法(试行)》颁布,用于对互联网金融从业机构反洗钱和反恐怖融资的监管。

2019年,《中国互联网金融年报(2019)》正式发布并指出,互联网支付、P2P网络借贷等互联网业务的整体风险水平得到缓解,自律管理体系日益健全。随后,部分地区宣布取缔辖内全部P2P网贷业务,互联网金融的存量风险进入清理整顿的新阶段。

任务3　利率的计算和决定理论

任务概述

本任务涉及"第二章　利率与金融资产定价"的"第一节　利率的计算"和"第二节　利率决定理论"。涉及内容包括：利率的计算、利率决定理论。

此任务在中级经济师考试中约考查6分，分值占比约为6%~8%。考试题型同时涉及单选题和多选题。

本任务整体难度适中，其中，重要考点为：单利与复利、现值与终值及几种利率决定理论。

任务框架图

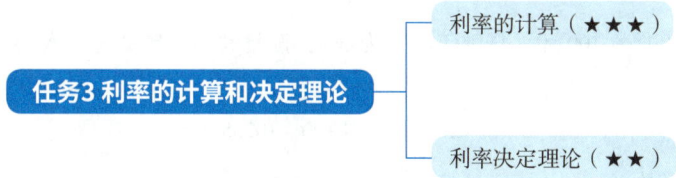

一、利率的计算（★★★）

（一）利率的含义

利率是指借款或存款过程中定期支付的利息与本金总额的比例。这里也指资金融入方的资金成本。利息能够反映市场上的资金使用成本，以及针对特定借贷金额的风险溢价。

根据不同的分类标准，利率的分类如表3-1所示：

表3-1　利率的分类

分类标准	具体类别	
决定方式	固定利率、浮动利率	
真实水平	名义利率、实际利率	
期限单位	年利率、月利率、日利率	
	换算公式：年利率=月利率×12=日利率×360	

（二）单利与复利

1. 单利

单利是指按照固定的本金和利率计算利息，计算公式如下：

$$I = Prn \tag{3.1}$$

式（3.1）中，I 代表利息，P 代表本金，r 代表利率，n 代表计息期数。活期储蓄采取复利计算方式，每季度计息一次；定期存款、定活两便、零存整取、整存零取、整存整取等其他储蓄均按单利方式计息。

例如，某贷款人贷款 1 000 元，贷款利率为 10%，贷款期限为 9 个月，按单利计算方式，到期应付利息为：

$$1\,000 \times (10\% \div 12) \times 9 = 75 \text{（元）}$$

2. 复利

复利是指本金产生的利息一并被计入下期作为本金的计息方式，因此也被称作为利滚利，计算公式如下：

$$FV = P(1+r)^n \qquad (3.2)$$

$$I = FV - P = P[(1+r)^n - 1] \qquad (3.3)$$

式（3.2）和式（3.3）中，FV 代表本息和，I 代表利息，P 代表本金，r 代表利率，n 代表计息期数。

例如，某贷款人贷款 100 元，贷款年利率为 5%，按复利每半年支付一次利息，半年后的本息和为：

$$FV_{1/2} = 100 \times (1+5\% \div 2) = 102.5 \text{（元）}$$

一年后的本息和为：

$$FV_1 = 102.5 \times (1+5\% \div 2) = 105.0625 \text{（元）}$$

105.0625 元与一年只计息一次所得的本息之和 $100 \times (1+5\%) = 105$（元）相比，多出 0.0625 元，这是因为第一个半年的利息被计入第二个半年计算利息。一年中的计息的频率越高，年底本息之和就越大。在上例中，如果每季度计息一次，一年后的本息和为：

$$FV_1 = 100 \times (1+5\% \div 4)^4 \approx 105.09 \text{（元）}$$

如果每月计息一次，一年后的本息和为：

$$FV_1 = 100 \times (1+5\% \div 12)^{12} \approx 105.12 \text{（元）}$$

一般而言，如果 P 表示本金，r 表示年利率，m 表示每年计息的次数，则第 n 年年末的本息之和 (FV_n) 为：

$$FV_n = P \times \left(1 + \frac{r}{m}\right)^{nm} \qquad (3.4)$$

名师说

单利和复利的计算是考试中常见的考点，在考试中，考生要特别注意复利的计息频次，并进行公式的转换和变形。

记忆小窍门

该部分的公式较多，建议考生不要死记硬背，应该在掌握理解计息原理的前提下，掌握基础公式，然后根据计算要求进行公式的推导和转换。

> 巴菲特这样总结自己的成功秘诀："人生就像滚雪球，重要的是发现很湿的雪和很长的坡。"
> 有人以为他是靠炒股而发财的，实际他靠的是理财观念和强大的熟悉业务的能力。
> 业务能力可以慢慢提高，但是观念却不容易改变。
> 他的投资原则里，复利是关键中的关键。
> "小雪球是启动资金，湿雪就是低成本的长期资金，长长的山坡，就是有长期竞争优势的优秀企业。有了这几个因素，投资就可以形成滚雪球一般的复利。"
> 巴菲特本人就是"复利"最好的证明。

3. 连续复利

在式（3.4）中，如果 m 趋近于 ∞，则 $\left(1+\dfrac{r}{m}\right)^{nm}$ 趋近于 e^{rn}，其中 e 为自然对数的底，约等于 2.71828。因此，如果以连续复利计算本金 P 在第 n 年年末的本息和，可得：

$$FV_n = P \cdot e^{rn} \tag{3.5}$$

假如，某人贷款 100 元，年利率为 6%，贷款期限为一年，则在不同的计息周期下，贷款人应付的本息之和如表 3-2 所示：

表 3-2　不同计息周期下的本息和

计息次数	m	FV
一年一次	1	106.00000
半年一次	2	106.09000
一季度一次	4	106.13614
一月一次	12	106.16778
一日一次	365	106.18313
连续计息	∞	106.18365

随着每年计息次数的增加，最终的本息和越大。但是，随着计息周期的缩短，本息和的增速下降，最终等于连续复利的本息和。

> **名师说**
>
> 连续复利的原理和一般的复利原理相同，但是其中引入自然对数，需要考生掌握和牢记公式。

（三）现值与终值

现值（Present Value）是指未来的现金流折算到今天的价值。

1. 系列现金流的现值

如果未来有一系列的现金流，例如，第一年年末为 100 元，第二年年末为 200 元，第三年年末为 300 元，第四年年末为 400 元，年折现率为 6%，则每笔现金流的现值计算如下：

第一年年末的现金流的现值：$100\div(1+6\%)\approx 94.34$（元）
第二年年末的现金流的现值：$200\div(1+6\%)^2\approx 177.99$（元）
第三年年末的现金流的现值：$300\div(1+6\%)^3\approx 251.89$（元）
第四年年末的现金流的现值：$400\div(1+6\%)^4\approx 316.84$（元）
总现值为：$94.34+177.99+251.89+316.84=841.07$（元）

一般而言，系列现金流的现值计算公式如下：

$$PV=\frac{A_1}{1+r}+\frac{A_2}{(1+r)^2}+\cdots+\frac{A_n}{(1+r)^n}=\sum_{i=1}^{n}\frac{A_i}{(1+r)^i} \tag{3.6}$$

式（3.6）中，PV 表示现值，A_i 表示第 n 年年末的现金流，r 表示年折现率。

例题 3.1（2018 年真题改编，单选题） 下列假定年折现率为 8%，每年计息一次，2 年后一笔 10 000 元的资金的现值为（ ）元。

A. 8 573　　　　B. 8 629　　　　C. 8 756　　　　D. 8 921

【答案】A

【名师解析】在年折现率为 8% 的情况下，2 年后一笔 10 000 元的资金的现值为：$10\,000\div(1+8\%)^2\approx 8\,573$（元）。

2. 连续复利下的现值

假如借款人一年之内多次支付利息，则现值的计算公式为：

$$PV=\frac{A_n}{\left(1+\dfrac{r}{m}\right)^{nm}} \tag{3.7}$$

式（3.7）中，A_n 表示第 n 年年末的现金流，r 表示年折现率，m 表示每年计息的次数。假如 5 年后会收到 100 元现金流，年折现率为 6%，若每季度计息一次，则其现值为：

$$PV=\frac{100}{\left(1+\dfrac{6\%}{4}\right)^{5\times 4}}\approx 74.2470\,（元）$$

式（3.7）中，假如是连续复利，则 m 趋近于 ∞，$\left(1+\dfrac{r}{m}\right)^{nm}$ 趋近于 e^{rn}，现值的计算公式为：

$$PV=\frac{A_n}{e^{rn}} \tag{3.8}$$

假如三年后能够收到 100 元，年折现率为 8%，若连续复利，则现值为：

$$PV=\frac{100}{e^{0.08\times 3}}\approx 78.66\,（元）$$

每年的计息次数越频繁，现值越小。随着计息周期的缩短，现值减小的速度下降，最终等于连续复利条件下的现值。

3. 终值及其计算

终值（Future Value）是指现在的现金流在未来某时刻的价值，终值的大小与现值的大小、利率的高低、借款期限和计息方式几个因素有关。终值的计算方式有两种，分别为单利和复利。

假如现在有一笔现金流，金额为 P，存期为 n 年，年利率为 r，若按单利的计算方法，则 n 年后的终值 FV_n 为：

$$FV_n = P + Prn = P(1+rn) \tag{3.9}$$

例如，张三中奖 50 000 元，他想将这笔资金用来投资，若按单利计息，年投资回报率为 5%，10 年后张三能够拿到多少钱？

单利模式下，张三能够拿到 $50\,000 \times (1+5\% \times 10) = 75\,000$（元）。

假如有一笔资金的本金为 P，存期为 n 年，年利率为 r，若每年复利一次，则第 n 年年末的终值 FV_n 为：

第一年年末的本息和为 $P(1+r)$

第二年年末的本息和为 $P(1+r)(1+r) = P(1+r)^2$

第三年年末的本息和为 $P(1+r)^2(1+r) = P(1+r)^3$

……

第 n 年年末的本息和为 $P(1+r)^n$

因此，$FV_n = P(1+r)^n$，其中 $(1+r)^n$ 为复利终值系数。

在上述案例中，若按复利计息，则张三 10 年后可以拿到：

$50\,000 \times (1+5\%)^{10} \approx 81\,444.73$（元）

记忆小窍门

终值的计算原理与前面的单利与复利计算原理相同，考生可以结合记忆。

名师说

现值和终值是两个相反的概念，考生只需要理解其中一种，便可推导出另外一种的含义和公式。

例题 3.2（2018 年真题改编，案例题） 张先生需要借款 10 000 元，借款期限为 2 年，当前市场年利率为 6%。他向银行进行咨询，A 银行给予张先生单利计算的借款条件；B 银行给予张先生按年计算复利的借款条件；C 银行给予张先生按半年计算复利的借款条件。

根据以上资料，回答下列问题：

1. 如果张先生从 A 银行借款，到期应付利息为（　　）元。

A. 1 400　　　　B. 1 000　　　　C. 1 200　　　　D. 1 500

【答案】C

【名师解析】单利计算公式为：$I = P \cdot n \cdot r = 10\,000 \times 2 \times 6\% = 1\,200$（元）。

2. 如果张先生从 B 银行借款，到期时的本息和为（　　）元。

A. 11 216　　　B. 11 236　　　C. 11 210　　　D. 11 240

【答案】B

【名师解析】复利计算公式为：$FV = P(1+r)^n = 10\,000 \times (1+6\%)^2 = 11\,236$（元）。

3. 如果张先生从 C 银行借款，到期时的本息和为（　　）元。
A. 11 246　　　　　　B. 11 245　　　　　　C. 11 255　　　　　　D. 11 252

【答案】C

【名师解析】连续复利计算公式为：$FV_n = P\left(1+\dfrac{r}{m}\right)^{nm} = 10\,000 \times \left(1+\dfrac{6\%}{2}\right)^{2\times 2} = 11\,255$（元）。

二、利率决定理论（★★）

（一）利率的风险结构

利率的风险结构是指债券的到期期限相同，但利率不同的现象。

影响债券利率的第一个因素是违约风险，主要指债券发行方无法按时偿还本息，可能给债权人带来损失，这会影响到债券的利率水平。每一种债券都可能存在违约风险，一般而言，违约风险越大的债券，其利率越高。其他情况相同的条件下，公司债的利率高于政府债，信用等级较高的公司的债券的违约风险小于普通的公司债券。

影响债券利率的第二个因素是流动性，是指资产能够在交易市场中快速以合理价格变现的能力，它衡量的是投资的时间和价格之间的关系。由于债券在交易费用、偿还期限、是否可转换等方面存在差异，变现所需要的时间和成本就不同，导致流动性不同。一般来说，国债的流动性大于企业债。债券的流动性与期限成反比，与债券的利率也成反比关系。

影响债券利率的第三个因素是所得税，相同条件下，免税的债券利率一般更低。在美国，市政债券的违约风险大于国债，且流动性小于国债。但是市政债券的利息收入可以免税，因此长期而言，美国市政债券的利率低于国债利率。

（二）利率的期限结构

具有相同风险、流动性和税收特征的债券，由于期限不同，利率水平也会有所差异，这个差异就构成了利率的期限结构。目前有三种可以用来解释利率的期限结构的理论，即预期理论、市场分割理论和流动性溢价理论。

1. 预期理论

预期理论主要包括以下几个方面：

① 人们对未来不同时间内的短期利率的预期不同，债券的长期收益率可以通过一组短期的债券收益率来预测。

② 在某一时刻，不同期限的债券收益率相同。例如，1 年期、2 年期、3 年期的债券在第 1 年的收益率，应该相同。

③ 短期收益率低，预期收益率上升，利率期限曲线向上倾斜；反之亦然。

④ 长期利率的波动小于短期利率的波动。

预期理论的缺点在于，不能够解释为什么收益率曲线通常是向上倾斜的。根据预期理论，典型的收益率曲线应该是平坦的，而非向上倾斜。而向上倾斜的收益率曲线代表预期收益率上升，但是未来短期利率既有上升的可能，也有下降的可能。

2. 市场分割理论

市场分割理论主要包含以下几个方面：

① 具有不同期限的债券市场相互独立，可分为长期市场和短期市场。
② 不同期限的债券的收益率取决于该债券的供给与需求，长期利率不能用短期利率进行替代。
③ 短期债券供求曲线的平衡点的利率高于长期债券时，利率曲线向下倾斜。通常情况下，长期债券需求量少，价格较低，利率较高，收益率曲线向上倾斜。

市场分割理论具有以下缺点：
① 不能够解释为什么不同期限的债券利率具有同向运动的趋势。
② 无法解释"短期利率较低，收益率曲线向上倾斜；否则，收益率曲线向下倾斜"。

3. 流动性溢价理论

将预期理论和市场分割理论结合起来，就构成了流动性溢价理论。该理论认为，长期债券的流动性较差，投资者对此有较高的收益预期，即为流动性溢价。因此，长期债券的收益率应包含两个部分，分别为一组短期收益率平均值，以及由债券供求关系决定的流动性溢价。

例如，在未来的 3 年中，1 年期债券的收益率分别为 6%、7%、8%。

根据预期理论：

2 年期债券的收益率为（6%+7%）÷2＝6.5%

3 年期债券的收益率为（6%+7%+8%）÷3＝7%

假如未来 3 年债券的流动性溢价分别是 0、0.5%、1%，根据流动性溢价理论：

2 年期债券的收益率为（6%+7%）÷2+0.5%＝7%

3 年期债券的收益率为（6%+7%+8%）÷3+1%＝8%

期限优先理论，与流动性溢价理论的结论相同，但是对预期理论的修正较为间接。该理论主要包含以下几个方面：
① 投资者具有期限优先的特征，更愿意投资具有特定期限的债券。
② 由于他们对特定期限的债券有偏好，只有当其他期限的债券的收益率足够高时，他们才会考虑投资。
③ 投资者更加偏好短期债券，因此只有当长期债券的收益率足够高时，他们才愿意持有长期债券。

流动性溢价理论和期限优先理论能够解释以下 3 种情况：
① 不同期限的债券利率具有同向运动的趋势。
② 典型的收益率曲线是向上倾斜的。
③ 短期收益率较低，预期收益率上升，利率期限曲线向上倾斜；反之亦然。

名师说

利率的期限结构是考试中常见的考点，考生要特别注意三种理论的特征及其优缺点，并掌握流动性溢价理论的计算。

记忆小窍门

三种期限结构理论应对比记忆，前两种的特点相互对立，记住其中一种即可推导出另一种；最后一种理论是前两种理论的综合，解决了前两种理论的缺点。

例题 3.3（2018 年真题改编，单选题） 根据市场分割理论的前提假设，具有不同到期期限的债券之间的关系是（　　）。

A. 无法相互替代　　　　　　　　B. 完全相互替代
C. 部分相互替代　　　　　　　　D. 可以相互补充

【答案】A

【名师解析】市场分割理论将不同期限的债券市场看作完全独立和分割开来的市场，它的假设条件是不同到期期限的债券无法相互替代。

例题 3.4（2018 年真题改编，单选题） 假如未来 2 年中，1 年期债券的收益率分别为 4% 和 5%，1 年期和 2 年期债券的流动性溢价分别为 0 和 0.5%。根据流动性溢价理论，2 年期债券的利率应当为（　　）。

A. 4.5%　　　　　B. 5%　　　　　C. 5.25%　　　　　D. 5.5%

【答案】B

【名师解析】流动性溢价理论认为，长期债券的收益率应包含两个部分，分别为一组短期收益率平均值，以及由债券供求关系决定的流动性溢价。结合题目所述，2 年期债券的收益率 =（4%+5%）÷2+0.5%=5%。

（三）利率决定理论

1. 古典利率理论

古典利率理论讨论的是实物利率，认为利率是由储蓄与投资决定的。古典利率理论认为，只有当储蓄等于投资时，经济才能达到均衡状态。

利率越高，投资越低，投资（I）是利率（r）的减函数。利率越高，储蓄越高，储蓄（S）是利率的增函数，如图 3-1 所示。

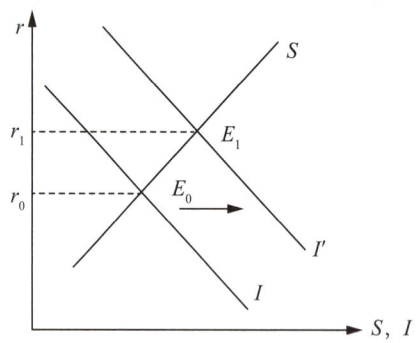

图 3-1　古典利率理论中的利率水平

当 $S>I$ 时，利率下降；当 $S<I$ 时，利率上升；当 $S=I$ 时，利率达到均衡。

增加投资，投资线由图中的 I 向右平移到 I'，均衡点由 E_0 移到 E_1，均衡利率由 r_0 上升到 r_1。

2. 流动性偏好理论

流动性偏好理论认为，利率是由人们的流动性偏好即货币需求和货币供给共同决定的。货币的供给（M_s）由央行决定，货币的需求（M_d）包括交易性需求、预防性需求和投机性需求。其中，交易需求和预防性需求与收入正相关，独立于利率；投机性需求与利率负相关。货币总需求可以表达为：

$$M_d = M_{d1}(Y) + M_{d2}(r) \tag{3.10}$$

式（3.10）中，M_{d1} 表示第一类货币需求，即交易性货币需求和预防性货币需求，M_{d2} 表示第二类货币需求，即投机性货币需求。其中，$M_{d1}(Y)$ 为收入 Y 的增函数，$M_{d2}(r)$ 为利率 r 的减函数。

当利率下降到一定水平时，市场会预计未来利率上升，此时货币的投机性需求将会无限增加，无论央行向市场提供多少货币供给，都会被吸收，因此利率将不再下降，而是"锁定"在该水平。这种现象被称为"流动性陷阱"，相当于图 3-2 中货币需求线的水平部分，此时货币需求为一条折线。

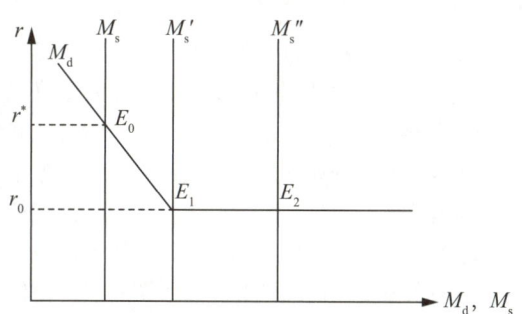

图 3-2　货币供求均衡与利率均衡

在图 3-2 中，货币供给为垂直线，均衡利率为货币需求线与货币供给线的交点，当货币供给处于均衡状态时，利率也达到均衡状态。

"流动性陷阱"可以用来解释货币政策的有效性。假如初始货币供给量为 M_s，初始的货币供求均衡点为 E_0，初始的均衡利率为 r^*。当货币供给量向右增加到 M_s' 时，货币供求均衡点移动到 E_1，均衡利率为 r_0，说明扩张的货币政策是有效的，带来利率水平的下降。

若货币供给量继续增加到 M_s''，货币供求均衡点由 E_1 移动到 E_2，但由于此时货币需求处于"流动性陷阱"的状态下，所以均衡利率仍保持在原有水平 r_0。因此，在"流动性陷阱"中，货币政策失效，货币需求线呈水平状态。

流动性偏好理论认为，货币供求达到均衡时，经济达到均衡状态。凯恩斯认为，利率水平由货币供求关系决定，与实体经济没有关系。因此，该理论讨论的是纯货币分析。

3. 可贷资金理论

可贷资金理论，修正了凯恩斯的流动性偏好理论，是前两种利率决定理论的统一。该理论认为利率由商品市场和货币市场共同决定，可贷资金的供求曲线的改变会引起均衡利率水平的改变。

假定在一个封闭的经济体中，可贷资金的供给包括：① 同一期间家庭、企业的实际储蓄；② 货币供给量的增加量。可贷资金的需求包括：① 投资者的实际投资需求；② 家庭、企业对货币需求量的增加量。如公式所示：

$$L_d = I + \Delta M_d \tag{3.11}$$

$$L_s = S + \Delta M_s \tag{3.12}$$

式（3.11）和式（3.12）中，L_d 表示借贷资金的需求，L_s 表示借贷资金的供给，ΔM_d 表示该时期内货币需求的增加量，ΔM_s 表示该时期内货币供给的增加量。综上，均衡状态为：$I + \Delta M_d = S + \Delta M_s$。

"流动性陷阱"是考试中的重要考点，考生需掌握它的概念。

约翰·梅纳德·凯恩斯（John Maynard Keynes，1883 年 6 月 5 日—1946 年 4 月 21 日），英国经济学家，现代经济学最有影响的经济学家之一，他创立的宏观经济学与弗洛伊德所创的精神分析法和爱因斯坦发现的相对论一起并称为二十世纪人类知识界的三大革命。

像许多伟大的金融家一样，凯恩斯在大事上十分大胆，敢于冒险使用大量资金以支持一个论点。但在小事上，他非常保守。

一次，凯恩斯和一个朋友在阿尔及利亚首都阿尔及尔度假，他们让一群当地小孩为他们擦皮鞋。凯恩斯付的钱太少，气得小孩们向他们扔石头。他的朋友建议他多给点钱了事，而凯恩斯，这个世界上最伟大的经济学家之一，回答道："我不会贬抑货币的价值。"

凯恩斯把资本资产的未来收入看作预期的这项投资的未来一系列年收入，把资本资产的供给价格看作是预期的资产的重置成本。而且，他认为资本边际效率是递减的。凯恩斯在《就业、利息与货币通论》中用相当多的篇幅讨论投资引诱。投资引诱理论是他的就业通论的最重要的部分。按照凯恩斯的看法，只有资本资产的预期收益超过资本资产的供给价格或重置成本，继续投资才是有利可图的，才能对资本家产生投资引诱。

面对大萧条时期需求不足和严重的失业现象，凯恩斯在《就业、利息与货币通论》中提出了政府干预的必要性和重要性。政府可以通过建设桥梁、大坝等公共项目，雇用失业人员。这批人就业后用领取的工资购买食品等货物，从而刺激了对这些货物的需求，生产这些货物的厂家又会雇用更多的人。这些就业人员又刺激了另一轮的需求，增加了另一些人的就业。

例题 3.5（2019 年真题改编，单选题） 根据可贷资金理论，决定利率的因素是（　　）。

A. 货币市场的均衡
B. 商品市场的均衡
C. 外币市场与货币市场的共同均衡
D. 货币市场与商品市场的共同均衡

【答案】D

【名师解析】可贷资金理论认为，利率取决于商品市场和货币市场的共同均衡，由可贷资金市场的供求关系决定，供求曲线的移动会引起均衡利率水平的变化。

任务 4 收益率与金融资产的定价

任务概述

本任务涉及"第二章 利率与金融资产定价"的"第三节 收益率""第四节 金融资产定价"和"第五节 我国的利率市场化"。涉及内容包括：收益率、金融资产定价，以及我国的利率市场化。

此任务在中级经济师考试中约考查10分，分值占比约为8%~10%。考试题型同时涉及单选题和多选题。

本任务整体难度适中，其中，重要考点为：到期收益率、持有期收益率、债券定价、股票定价、资产定价理论及我国利率市场化改革的主要进程。

任务框架图

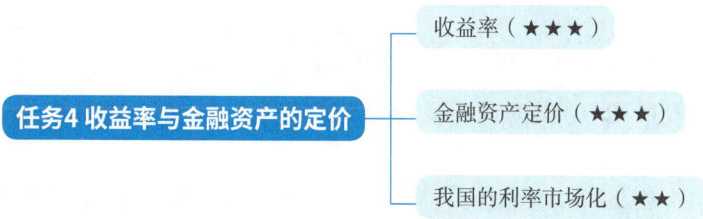

一、收益率（★★★）

（一）名义收益率

名义收益率是指债券票息与债券面值之比。

$$r = \frac{C}{F} \tag{4.1}$$

式（4.1）中，r 表示名义收益率，C 表示债券的票息，F 表示债券的面值。

（二）实际收益率

实际收益率是指除去通货膨胀影响后的收益率。

$$实际收益率 = 名义收益率 - 通货膨胀率 \tag{4.2}$$

（三）本期收益率

本期收益率是指当期获得的债券的票息与债券现值之比。

$$本期收益率=\frac{当期获得的债券票息}{债券现值} \tag{4.3}$$

即

$$r=\frac{C}{P} \tag{4.4}$$

式（4.4）中，r 表示本期收益率，C 表示债券当期获得的票息，P 表示债券的现值。

（四）到期收益率

到期收益率是指把债券持有到期时所获得的收益率，是债券未来的现金流现值等于债券当前市场价值的折现率。

1. 零息债券的到期收益率

零息债券折价发行，持有期内不支付票息，到期偿还面值。采取复利计息的方式，到期收益率的计算公式为：

$$由于 P=\frac{F}{(1+r)^n} \tag{4.5}$$

$$因此 r=\left(\frac{F}{P}\right)^{\frac{1}{n}}-1 \tag{4.6}$$

式（4.5）和（4.6）中，r 表示到期收益率，P 表示债券的市场价值，F 表示债券的面值，n 表示债券期限。

例如，一年期的零息债券，面值为 1 000 元，市场价格为 900 元，那么，到期收益率为：

$$r=\left(\frac{F}{P}\right)^{\frac{1}{n}}-1=\left(\frac{1\,000}{900}\right)^{\frac{1}{1}}-1\approx 11.11\%$$

若每半年付息一次，按照复利计算方法，零息债券的到期收益率为：

$$P=\frac{F}{\left(1+\frac{r}{2}\right)^{2n}} \tag{4.7}$$

假如，10 年期的零息债券的面值为 1 000 元，市场价格为 300 元，若每半年付息一次，在复利计算方法下，债券的到期收益率为：

$$300=\frac{1\,000}{\left(1+\frac{r}{2}\right)^{2\times 10}}$$

得到 $r\approx 12.41\%$，说明投资者今天投资 300 元购买一个零息债券，获得了 10 年后 1 000 元的保证。

2. 附息债券的到期收益率

在复利计息的方法下，附息债券的到期收益率为：

$$P=\sum_{t=1}^{n}\frac{C}{(1+r)^t}+\frac{F}{(1+r)^n} \tag{4.8}$$

式（4.8）中，r 表示到期收益率，P 表示债券的市场价值，C 表示债券的票息，F 表示债券面值，n 表示债券的期限。

实际上，债券通常每半年付息一次，按照复利计算方法，附息债券的到期收益率为：

$$P = \sum_{t=1}^{2n} \frac{\frac{C}{2}}{\left(1+\frac{r}{2}\right)^t} + \frac{F}{\left(1+\frac{r}{2}\right)^{2n}} \quad (4.9)$$

假如，5 年期的附息债券的票息率为 12%，市场价格为 930 元，债券面值为 1 000 元，若每半年付息一次，债券的到期收益率为：

$$930 = \frac{\frac{120}{2}}{\left(1+\frac{r}{2}\right)} + \frac{\frac{120}{2}}{\left(1+\frac{r}{2}\right)^2} + \frac{\frac{120}{2}}{\left(1+\frac{r}{2}\right)^3} + \cdots + \frac{\frac{120}{2}}{\left(1+\frac{r}{2}\right)^{10}} + \frac{1\,000}{\left(1+\frac{r}{2}\right)^{10}}$$，得到 $r \approx 14\%$。

若债券的价格、面值、票息率和期限已知，根据公式可以求出债券的到期收益率；若债券的到期收益率已知，则可以求得其价格。债券的市场价格与其到期收益率呈反向关系，当市场利率上升时，若债券的到期收益率低于市场利率，债券将会被抛售，导致债券价格下降，促使到期收益率上升到市场利率水平。因此，债券的价格随市场利率上升而下降。

到期收益率是考试必考知识点，考生必须掌握它的含义及其计算公式，并且能够区分每年付息一次和每半年付息一次的区别，在考试中能够准确套用公式。

到期收益率的计算可以类比单利和复利，以及现值和终值的公式进行记忆，它们的计算逻辑相同，建议考生彻底理解其中的含义，即可推出求解公式。

例题 4.1（2018 年真题改编，多选题） 关于市场利率、收益率与债券价格之间的关系，正确的说法有（　　）。

A. 市场利率下降，债券价格下降　　　　B. 债券价格与到期收益率呈正相关
C. 市场利率和债券价格呈负相关　　　　D. 债券价格与到期收益率呈负相关

【答案】CD

【名师解析】市场利率上升，债券价格下降，二者呈负相关。债券价格越低，到期收益率越高，二者呈负相关关系。

（五）持有期收益率

持有期收益率是指投资者在持有期间获得的收益。持有期收益率与到期收益率的区别在于二者在计算时所用的终值不同，到期收益率使用的是债券的面值，持有期收益率使用的是持有期间获得的利息和资本损益。

对于持有期小于 1 年的债券，持有期收益率计算如下：

$$r = \frac{P_n - P_0 + C}{P_0} \qquad (4.10)$$

式（4.10）中，r 表示持有期收益率，P_n 表示债券的卖出价格，P_0 表示债券的买入价格，C 表示债券的票息。

若投资者长期持有，或债券在持有期内以复利计息，需考虑货币的时间价值。

一个虔诚的基督教徒，他相信任何时候，上帝都不会抛弃他。

有一天，他所在的地方发洪水了。水刚进来时，并不深，人们纷纷逃难，有人喊他：快跑呀，洪水来了。他说，我不会跑的。上帝会救我的。

水越涨越高，他爬到教堂屋顶上，这时救援船来了，救援人员喊他上船走。他说，我不走，上帝会来救我的。

洪水更凶了，他爬到教堂的尖尖上，这时，救援直升机来了，他再次拒绝了救援，他坚信上帝不会抛弃他，一定会拯救他的。

最后，他被淹死了。

死后，他的灵魂愤怒地质问上帝，我那么信仰你，你却见死不救……

上帝说，我救了呀，我先是让人喊你跑，然后又派了救援船和救援直升机……

在债券市场上，一个投资者买入债券 a。

债券 a 亏损了，人们喊他卖出，他相信会扭亏的。

债券 a 评级展望调为负面了，人们喊他卖出，他觉得问题不大。

债券 a 下调评级了，人们喊他卖出，他认为，不会违约。

债券 a 两年亏损要暂停交易了，他说一定能还本。

最后，……

目前债券市场上，部分投资者对垃圾债券的诸多信号视而不见。

例题 4.2（2019 年真题改编，单选题）投资者持有一张面值 1 000 元，年票息 50 元，期限 10 年的债券，每年年末付息一次，到期后一次还本。投资者买入价格为 900 元，持有一年内后以 920 元的价格卖出，该投资者的持有期收益率是（　　）。

A. 7.56%　　　　B. 7.82%　　　　C. 7.78%　　　　D. 6.95%

【答案】C

【名师解析】投资者持有期收益率 =［(920−900) +50］÷900 ≈ 7.78%。

二、金融资产定价（★★★）

（一）利率与金融资产定价

1. 债券定价

债券的价格是指债券未来收益的现值之和，利率与债券价格呈负相关关系。利率越高，债券价格越低；利率越低，债券价格越高。

债券可以折价或溢价发行，其发行价格取决于债券的面值和折现率。债券的流通价格取决于不同的变量,包括面值、票面利率和实际持有期。

(1) 到期一次性还本付息的债券定价:

$$P_0 = \frac{F}{(1+r)^n} \tag{4.11}$$

式(4.11)中,P_0 表示债券价格,r 表示市场利率,n 表示持有期限,F 表示到期日本息之和。

若一张债券面值为1 000元,期限一年,市场利率为5%,到期一次性偿还本息。则债券价格为:

$$P_0 = \frac{1\,000}{1+5\%} = 952.38 \text{(元)}$$

(2) 分期付息到期还本的债券定价:

$$P_0 = \sum_{t=1}^{n} \frac{C_t}{(1+r)^t} + \frac{F}{(1+r)^n} \tag{4.12}$$

式(4.12)中,P_0 表示债券价格,r 表示市场利率,n 表示持有期限,F 表示债券面值,C_t 表示第 t 期债券收益或票息。

若一张债券面值为100元,期限3年,票面利息为3%,市场利率为5%,每年付息一次,到期还本。则债券发行价格为:

第1年结束收益3元的现值为:$3 \div (1+5\%) \approx 2.86$(元)。
第2年结束收益3元的现值为:$3 \div (1+5\%)^2 \approx 2.72$(元)。
第3年结束收益3元的现值为:$3 \div (1+5\%)^3 \approx 2.59$(元)。
第3年结束本金100元的现值为:$100 \div (1+5\%)^3 \approx 86.38$(元)。
总现值为:2.86+2.72+2.59+86.38=94.55(元)。

该债券的票息现值8.17(2.86+2.72+2.59)元,到期归还面值100元的现值为86.38元,因此该债券的价格应为94.55元。

该方法可以用来求得债券在任何时间点的价值,债券在发行后的交易价格取决于债券的交易时间点、市场利率、投资者要求回报率以及债券的剩余时间,不受债券的发行价格影响。

当债券的票息利率低于市场利率(或投资者要求回报率)时,债券的市场价格低于其面值,债券折价发行;当债券的票息利率等于市场利率(或投资者要求回报率)时,债券的市场价格等于其面值,债券平价发行;当债券的票息利率高于市场利率(或投资者要求回报率)时,债券的市场价格高于其面值,债券溢价发行。

永续债券的定价方法与股票的定价方式相同。

(3) 全价与净价。债券的报出价格为净价或干净价格(Clear Price),应扣除由于票息支付带来的价格波动的影响,投资者实付的价格为全价或肮脏价格(Dirty Price),包含应付而未付的利息。

记忆小窍门

债券定价的中心思想是:未来现金流折现求和。债券的定价公式不建议考生死记硬背,可以与任务2中的现值计算公式结合记忆。

例题 4.3（2018 年真题改编，单选题） 某公司在深交所通过发行债务的方式募集资金用于扩大业务范围，所发行债券的面值为 1 000 元，票面利息为 5%，到期期限为 3 年，发行规模为 10 亿，每年 6 月 30 日支付票息，到期还本付息。假设未来 3 年市场利率保持 5% 不变，则该债券的发行价格为（　　）元。

A. 90.97　　　　　B. 86.38　　　　　C. 105.60　　　　　D. 100

【答案】D

【名师解析】如果市场利率等于债券的票息率，债券的市场价格等于票面价值，债券为平价发行。

2. 股票定价

股票的定价取决于其预期的股息和市场利率，公式如下：

$$股票的理论价格 = \frac{预期股息收入}{市场利率} \tag{4.13}$$

若某股票的预期年股息为每股 1 元，市场利率为 8% 时，其理论价格为 12.5（1÷8%）元。若预期年股息为每股 2 元，市场利率不变，则该股票的理论价格为 25（2÷8%）元。

若预期每股年末税后收入为 0.4 元，市场利率为 4%，则该股票的理论价格为：

$$P_0 = \frac{0.4}{4\%} = 10 \text{（元）}$$

理论上，若股票的市场价格低于 P_0 时，投资者可以买入或继续持有该股票；若股票的市场价格高于 P_0 时，投资者应卖出；当股票的市场价格等于 P_0 时，投资者可以继续持有或卖出。

市盈率是指用股价除以每股收益（Earnings per share，EPS，每股税后利润），是衡量股价是否合理的指标之一。

$$市盈率 = \frac{普通股每股市场价格}{普通股每年每股收益} \tag{4.14}$$

由此可得：

$$股票理论价格 = 预计每股税后利润 \times 市场所在地平均市盈率 \tag{4.15}$$

若平均市盈率为 15 倍，则上例中股票的理论价格为：$P_0 = 0.4 \times 15 = 6$（元）。

名师说

　　债券和股票的定价是非常重要的知识点，考试中会以计算题的形式考查，经常出现案例题。考生必须掌握债券定价的核心思想，并且注意不要漏掉最后归还本金的现金流的折现计算。

例题 4.4（2018 年真题改编，单选题） 某股票的每股预期股息为每年 2.5 元，若市场利率为 5%，则股票的市场价格为（　　）元。

A. 20　　　　　B. 30　　　　　C. 40　　　　　D. 50

【答案】D

【名师解析】股票的市场价值 = 2.5÷5% = 50（元）。

（二）资产定价理论

1. 资本资产定价理论

基于马科维茨理论，资产组合的定价应关注期望收益率与资产组合的价格波动率，即方差或标准差。投资者更喜欢具有高收益与低价格波动率的资产组合。夏普比率（Sharpe Ratio，SR）是基金经理用来衡量基金业绩最重要的指标之一：

$$SR = \frac{E(r_p) - r_f}{\delta} \tag{4.16}$$

式（4.16）中，$E(r_p)$ 表示资产组合的预期收益率，r_f 表示无风险收益率，δ 表示资产组合的标准差。夏普比率越高，表示资产组合表现越好。

经典资本资产定价模型（Capital Asset Pricing Model，CAPM）基于以下几个假设：

① 投资者具有相同的投资期限，且只有一期；
② 所有投资者均可以无风险利率无限制地借入或贷出资金；
③ 投资者均为风险厌恶型，追求效用最大化原则；
④ 买卖证券时没有税负和交易成本。

（1）资本市场线。资本市场线（Capital Market Line，CML）是指表达有效组合的期望收益率和标准差之间的线性关系的射线。如图 4-1 所示：

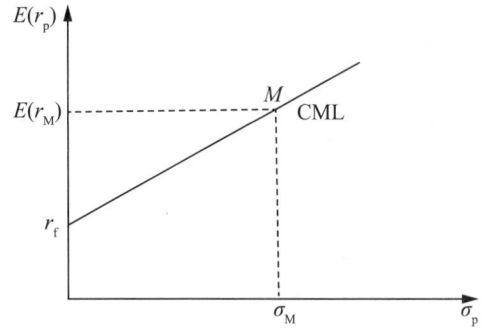

图 4-1　资本市场线

图 4-1 中，$E(r_p)$ 表示资产组合的预期收益率，r_f 表示无风险资产，σ_p 表示标准差，M 表示由所有证券构成的市场组合（Market Portfolio），其中每一种证券的比例等于该证券的相对市值。资本市场线上的任意一点分别代表某个无风险资产和市场组合 M 构建的新组合，也是均衡状态下对投资者最好的风险收益组合。

资本市场线的公式为：

$$E(r_p) = \frac{E(r_M) - r_f}{\sigma_M} \sigma_p + r_f \tag{4.17}$$

式（4.17）中，$E(r_p)$ 和 σ_p 分别表示任一有效组合的预期收益率和标准差，r_f 表示无风险收益率，二者相关性为正。因此，若想获得高收益，则需承担高风险。$E(r_M)$ 和 σ_M 表示市场组合的预期收益率和标准差，$E(r_M) - r_f$ 表示市场组合的风险报酬，$\frac{E(r_M) - r_f}{\sigma_M}$ 表示对单位风险的补偿或单位风险的价格。由此可得风险溢价的公式为：

$$E(r_p) - r_f = \frac{E(r_M) - r_f}{\sigma_M} \sigma_p \tag{4.18}$$

若市场组合的预期收益率为10%，市场组合的标准差为25%，投资组合的标准差为30%，无风险收益率为4%，则市场组合的风险报酬为6%（10%－4%），投资组合的风险溢价为7.2%（6%÷25%×30%），投资组合的预期收益率为11.2%（4%+6%÷25%×30%）。

（2）证券市场线。证券市场线反映了单一有风险资产的预期收益率与风险之间的关系。单个证券的收益率取决于其与市场的协方差。

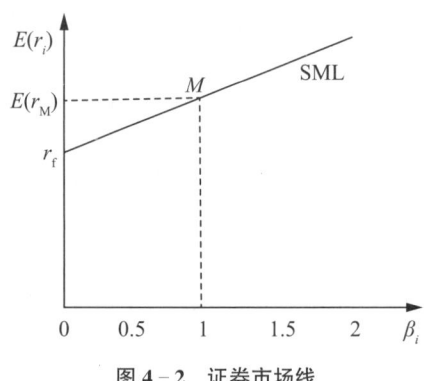

图4-2 证券市场线

公式表达为：

$$E(r_i) = \frac{E(r_M) - r_f}{\sigma_M^2} \sigma_{iM} + r_f \tag{4.19}$$

从公式中可以看出，单个证券 i 的预期收益率取决于其与市场的协方差 σ_{iM}。

通常，β 值用来衡量证券 i 的风险，公式为：

$$\beta_i = \frac{\sigma_{iM}}{\sigma_M^2} \tag{4.20}$$

把式（4.20）代入式（4.19）中，可以得到：

$$E(r_i) - r_f = \beta_i [E(r_M) - r_f] \tag{4.21}$$

式（4.21）为资本资产定价模型CAPM，该模型提供了衡量系统风险的指标——β 系数。它表示单个证券 i 的预期收益率由两部分组成：无风险资产的收益率 r_f 和 $\beta_i[E(r_M) - r_f]$。其中 β_i 为证券 i 相对于市场组合的绝对风险，$E(r_i) - r_f$ 为市场组合的风险补偿。

对于投资组合的市场风险 β 值，是组合中各股的 β 值的加权平均。同理，投资组合的预期收益率是组合中各股预期收益率的加权平均。

假设投资者计划构建包含A、B、C三个股票的投资组合，已知各股的 β 值分别为1.5、1.0和0.5，各股的投资比重分别为20%、30%和50%，则该投资组合的 β 值为0.85（1.5×20%+1.0×30%+0.5×50%）。

假设投资者购买某只股票的 β 系数为2.0，全市场组合的收益率为10%，当前国债的收益率

（无风险收益率）为4%，则该股票的预期收益率为：

$$r_i = \beta(r_M - r_f) + r_f = 2.0 \times (10\% - 4\%) + 4\% = 16\%$$

通常，上市公司股票的预期收益率可以被作为公司衡量任何重大投资所要求的最低收益率或要求回报率。

（3）系统性风险和非系统性风险。资产的风险分类如表4－1所示：

表4－1 资产的风险分类

分类	引起因素	特点
系统性风险	影响整个市场的风险，例如：宏观经济形势的变动、国家经济政策的变化、税制改革、政治因素等	永远存在，不可能通过资产组合来消除，属于不可分散风险
非系统性风险	特有风险，例如：公司财务风险、经营风险	可通过不同的资产组合来降低或消除，属于可分散风险

β 值也表示证券的实际收益率对市场投资组合的实际收益率的敏感程度。β 值大于1的证券的收益率对市场更敏感，能够放大全市场的收益率，被称为"激进型"证券。例如，若 β 为1.5，市场上涨10%时，股票上涨15%；市场下跌10%时，股票下跌15%。β 值小于1的证券的收益率对市场不敏感，被称为"防卫型"证券。例如，若 β 为0.8，市场上涨10%时，股票上涨8%；市场下跌10%时，股票下跌8%。β 值等于1的证券具有与全市场组合风险相同的"平均风险"。若 β 为1，市场上涨10%时，股票上涨10%；市场下跌10%时，股票下跌10%。β 为0的含义不一定是证券无风险，而是该债券的价格可能与市场价格波动无关。但是，若证券无风险，则 β 一定为0。

【名师说】

资本市场线和证券市场线的推导和深层含义不是考试的重点，考生了解即可。对CAPM模型的运用是常考点，其中 β 系数的含义和求解考生必须掌握。

【记忆小窍门】

投资组合的 β 系数和预期收益率都是采用加权平均的方法求解，可结合记忆。

例题4.5（2019年真题改编，单选题）均衡状态下，任何不利用全市场组合，或者不进行无风险借贷的投资组合均位于资本市场线的（　　）。

A. 下方　　　　B. 上方　　　　C. 线上　　　　D. 不确定位置

【答案】A

【名师解析】资本市场线表示，在均衡状态下，对所有投资者而言是最好的风险收益组合，任何不利用全市场组合，或者不进行无风险借贷的投资组合应位于资本市场线的下方。

例题4.6（2019年真题改编，单选题）某公司的 β 系数为1.15，市场投资组合的收益为9%，当前国债收益为3.5%，则该公司股票的预期收益率为（　　）。

A. 9.83%　　　B. 9.85%　　　C. 9.00%　　　D. 8.75%

【答案】A

【名师解析】$E(r_i) = \beta_i [E(r_M) - r_f] + r_f = 1.15 \times (9\% - 3.5\%) + 3.5\% = 9.825\%$。

2. 期权定价理论

1973年，布莱克—斯科尔斯模型的出现，解决了无现金股利的欧式看涨期权的定价问题，该模型有以下假设：

① 短期无风险利率 r_f 和标的资产价格波动率均为常数。
② 股票和期权的买卖没有交易成本、税收和卖空限制。
③ 所有证券交易是连续发生的，股价随机游走。
④ 在期权期限内，期权标的股票不发放股利。
⑤ 不存在无风险套利机会。

欧式期权的价值取决于以下5个要素：

① 期权执行价格；
② 期权期限；
③ 标的资产的初始价格；
④ 无风险利率；
⑤ 标的资产的波动率。

期权定价理论不是常考点，其定价公式非常复杂，不要求考生掌握。考生只需要了解布莱克—斯科尔斯模型的几个假设条件和影响期权定价的要素即可。

一天，一位经济学家正在准备就布莱克—斯科尔斯期权定价模型存在的问题进行一次讲座。他预计参加讲座的政府官员不会超过十来个人（犯罪猖獗的华盛顿特区），让他吃惊的是讲堂里坐满了戴着太阳镜的年轻人。演讲开始没几分钟，这些年轻人一个个站起来，一句话也不说地就走出了讲堂。

后来，这位经济学家才知道，原来秘书把他的演讲摘录用拼写检查软件检查了一遍，于是讨论中的演讲题目——"布莱克—斯科尔斯模型（Black-Scholes Model）存在的问题"——在对外宣传时就变成了"黑人学校（Black Schools）存在的问题"。

比较讽刺的是，"布莱克—斯科尔斯（模型）存在的问题"后来导致了美国长期资本管理公司（及其数百万美元的紧急救助资金）的消失，该公司是一家华尔街公司，诺贝尔奖获得者迈伦·斯科尔斯正是该公司的创建人之一。

三、我国的利率市场化（★★）

（一）我国利率市场化的总体思路

利率市场化是指将利率的决策权交给金融机构，形成以央行政策利率为基准、货币市场利率作为中介，由市场供求关系决定存贷款利率的市场利率管理体系。

我国利率市场化改革的总思路为：

（1）先放开货币市场利率和债券市场利率；
（2）逐步推进存、贷款利率的市场化：
① 先外币、后本币；
② 先贷款、后存款；
③ 先长期、大额，后短期、小额。

（二）我国利率市场化的主要进程

我国利率市场化改革包括两部分：

1. 逐步放松利率管制
（1）市场利率体系的建立。

银行间同业拆借利率先行市场化。在此之前我国金融市场曾出现乱拆乱借的现象，该现象从90年代开始逐渐得到规范，并形成了统一、透明的银行间同业拆借利率。1996年6月，央行取消拆借利率上限，同业拆借利率市场化完全实现。

债券市场利率放开经历了以下几个阶段：
① 1996年，财政部实行利率、收益率以及划款期招标等市场化发行；
② 1997年6月，债券回购利率和现券交易价格实现市场化；
③ 1998年9月，两家政策性银行首次以市场化的形式发行金融债券；
④ 1999年，财政部首次以利率招标的方式发行债券；
⑤ 2005年5月，明确短期融资债券发行价格市场化；
⑥ 2008年4月，明确非金融机构债券的发行价格市场化。

（2）存贷款利率的市场化。

贷款利率市场化经历了以下几个阶段：
① 1987年1月，我国首次尝试贷款利率市场化，贷款利率区间开始调整；
② 1997年，为扩大中小企业融资，央行再次调整贷款利率浮动区间；
③ 2004年10月，基本取消了金融机构人民币贷款利率上限；
④ 2013年7月，金融机构贷款利率管制全面放开。

存款利率的市场化发展更为谨慎，主要经历了以下几个阶段：
① 1999年10月，央行允许商业银行与保险公司共同商定长期大额协议存款利率，之后协议存款试点范围扩大；
② 2004年10月，实行存款利率上限管理。
③ 2015年8月，央行放开一年期以上定期存款的利率浮动上限；
④ 2015年10月，金融机构存款利率管制全面放开。

境内外币存贷款利率市场化进程较快，于2015年5月全面放开金融机构小额外币存款利率上限。

例题4.7（2019年真题改编，单选题） 2015年10月，我国对商业银行和农村合作金融机构等不再设置（　　）浮动上限，我国的利率管制时代宣告终结。

A. 债券市场利率　　　　　　　　　B. 存款利率
C. 贷款利率　　　　　　　　　　　D. 银行间市场利率

【答案】B

【名师解析】2015 年 10 月，我国放开对商业银行和农村合作金融机构的存款利率浮动上限，金融机构存款利率管制全面放开。

2. 健全市场化的利率形成、传导和调控机制

（1）金融市场的基准利率体系主要包含以下 3 项：

① 2007 年 1 月，Shibor 正式运行。Shibor 是指由高信用等级的参与银行每天对各个期限的拆借品种进行报价，对报价进行算数平均处理后，公布各个期限的单利、无担保的批发性利率。

② 2016 年 6 月，央行发布中国国债收益率曲线。

③ 贷款基准利率是指商业银行的最优质客户的贷款利率，是信贷产品定价的重要参考。

（2）不断健全市场利率定价自律机制。

① 2013 年 9 月 24 日，自律机制成立会议召开，针对货币市场、信贷市场等金融市场利率进行自律管理，首批自律成员包括工商银行等 10 家银行。

② 2015 年，加强对中小金融机构利率定价的指导，维护市场竞争秩序。

③ 2019 年 8 月，商业银行的贷款基础利率应用情况及贷款利率竞争行为被纳入宏观审慎评估体系。

④ 2019 年，金融机构自愿参与自律机制合格审慎评估。

（3）有序推进金融产品创新。

① 存单发行主体范围逐步扩大，同业存单、大额存单发行交易规模增加；

② 2013 年 12 月，首批同业存单产品发行，采取市场化定价方式，具有标准化、电子化、高流动性、高透明度等特点；双边报价做市制度初步建立。

③ 2015 年 6 月，央行制定了《大额存单管理暂行办法》。

④ 2016 年 6 月，央行积极推进大额存单二级市场转让交易。

（4）完善央行利率调控体系，货币政策的预见性、针对性和灵活性不断提高。

（三）我国利率市场化改革的方向

我国利率市场化进程中最主要的任务是如何破解贷款"利率双轨"对市场利率向实体经济传导形成的阻碍。促进贷款利率"双轨合一轨"，有利于深化利率市场化改革。

未来我国利率市场化改革的主要方向和任务包括以下几点：

① 完善银行 LPR 形成机制，督促和引导金融机构合理定价；

② 疏通货币政策传导，推进贷款利率"两轨合一轨"；

③ 健全央行政策利率体系，加强利率调控能力。

任务5 金融机构和金融制度

任务概述

本任务内容涉及"第三章 金融机构与金融制度"的"第一节 金融机构"和"第二节 金融制度"。涉及内容包括金融机构的性质、职能与类型;金融机构体系的构成;金融制度。

此任务在中级经济师考试中约考查5~7分,分值占比约为4%~5%。考试题型同时涉及单选题和多选题。

本任务整体难度较低,其中,重要考点为:金融机构职能、金融制度,包括中央银行制度、商业银行制度、政策性银行制度和金融监管。

任务框架图

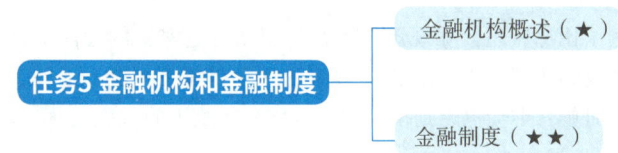

一、金融机构概述(★)

(一)金融机构的含义

金融机构的含义有狭义和广义之分,具体的分类如表5-1所示:

表5-1 金融机构含义及举例

分类	含义	举例
狭义	金融活动的中介机构,即在间接融资领域中充当资金余缺双方的中介	如中央银行、商业银行等
广义	所有从事金融活动的机构,包括直接融资和间接融资领域的金融机构、提供金融服务的机构	如证券公司、投资银行等

(二)金融机构的职能

金融机构的性质决定了其职能,具体的职能如表5-2所示:

表5-2 金融机构的职能

职能	具体解释
促进资金融通	① 间接金融机构一方面通过负债集中社会闲散资金,另一方面将这些资金投向资金短缺方,实现资金余缺双方的资金融通; ② 直接金融机构的职能体现在为投融资提供服务

续表

职能	具体解释
便利支付结算	金融机构为客户完成货币收付或清偿交易引起的债权债务关系提供服务，实现货币转移
降低交易成本、交易风险	① 金融机构规模化、专业化、集中化的优势，可以有效地降低交易成本；② 通过业务、技术来管理、分散、转移、控制和减轻风险
减少信息成本	金融机构可以减少交易双方的信息不对称导致的逆向选择和道德风险，降低信息成本
反映、调节经济活动	金融机构的信贷、结算等业务反映了企业和个人的经济活动，因此，金融机构可以通过信贷、利率和汇率等手段来调节货币、经济、产业结构等

> 有关逆向选择的解释，经典的例子就是美国经济学家阿克洛夫提出的柠檬市场（The Market for Lemons）。"柠檬"在美国俚语中代表"次品"或"不好的东西"。在柠檬市场中，即在信息不对称的情况下，往往好的商品遭受淘汰，劣等品会逐渐取代好的商品占领市场，导致市场中都是劣等品。
>
> 生活中，这种例子比比皆是，守规矩的人在公交站老老实实的排队等公交，公交车来了，胡乱插队的人通过加塞挤上了公交车，而守规矩的人还得等下一辆，下一辆来了，情况一样，那么，等到第三辆的时候，谁会再想到排队呢？这里，守规矩的人就是优等品，不守规矩的人就是劣等品。
>
> 有关道德风险的解释，买了汽车防盗险的人，比买保险之前，更大胆粗心了，可能忘锁车、忘拔车钥匙的事频频发生，因为他知道，车辆一旦被盗，有保险公司负责理赔，他的损失会很低，那为什么还要每次提醒自己锁车呢？

（三）金融机构类型

金融机构可以按照不同的标准，划分为不同的类型。如表 5-3 所示：

表 5-3 金融机构的分类

划分依据	划分类型	含义
融资方式	直接金融机构	在直接融资领域，为资金双方提供中介服务的金融机构。如证券公司、投资银行
	间接金融机构	金融机构**以债务人身份取得资金**，然后以债权人身份对外提供资金。如商业银行
职能作用	金融调控、监管机构	中央银行及其他金融监管机构。如中国银行保险监督管理委员会、中国证券监督管理委员会
	一般金融机构	进行商业化经营，向社会提供金融产品和服务来获取利润的金融机构

续表

划分依据	划分类型	含义
经营领域	投资类金融机构	在一级证券市场融资、二级证券市场买卖证券提供中介服务的金融机构
	保险类金融机构	经营各类保险保障业务的金融机构。如保险公司、养老基金
	信息咨询服务类金融机构	资信评估公司、其他以信息咨询服务为主的金融机构
金融机构业务特征	银行	核心业务：存放款、汇兑、结算等。如商业银行、储蓄银行、农村信用合作社
	非银行金融机构	除银行之外的其他金融机构。如保险、证券、信托等
是否承担政策性业务	政策性金融机构	不以营利为目的，为政府加强对经济的干预，确保宏观经济协调发展等而设立
	商业性金融机构	以营利为目的的一般性金融机构
资金来源方式	存款类金融机构	接受个人和机构存款，发放贷款的金融机构。如商业银行、信用合作社
	投资性中介机构	以投资活动为主要目的的筹集资金中介。如金融公司、共同基金
	契约型储蓄机构	以契约的方式在一定期限内从持约人手中吸取资金的金融机构。如人寿保险公司、养老基金

名师说

直接金融机构和间接金融机构的区别：虽然两者都是帮助资金余缺双方进行资金的融出、融入，但间接金融机构仅承担中介的角色。

（四）金融机构体系

在金融业务相互融合的背景下，金融机构体系的构成可以分成以下几个方面。

1. 存款性金融机构

存款性金融机构主要包括商业银行、储蓄银行和信用合作社等。

（1）商业银行。

又称存款货币银行，以营利为经营目标。主要业务：吸收存款、发放贷款、办理结算、提供金融服务等。

商业银行因为历史悠久、资本雄厚、体系庞大、业务范围广、金融资源多，因而对经济生活的影响也最大。

（2）储蓄银行。

储蓄银行吸收居民储蓄存款，并为居民提供金融服务，将余额较稳定的储蓄存款投资于政府债券、公司股票、债券等长期投资类型的金融机构。

（3）信用合作社。

信用合作社是城乡居民集资合股组成的合作金融机构，吸收社员的存款和股本，向社员发放贷款。

> 我国在建国初期，建立了很多农村信用合作社、城市信用合作社，分别是当前农村合作银行或农村商业银行、城市商业银行的前身。

2. 投资性金融机构

投资性金融机构是指在直接金融领域为投资活动提供中介服务或者直接参与投资活动的金融机构。

（1）投资银行。

主要业务：证券投资业务，直接投资公司股票和债券，提供中长期贷款，代办发行或包销股票与债券，参与公司的创建、重组和并购活动，提供投资和财务咨询服务等。

投资银行是典型的投资性金融机构，基本特征是综合性，即其几乎包括了全部的资本市场业务。其资金来源主要是发行股票和债券，大多数国家限制投资银行吸收活期存款，但有的国家也允许投资银行接受定期存款。

（2）证券投资基金。

主要业务：以发行股份或受益凭证的方式募集资金，再采用组合方式投资于各类金融产品，给投资者分配收益，并以此获得自身利益的金融机构。

投资者买入基金份额将资金投资给基金，然后可以随时买进卖出基金份额以此获利。

证券投资基金在美国称之为共同基金；英国称之为单位信托投资基金；日本称之为证券投资信托基金。

3. 契约性金融机构

契约性金融机构是以契约的方式吸收持约人的资金，然后按照契约规定向持约人履行赔付或资金返还义务的机构。这类机构具有资金来源稳定、资金流动性较弱的特点。

契约性金融机构的分类，如表5-4所示：

表5-4 契约性金融机构分类

分类	含义
保险公司	保险公司是主要以投保人缴纳保险费的形式建立起来的，负责赔付投保人因自然灾害、意外事故而造成经济损失的非银行金融机构
养老基金	养老基金是以契约的形式，先收到参加养老金计划者预交的资金，再以年金的形式提供退休收入的非银行金融机构

4. 政策性金融机构

政策性金融机构是由政府或政府机构出资设立、参股或保证，在一定的业务领域内从事政策性金融活动的金融机构。政策性金融机构经营不以利润最大化为目的。它主要包括以下四种类型：

(1) 经济开发政策性金融机构。

经济开发政策性金融机构是专门为经济开发提供长期投资或贷款的金融机构,投资和贷款的方向主要是基础设施、基础产业、支柱产业的大中型基本建设项目和重点企业。

开发银行的分类如表 5-5 所示:

表 5-5 开发银行的分类

开发银行分类	主要内容
国际性开发银行集团(世界银行集团)	**世界银行**。 **宗旨**:协助成员方的复兴与开发,为生产目的的投资提供贷款或贷款担保;促进成员方国际贸易的发展等。 **资金来源**:成员方的股本、借款、出让债权及净收益。 **贷款用途**:基础设施工程 **国际开发协会**。 **宗旨**:向低收入国家提供长期优惠性贷款 **国际金融公司**。 **宗旨**:为发展中国家的私人企业提供无政府担保的投资;促进外国私人资本在发展中国家的投资;促进发展中国家资本市场的发展
区域性开发银行	服务对象仅限于某一区域的成员方。 如亚洲开发银行、非洲开发银行、美洲开发银行等
本国性开发银行	长期性贷款支持国内企业和建设项目。 如开发银行(日本)、复兴信贷银行(德国)、复兴金融公司(美国)、国家开发银行(中国)等

例题 5.1 (2018 年真题改编,单选题) 世界银行集团由世界银行、国际开发协会和国际金融公司组成,向成员国提供金融服务和援助,本质上属于(   )。

A. 金融服务机构　　　　　　　　B. 金融监管机构
C. 开发性金融机构　　　　　　　D. 存款性金融机构

【答案】C

【名师解析】世界银行集团由世界银行、国际开发协会和国际金融公司等组成,向成员国提供金融服务和技术援助,本质上属于开发性金融机构。

(2) 农业政策性金融机构。

农业政策性金融机构是资金来源为政府拨款、发行债券、吸收特定存款、借款等,将这些资金给农业提供中长期低息贷款,配合贯彻国家农业扶持和保护政策的金融机构。

如美国的联邦土地银行、合作银行,法国的土地信贷银行、农业信贷银行,德国的农业抵押银行,中国的农业发展银行。

(3) 进出口政策性金融机构。

进出口政策性金融机构由政府支持向外贸部门提供优惠出口信贷,是一国为促进对外贸易发展,改善国际收支情况设立的政策性金融机构。

(4) 住房政策性金融机构。

住房政策性金融机构是由政府出资设立,扶持住房消费,特别是低收入者的住房消费,配合和贯彻政府住房发展政策和房地产市场调控政策的金融机构。

二、金融制度（★★）

金融制度是一国用法律形式确定的金融体系，以及组成该体系的各类金融机构的职责分工和相互关系的总和。

广义上讲，金融制度包括金融中介机构、金融市场、金融监管等方面的制度。具体如表5-6所示：

表5-6 金融制度内容

金融制度	具体的内容
金融机构制度	各类金融机构的地位、作用、职能、相互关系
金融市场制度	金融市场的结构和运行机制
金融监管制度	包括中央银行或金融监管部门，金融调控、金融管理的法律法规，金融调控和监管的组织形式、运作机制等

本任务从中央银行制度、商业银行制度、政策性金融制度、金融监管制度几个方面对金融制度的相关内容展开介绍。

（一）中央银行制度

中央银行是国家赋予其监督管理等职能的宏观管理机构。它负责制定和执行货币政策、监督管理金融业和规范金融秩序、防范金融风险和维持金融稳定，为商业银行等金融机构和政府相关部门提供金融服务等。

1. 组织形式

中央银行的组织形式主要有四种类型。

（1）一元式中央银行制度。

定义：一元式中央银行制度是指**一国只设立一家统一的中央银行**执行中央银行职能。

形式：这类中央银行采取总分行制，总行之下，设置分支行或代表处，逐级垂直隶属。

特点：该制度比较完善、成熟，组织完善、机构健全、权力集中、职能齐全，大多数国家都实行该制度，如中国、日本、印度等。

（2）二元式中央银行制度。

定义：二元式中央银行制度又称二元复合式中央银行制度，一国建立中央与地方两级相对独立的中央银行机构，共同组成一个复合式统一的中央银行体系。

形式：地方级中央银行按照当地经济特点、特定的法规和历史条件设立，受中央级中央银行的监督与指导，但地方级与中央级并非总分行关系，地方级中央银行在其辖区内有一定的独立性。

特点：权力与职能相对分散、分支机构较少。一般是实行联邦制的国家采用，如美国、德国等。

（3）跨国的中央银行制度。

定义：跨国的中央银行制度是指若干国家联合组建一家中央银行，该中央银行在其成员范围内行使全部或部分中央银行职能。

形式：跨国的中央银行不属于任何一个国家，而是成员共同的中央银行，对所有成员发行共同货币，制定和执行统一的货币政策等。

特点：一般与区域性多国经济的相对一致性和货币联盟体制相对应。二战后成立的西非货币联盟、中非货币联盟等都实施了跨国的中央银行制度。

（4）准中央银行制度。

定义：准中央银行制度是指一国或一地区不设置具备完全职能的、真正专业化的中央银行，而是设立若干类似中央银行的金融管理机构执行部分中央银行的职能，授权若干商业银行执行部分中央银行职能。

形式：中央银行职能由不同机构从不同角度分别执行。

特点：具有中央银行的权力分散、职能分解的特点。例如，新加坡、中国香港、利比里亚等国家或地区实施该制度。

在中国香港，中央银行职能由香港金融管理局、若干商业银行共同执行。香港金融管理局负责管理外汇基金，制定币制与汇率政策等；汇丰银行、渣打银行、中国银行（香港）有限公司承担流通货币的发行，并接受政府存款和保管其他公款等职能；汇丰银行负责集中和管理其他银行与金融机构的清算准备金，执行"中央结算银行"的职能。

例题 5.2（2019 年真题改编，多选题）中央银行的组织形式有（　　）。

A. 一元式中央银行制度　　　　　　B. 二元式中央银行制度
C. 跨国的中央银行制度　　　　　　D. 准中央银行制度
E. 联邦中央银行制度

【答案】ABCD

【名师解析】中央银行的组织形式有四种：一元式中央银行制度、二元式中央银行制度、跨国的中央银行制度、准中央银行制度。

2. 资本构成

中央银行的资本包括实收资本、留存利润、财政拨款等。资本构成的结构形式，即**资本的来源构成**主要有五种。

（1）全部资本为国家所有。

全部资本为国家所有，这种资本结构的中央银行是国有化性质的。

目前大多数国家的中央银行的资本结构都是采用国有形式，如中国、英国、法国等。

（2）国家和民间股份混合所有。

中央银行的资本是由国家资本和私人资本共同构成的。国家拥有中央银行的经营管理权和决策权，私人股东只具有分红的权利，其股份转让必须经中央银行同意后才能进行。

如日本、墨西哥、巴基斯坦、比利时等国家采用此种资本结构。

（3）全部资本非国家所有。

中央银行的资本全部由民间资本形成。

如美国、意大利等少数国家的中央银行采取此类资本结构。

（4）无资本金。

中央银行自身无资本金，其运行是由政府授权，按照法律履行中央银行各项职责的资本构成形式。

目前只有韩国的中央银行采用这种资本结构形式。

（5）资本为多国共有。

资本多国共有，即在跨国的中央银行制度下，中央银行的资本由货币联盟成员共同出资构成。货币联盟的各成员按商定比例认缴资本，并以认缴的比例享有对中央银行的所有权。

（二）商业银行制度

商业银行是一国金融体系的主体。

1. 组织制度

商业银行的组织制度主要有四种类型。如表5-7所示：

表5-7 商业银行的组织制度

组织制度	制度规定	优点	缺点
单一银行制度	又称单元银行制或独家银行制，即银行业务完全由各自独立的商业银行经营，不设分支机构。如美国实行的就是这种制度，但20世纪90年代以来，美国对于限制银行开设分支机构的规定逐渐放宽	①防止银行的集中和垄断。②降低营业成本。③强化地方服务。④独立性、自主性强	①限制了竞争。②限制了业务创新与发展。③限制了规模效益。④抵御风险的能力较差
分支银行制度	又称总分行制，有两种形式：①总行制：总行不仅监督管理、指挥协调分支机构，其本身也开展经营活动；②总管理处制：总管理处制监督管理、指挥协调分支机构，本身并不开展经营活动	①规模效益高。②竞争力强。③易于监管	①加速银行的垄断与集中。②管理难度大
持股公司制度	又称集团银行制度，是由某一集团成立持股公司，该公司控制或收购两家以上银行的制度。被收购或控制的银行法律上独立，但经营策略和业务受持股公司控制	①规避了法律对开设分支行的限制。②弥补单一银行制度的不足，如扩大资本、增强风险抵御能力	①易于形成垄断和集中，不利于竞争。②限制银行经营的自主性和灵活性
连锁银行制度	又称联合银行制度，指两家或更多家银行由某一人或某一集团通过购买多数股票的形式，形成联合经营的制度。这些被控制的银行在法律上独立，但经营政策与业务受控股方的控制	①规避了法律对开设分支行的限制。②弥补单一银行制度的不足	—

2. 业务经营制度

商业银行的业务经营制度有两种。

（1）分业经营银行制度。

分业经营银行制度又称专业化银行制度或分离银行制度，是指商业银行只能从事存贷款及结算等银行业务，不得经营证券、保险等其他金融业务的制度。

该制度的优点和缺点如表5-8所示：

表5-8 分业经营银行制度的优缺点

优缺点	具体内容
优点	①保护存款人利益。②有利于金融监管达到预期效果

续表

优缺点	具体内容
缺点	① 不利于加强金融业的竞争。 ② 不利于通过多种金融业务的互补性分散风险。 ③ 不利于银行通过持有彼此股票，从而结成利益共同体

(2) 综合性银行制度。

综合性银行制度又称全能银行制度或混业经营银行制度，在此制度下，商业银行能够提供存贷款、证券投资、结算、信托、租赁、保险等全面金融业务。

该制度下的优点和缺点如表 5-9 所示：

表 5-9 综合性银行制度的优缺点

优缺点	具体内容
优点	① 加强金融业的竞争，促进社会总效用的上升。 ② 扩大金融业的规模边界，实现规模效益，更好地发挥技术优势、扩大同质性产品或服务的提供。 ③ 利用商业银行、投资银行等的资源，实现信息共享、损益互补。 ④ 分散经营风险，通过业务互补保证银行稳定经营。 ⑤ 方便客户，通过银行一个窗口就可以为其提供综合性金融服务
缺点	① 银行的短期资金流入资本市场，引发道德风险等。 ② 容易形成更大范围的行业垄断，影响金融业的稳定和产业的安全。 ③ 金融监管体系的不健全和金融法规制度的不完善，加之银行在管理和风险控制上的欠缺，可能会形成金融业的系统性风险

（三）政策性金融制度

政策性金融具有政策性和金融性的特征。分别体现在：

(1) 政策性。其业务活动主要是对国家经济政策的贯彻、支持和配合，融资具有非营利性，对符合产业政策的贷款实现低息或无息。

(2) 金融性。其资金运动遵循信贷资金的运动规律，体现有偿性、效益性和安全性。

1. 职能

政策性金融机构的职能有以下四种。

(1) 倡导性职能。

倡导性职能又称诱导性职能，政策性金融机构以直接或间接的资金投放，吸引其他资金（包括金融机构或民间资金）从事符合经济政策意图的投资和贷款，从而引导资金的流向。

(2) 选择性职能。

政策性金融机构以政府的政策意图为主导，参考市场机制选择情况，主动选择融资领域或部门。

(3) 补充性职能。

补充性职能又称弥补性职能，政策性金融机构以政策性融资补充一些领域或部门商业性融资的不足，作为商业性金融机构融资体系的补充。

(4) 服务性职能。

政策性金融机构以其实践经验和专业技能，为业务对象和政府提供各方面服务。

2. 经营原则

政策性金融机构的经营原则有以下三种,如表 5-10 所示:

表 5-10 政策性金融机构的经营原则

经营原则	具体要求
政策性原则	政策性金融机构的经营活动须贯彻国家社会经济政策、区域和产业政策,对政策性支持的区域、产业和部门提供政策性投资和贷款
安全性原则	政策性金融机构在经营中应注重资产安全。 ① 确保政策性资金的良性循环。 ② 确保政策性资金不被挤占挪用,保证信贷资产的质量
保本微利原则	政策性金融机构经营的是信贷资金,而不是财政资金,故政策性金融机构必须加强经营管理,实现保本微利,保持机构的生存并持续发展

(四) 金融监管

1. 监管思路

金融监管的思路有三种,如表 5-11 所示:

表 5-11 金融监管思路

监管思路	主要内容	存在问题
机构监管	从机构监管思路出发,不同类型的金融机构受不同监管机构的监管	① 不同监管机构对不同金融机构中类似业务可能采取不同的监管标准,导致监管重叠或缺失和监管套利。 ② 混业经营在金融行业中日益普遍,机构监管不利于金融市场的稳定发展
功能监管	从业务类型监管思路出发,各类金融机构的不同类型的业务受不同监管机构监管	① 混业经营的金融机构的不同类型的业务受不同监管机构的监管,公司整体缺少监管。 ② 一家金融机构由一个监管部门牵头监管,不同牵头部门对金融机构的监管思路、侧重点不同,容易产生不同的监管成本
目标监管	从监管目标的思路出发,按照金融监管的不同目标(审慎监管和市场行为监管等)设立监管部门进行监管	一家金融机构受几个监管部门的监管,增加监管成本、降低了监管效率

记忆小窍门

我国的金融行业监管,采用的是机构监管思路。商业银行、信托公司、保险公司、证券公司、期货公司、基金公司等分别由银保监会、证监会这两个不同的监管机构监管。

例题 5.3(2019 年真题改编,单选题) 目标监管容易(　　)监管成本,(　　)监管效率。
A. 增加;降低　　　B. 增加;提高　　　C. 减少;降低　　　D. 减少;提高

【答案】A

【名师解析】目标监管会导致一个金融机构需要同时接受几个监管部门的监管,容易造成监管成本的上升和监管效率的下降。

2. 监管模式

根据三种监管思路，监管模式也有三种。

（1）分业监管。

参照机构监管思路，不同监管部门监管不同行业的金融机构，早期的金融市场多采用这种监管模式。随着混业经营的普遍，部分国家的分业监管逐步向功能监管的思路过渡。

例如，美国在分业监管的总体框架下，对混业经营的金融机构采用功能监管的思路。

（2）统一监管。

参照目标监管思路，由一家监管机构管理若干项监管目标。

例如，澳大利亚的双峰式监管模式。设立了澳大利亚审慎监管局和澳大利亚证券投资委员会，分别对金融机构的审慎经营和市场行为进行监管。目前，采用统一监管的国家越来越多，但具体的监管目标划分不同，如有的国家将银行和证券市场的审慎监管交给一个监管机构负责。

（3）超级监管。

参照目标监管思路，是统一监管模式的一种极端方式，对不同金融机构的所有监管交由一个监管机构统一负责。

例如，英国、新加坡、韩国等国家采用这一模式。

不同监管模式各有利弊，关键是监管模式与金融体系的发展适应，使金融体系在稳健性和效率性之间良好平衡。

2008年全球金融危机后，越来越多的国家意识到，宏观审慎政策、系统性风险评估和应对的缺失是此次危机爆发的重要原因，同时，微观审慎监管职能也呈现出向中央银行集中的趋势。

任务 6　我国的金融机构

任务概述

本任务内容涉及"第三章　金融机构与金融制度"的"第三节　我国的金融机构体系与金融制度"。涉及内容包括我国的金融机构体系与金融制度。

此任务在中级经济师考试中约考查 2~3 分，分值占比约为 2%。考试题型同时涉及单选题和多选题。

本任务整体难度较低，其中，重要考点为：我国的金融体系与金融制度。

任务框架图

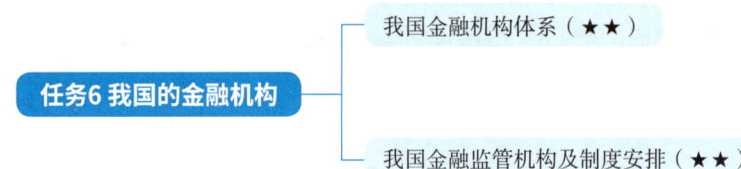

一、我国金融机构体系（★★）

目前，我国的金融机构体系由银行、证券机构、保险公司以及其他金融机构构成，如图 6-1 所示：

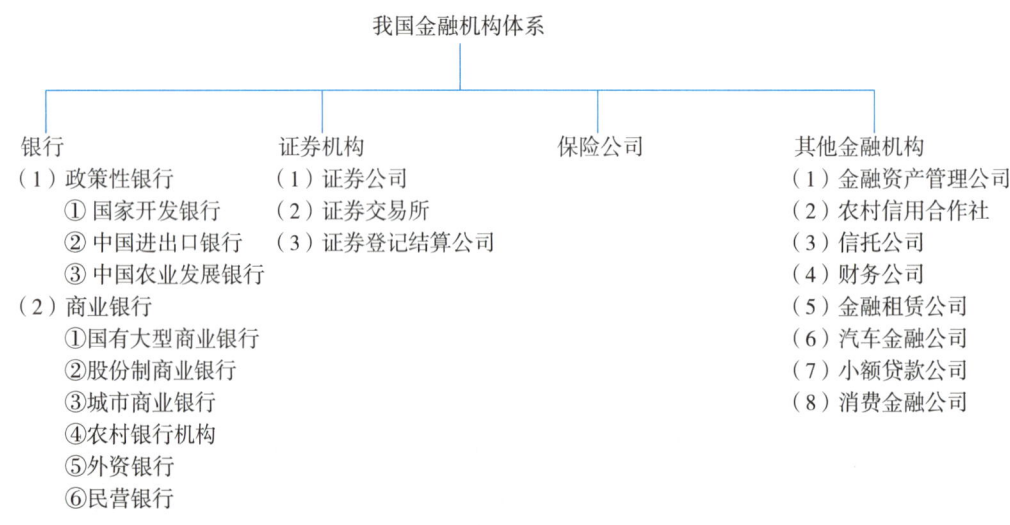

图 6-1　我国的金融机构体系

（一）银行

我国的银行主要分为政策性银行和商业银行两大类。

1. 政策性银行

我国的政策性银行有国家开发银行、中国进出口银行、中国农业发展银行，它们在支持国家建设、促进对外经济贸易、推动农业农村发展等方面发挥了积极的作用。

（1）国家开发银行。

国家开发银行开展中长期信贷与投资等金融业务，为国民经济重大中长期发展战略服务，支持国家基础设施、基础产业、支柱产业、战略性新兴产业等领域发展和国家重点项目建设，促进区域协调发展和城镇化建设，支持国家"走出去"战略。

（2）中国进出口银行。

中国进出口银行的**主要业务**是办理出口、进口信贷，办理对外承包工程和境外投资贷款，提供对外担保，转贷外国政府和金融机构提供的贷款，办理中国政府对外优惠贷款等。

中国进出口银行是中国外经贸支持体系的重要力量和金融体系的重要组成部分。

（3）中国农业发展银行。

中国农业发展银行主要任务是满足我国农业发展的需求。**主要业务**是向承担粮棉油收储任务的国有粮食收储企业和供销社棉花收储企业提供粮棉油收购、储备和调销贷款，办理政府财政支农资金的代理拨付，为各级政府设立的粮食风险基金设立专户并代理拨付。

2. 商业银行

（1）国有大型商业银行。

国有大型商业银行的国有股份占绝对多数，是国家控股的大型商业银行，包括：中国工商银行、中国农业银行、中国银行、中国建设银行、交通银行和中国邮政储蓄银行。

六家银行采取的都是一级法人的总分行制，即分支机构不是独立的法人。

趣味说

1999年开始，工商银行、农业银行、中国银行、建设银行将其不良资产分别剥离给四家国有金融资产管理公司，从2003年开始，建设银行、中国银行、工商银行先后进行股份制改造，逐步从国有独资商业银行转制成为国有控股的商业银行。农业银行由于其业务横跨国有商业银行和农村金融两个领域，因此，成为最后一家进行股份制改革的国有大型商业银行。交通银行于1908年创办，几经变革，于1987年重新组建，成为当时我国第一家全国性国有股份制商业银行。中国邮政储蓄银行于2007年正式挂牌成立。

四家国有控股商业银行原来的分工跟银行的名字关联紧密。

（1）工商银行：承担城市工商信贷业务。

（2）农业银行：以开办农村信贷业务为主。

（3）中国银行：以经营外汇业务为主。

（4）建设银行：以承担中长期投资信贷业务为主。

随着金融改革和金融市场的发展，四家银行的传统分工已逐步被打破，在金融市场上担任着资金融通等的中介角色。

(2) 股份制商业银行。

目前我国的全国性股份制商业银行有：平安银行、中信银行、中国光大银行、华夏银行、招商银行、广东发展银行、兴业银行、上海浦东发展银行、中国民生银行、恒丰银行、浙商银行和渤海银行。

股份制商业银行在组建开始就按照商业银行的运行机制经营，其股本金除了来自国家投资外，还来自境内外企业法人投资和社会公众投资。

(3) 城市商业银行。

1995年国务院决定，在中心城市及发展地区城市信用社清产核资的基础上，吸收地方财政、企业入股组建城市合作银行，为地方经济发展和中小企业发展提供服务。1998年，城市合作银行全部改名为城市商业银行。

初期，城市商业银行按城市划分而设立，不得在不同城市设立分支机构，随着经济的发展，城市商业银行开始到其他城市设置分支机构，并逐步引入境外战略投资者，实现上市融资。

(4) 农村银行机构。

农村银行机构主要有三种形式：农村商业银行、农村合作银行、村镇银行。2003年以来，我国的农村信用合作机构分别实行不同的产权形式。如表6-1所示。

表6-1 农村信用合作机构的产权改造

农村信用合作机构改制后	产权改革条件
农村商业银行	对经济金融条件较好地区的农村信用社进行股份制改造，成为农村商业银行
农村合作银行	暂不具备条件的农村信用社，可以实行股份合作制，建立农村合作银行
农村信用社	有困难又适合用合作制的，继续发展农村信用社

农村银行机构的**主要任务**都是为当地农村经济发展、农业、农民提供金融服务，促进城乡经济协调发展。农村银行机构三种形式的介绍如表6-2所示。

表6-2 农村银行机构的介绍

农村银行机构	具体介绍和主要任务
农村商业银行	由辖内农民、农村工商户、企业法人和其他经济组织共同发起成立的**股份制地方性**的金融机构
农业合作银行	由辖内农民、农村工商户、企业法人和其他经济组织入股成立的**股份合作制社区性**地方金融机构
村镇银行	由境内外金融机构、境内非金融机构企业法人、境内自然人出资，在农村地区设立的金融机构

名师说

股份合作制是在合作制的基础上，吸收股份制运作机制的一种企业组织形式。

(5) 外资银行。

按照我国有关法律法规，在我国境内设立的营业性机构和银行类代表处。有以下几种类型：

第一种是一家外国银行单独出资或一家外国银行与其他金融机构共同出资设立的**外商独资银行**；

第二种是外国金融机构与中国的公司、企业共同出资设立的**中外合资银行**；第三种是**外国银行分行**；第四种是**外国银行代表处**。其中，前三种统称为外资银行营业性机构。

2019年中国银行保险监督管理委员会公布修订后的《中华人民共和国外资银行管理条例实施细则》，这次修订内容包括扩大外国银行商业存在形式选择范围、取消来华设立机构的外国银行总资产要求、取消人民币业务审批、降低外国银行分行吸收人民币零售存款门槛至50万元等。

（6）民营银行。

民营银行是指具备条件的民间资本依法发起设立的中小型银行。

2014年中国银行业监督管理委员会启动了民营银行试点工作，首批5家银行试点开业，分别为深圳前海微众银行、温州民商银行、天津金城银行、上海华瑞银行、浙江网商银行。

（二）证券机构

我国的证券机构包括证券公司、证券交易所、证券登记结算公司、证券投资咨询公司、证券投资基金管理公司等。

1. 证券公司

证券公司又称证券商，是指由证券主管部门批准设立的在证券市场上经营证券业务的金融机构。

主要职能：推销证券债券、企业债券和股票，代理买卖和自营买卖已上市流通的各类有价证券，参与企业收购、兼并，充当企业的财务顾问等。

我国对证券公司实行分类管理，如表6-3所示：

表6-3 证券公司分类经营的业务范围

证券公司分类	业务范围
综合类证券公司	可从事证券承销、经纪、自营三种业务
经纪类证券公司	只能从事证券经纪类业务

2. 证券交易所

证券交易所是依法设立的，不以营利为目的，为证券的集中和有组织的交易提供场所、设施，并履行相关职责，实行自律性管理的**会员制**事业法人。目前我国有两家证券交易所：上海证券交易所、深圳证券交易所。

主要职能：提供证券交易的场所和设施，制定证券交易所的业务规则，接受上市申请、安排证券上市，组织、监督证券交易，对会员和上市公司进行监督，设立证券登记结算公司，管理和公布市场信息及中国证监会允许的其他职能。

3. 证券登记结算公司

证券登记结算公司是证券交易所附设的，确保证券所有权的转移和资金的流动，负责每个交易日结束后的清算。

主要职能：对证券和资金进行清算、交收和过户，让买入证券者得到证券，让卖出证券者得到资金。

目前，我国两大证券交易所均实现了无纸化和电子化交易，每日的结算和交收于**次日上午开市前**即可完成，即实现了"T+1"的交割。

（三）保险公司

我国建国初成立的中国人民保险公司改组设立了中国人民保险（集团）公司，下设中保财产保险公司、中保人寿保险公司、中保再保险公司三家子公司。太平洋保险公司改制为独立的股份制商业保险公司,一批新的股份制保险公司,如大众、天安、华泰等保险公司也逐渐设立,外资保险公司也纷纷进入我国保险市场。

(四) 其他金融机构

1. 金融资产管理公司

金融资产管理公司是指在特定时期,由政府出资专门收购和集中处置银行业不良资产的金融机构。

经营目标:最大限度保全被剥离资产,尽可能减少资产处理过程中的损失。

国务院 1999 年批准组建的中国信达资产管理公司、中国华融资产管理公司、中国长城资产管理公司和中国东方资产管理公司,分别收购和处置从中国建设银行、中国工商银行、中国农业银行和中国银行剥离出的不良资产。

2. 农村信用合作社

农村信用合作社是指经中国人民银行批准设立,由社员入股组成,实行自主经营、独立核算、自负盈亏,主要为社员提供金融服务的农村合作金融机构。

主要任务:筹集农村闲散资金,为农业、农民和农村经济发展提供金融服务;组织和调节农村基金,支持农业生产和农村综合发展,支持合作经济和社员家庭经济,限制打击高利贷。

3. 信托公司

信托公司的业务是委托人将财产权委托给受托人,受托人按委托人的意愿,以自己的名义,为受益人的利益或特定目的,对信托财产进行管理或者处分的行为。其本质是"受人之托,代人理财"。

信托公司的相关内容在本书"任务 12 信托公司"中会详细讲解。

4. 财务公司

财务公司又称企业集团财务公司,其设立的目的是为了加强企业集团资金集中管理和提高集团资金使用效率,为企业集团成员单位提供财务管理服务。

主要任务:对成员单位办理财务和融资顾问、信用鉴证及相关的咨询、代理业务,协助成员单位实现交易款项的收付,对成员单位提供担保,办理成员单位之间的委托贷款及委托投资,对成员单位办理票据承兑与贴现,办理成员单位之间的内部转账结算,吸收成员单位的存款,对成员单位办理贷款及融资租赁,经批准的保险代理业务等其他业务。

5. 金融租赁公司

金融租赁公司是承办**融资租赁**业务的金融机构。融资租赁指的是出租人根据承租人对租赁物和供货人的选择或认可,将其从供货人处取得的租赁物按照约定出租给承租人占有、使用,并据此向承租人收取租金的交易活动。

融资租赁的相关内容在本书"任务 13 融资租赁"中会详细讲解。

6. 汽车金融公司

汽车金融公司是经中国银保监会批准设立的,为境内的汽车购买者和销售者提供金融服务的非银行金融机构。

7. 小额贷款公司

小额贷款公司**不吸收公众存款**,吸收自然人、企业法人与其他社会组织的投资,经营小额贷款业务，公司形式为有限责任公司或股份有限公司。

资金来源：股东资本金、捐赠资金、不超过两个银行业金融机构的融入资金（该项资金来源不得超过其资本净额的50%）。

贷款对象：小额贷款公司可以自主选择贷款对象（原则是为农民、农业和农村经济发展服务），发放贷款时，应坚持"小额、分散"的原则，鼓励面向农户和微型企业提供信贷服务。

小额贷款公司**不能对外投资，不能设立分支机构，不能跨业经营**。

8. 消费金融公司

消费金融公司是经中国银保监会批准，不吸收公众存款，以小额、分散为原则，为境内居民提供以消费为目的贷款的非银行金融机构。

消费金融公司的设立有助于满足中低收入群体的合理消费信贷需求，推动普惠金融政策的落实。如北银消费金融有限公司、中银消费金融有限公司等。

例题6.1（2019年真题改编，多选题） 下列职能中，属于综合类证券公司职能的是（　　）。

A. 承销政府债券　　　　　　　　　B. 组织监督证券交易
C. 办理证券资金清算　　　　　　　D. 充当企业财务顾问
E. 管理和公布市场信息

【答案】 AD

【名师解析】 证券公司的主要职能是：承销政府债券、企业债券和股票，代理买卖和自营买卖已上市流通的各类有价证券，参与企业收购、兼并，充当企业财务顾问等。

二、我国金融监管机构及制度安排（★★）

我国的金融调控监管机构主要有：中国人民银行、中国银行保险监督管理委员会、中国证券监督管理委员会、国家外汇管理局、金融行业自律组织等。

> 上面提到的金融监管机构，考生可以结合日常工作和生活加以记忆：中国人民银行简称央行，中国银行保险监督管理委员会简称银保监会（2018年上半年由银监会和保监会合并而成），中国证券监督管理委员会简称证监会，国家外汇管理局简称外管局。

为加强上述金融监管机构之间的协调，2017年，国务院**金融稳定发展委员会**成立。其**主要职责**为：落实党中央、国务院关于金融工作的部署；审议金融业改革发展重大规划；统筹金融改革发展与监管，协调货币政策与金融监管相关事项，统筹协调金融监管重大事项，协调金融政策与相关财政政策、产业政策等；分析研判国际、国内金融形势，做好金融风险应对，研究系统性风险防范处置和维护金融稳定重大政策；指导地方金融改革发展与监管，对金融管理部门和地方政府进行业务监督、履职问责等。

（一）中国人民银行

1984年开始，中国人民银行开始专门行使中央银行职能。在此之前，中国人民银行既行使中央银行职能，又办理存、贷、汇等商业银行经营性业务。

1. 概述

中国人民银行是我国的**中央银行**。中国人民银行是发行的银行，发行和管理人民币流通；是政府的银行，进行金融宏观调控，维护国家金融稳定与安全，经理国库；是银行的银行，负责全国支付、清算系统正常运行，充当最后贷款人的角色。

中国人民银行在国务院领导下执行货币政策，履行职责，不受地方政府、各级政府部门、社会团体和个人的干涉。中国人民银行具有**相对独立性**，体现在以下几点：

① 财政不得向中国人民银行透支；

② 中国人民银行不得直接认购、包销国债和其他政府债券；

③ 不得向地方政府、各级政府部门提供贷款。

2. 职责

① **金融业管理**：拟定金融业改革、开放和发展规划，承担综合研究、协调解决金融运行中的重大问题、促进金融业协调发展。牵头国家金融安全工作协调机制，维护国家金融安全。

② **宏观审慎管理**：牵头建立宏观审慎管理框架，制定审慎监管基本制度，负责宏观审慎管理；建立健全金融消费者保护基本制度；拟定金融业重大法律法规和其他有关法律法规草案。

③ **货币、信贷政策管理**：制定和执行货币政策、信贷政策，完善货币政策调控体系。

④ **系统性金融风险监管**：牵头负责系统性金融风险防范和应计处置；负责金融控股公司等金融集团和系统重要性金融机构基本规则制定、监测分析和并表监管；牵头组织制定实施系统重要性金融机构恢复和处置计划；视情况责成有关监管部门采取一定的监管措施。

⑤ **承担最后贷款人责任**：负责对因化解金融风险而使用中央银行资金机构的行为进行检查监督。

⑥ **金融市场管理**：监督管理银行间债券市场、货币市场、外汇市场、票据市场、黄金市场及上述市场的场外衍生产品；牵头负责跨市场、跨业态、跨区域金融风险识别、预警和处置；负责交叉性金融业务监测评估；和有关部门制定统一的资产管理产品和公司信用类债券市场及其衍生品市场基本规则。

⑦ **人民币外汇管理**：负责制定、实施人民币汇率政策，推动人民币跨境和国际使用，发行人民币，管理人民币流动；维护国际收支平衡，实施外汇管理，负责国际国内金融市场监测和风险预警，监测和管理跨境资本流动，持有、管理和经营国家外汇储备和黄金储备。

⑧ **金融基础设施建设**：牵头负责重要金融基础设施建设规划并监管，统筹互联网金融监管工作；组织制定金融业信息化发展规划，负责金融标准化组织化组织管理协调和金融科技相关工作，指导金融业网络安全和信息化工作。

⑨ **金融业综合统计**：统筹金融业综合统计，牵头制定统一的金融业综合统计基础标准，建设国家金融基础数据库。

⑩ **支付体系建设**：统筹国家支付体系建设并监督管理。会同有关部门制定支付结算业务规则，负责全国支付、清算系统的正常运行。

⑪ **经理国库**。

⑫ **反洗钱**：承担全国反洗钱和反恐怖融资工作的组织协调和监督管理，负责涉嫌洗钱和恐怖活动的资金监测。

⑬ **征信管理**：管理征信业，建立社会信用体系。

⑭ **全球化的金融业务**：参与和中国人民银行业务有关的全球经济金融治理，开展国际金融合作；按照规定从事金融业务活动；完成党中央、国务院交办的其他任务。

⑮ **管理国家外汇管理局**。
⑯ **职能转变**：完善宏观调控体系，创新调控方式；加强货币政策、宏观审慎政策、金融监管政策的协调性，守住不发生系统性金融风险的底线；深化行政审批制度改革和金融市场改革，提高行政审批效率；推进"互联网+政务服务"提高政府服务质量和效果；完善金融法律制度体系，做好"放管服"改革的制度保障。

例题 6.2（2018 年真题改编，多选题）根据相关法律法规，目前中国人民银行履行的职责有（　　）。
 A. 防范、化解系统性风险　　　　　　B. 经理国库
 C. 直接认购或包销国债　　　　　　　D. 制定和执行货币政策
 E. 向中央政府或地方政府提供贷款
【答案】 ABD
【名师解析】 中国人民银行具有相对独立性体现在：央行不得直接认购、包销国债，不得向各级政府部门提供贷款。

（二）中国银行保险监督管理委员会

1. 概述

2018 年，中国银行业监督管理委员会（银监会）和中国保险监督管理委员会（保监会）整合，组建了中国银行保险监督管理委员会（银保监会），合并后的银保监会承担对中国银行业、保险业的监管职责，但不再履行"拟定银行业、保险业重要法律法规草案和审慎监管基本制度"的职责，该职责划入中国人民银行。

2. 职责

① **监管**：对银行业和保险业进行统一监管，对银行业和保险业机构及业务实行准入管理，审查高级管理人员任职资格；制定从业人员行为规范；对银行业和保险业的公司治理、风险管理、内部控制、资本充足状况、偿付能力、经营和信息披露实施监督；开展现场检查和非现场监管，开展风险与合规评估，保护消费者合法权益，查处违法违规行为；建立银行业和保险业的风险监控、评价和预警体系，跟踪分析、监测、预测银行业和保险业的运行状况；会同有关部门提出存款类金融机构和保险业机构紧急风险处置的意见和建议，并组织实施；对派出机构实施垂直领导；负责指导和监督地方金融监管部门相关工作。

② **研究以及制度制定**：对银行业和保险业改革和监管有效性开展研究。参与拟定金融业改革发展战略规划；参与起草银行业和保险业重要法律法规草案、审慎监管、金融消费者保护基本制度，制定银行业和保险业审慎监管与行为监管规则；起草银行和保险业其他法律法规草案。

③ **统计**：负责全国银行和保险业监管数据报表的编制，履行金融业综合统计职责。

④ **非法金融活动管理**：依法依规打击非法金融活动，负责非法集资的认定、查处、取缔和相关组织协调工作。

⑤ **对外交流**：参加银行业和保险业国际组织与国际监管规则制定，开展银行业和保险业的对外交流和国际合作事务。

⑥ 负责国有重点银行业金融机构监事会的日常管理。

⑦ **其他**：完成党中央、国务院交办的其他任务。

⑧ **职能转变**：加强微观审慎监管、行为监管与金融消费者保护，守住不发生系统性金融风险的

底线；逐步减少事前审批、加强事中事后监管，优化金融服务，向派出机构适当转移监管和服务职能。

 名师说

中国人民银行和中国银保监会都对银行业有监管，两者的区分在于：中国人民银行主要负责宏观、综合调控；银保监会从微观管理入手，做具体的管理工作，如政策的细节落实执行。

（三）中国证券监督管理委员会

1. 概述

1992 年，国务院证券委员会和中国证券监督管理委员会（证监会）成立。1998 年 4 月，国务院证券委员会与中国证监会合并。

2. 职责

① **制度制定**：研究和拟定证券期货市场的政策、发展规划，起草证券期货市场的法律法规，制定有关证券期货市场监管的规章、规则和办法。

② **证券市场监管**：监管股票、可转换债券、证券公司债券和其他由证监会负责的债券及其他证券的发行、上市、交易、托管和结算；监管证券投资基金活动，批准企业债券上市，监管上市国债和企业债券的交易活动；监管上市公司及其股东的证券市场行为；监管境内期货合约的上市、交易和结算，按规定监管境内机构从事境外期货业务。

③ **机构监管**：监管证券期货经营机构、证券投资基金管理公司、证券登记结算公司、期货结算机构、证券期货投资咨询机构、证券资信评级机构，审批基金托管机构的资格并监管其基金托管业务，制定有关机构高级管理人员任职资格管理办法，指导证券业、期货业协会开展从业人员资格管理工作。

④ 管理证券期货交易所及期货交易所的高级管理人员，归口管理证券业、期货业协会。

⑤ 垂直领导全国证券期货监管机构，对证券期货市场实行集中统一监管；管理有关证券公司的领导班子和领导成员。

⑥ **监管境外活动**：监管境内企业境外发行股票、上市，境外上市公司到境外发行可转换债券；监管境内证券、期货经营机构到境外设立证券、期货机构；监管境外机构到境内设立证券、期货机构，从事证券、期货业务。

⑦ 监管证券期货信息传播活动，负责证券期货市场的统计与信息资源管理。

⑧ 会同有关部门审批会计师事务所、资产评估机构及其成员从事证券期货业务的资格，并对律师事务所、会计师事务所、资产评估机构及其成员从事证券期货相关业务的活动进行监管。

⑨ 依法对证券期货违法违规行为进行调查和处罚。

⑩ 归口管理证券期货行业的对外交往和国际合作事务。

⑪ 承办国务院交办的其他事项。

（四）国家外汇管理局

1. 概述

国家外汇管理局于 1979 年组建，为国务院直属单位，由中国人民银行归口管理。

2. 职责

① **研究**：研究提出外汇管理体制改革和防范国际收支风险、促进国际收支平衡的政策建议；研究逐步推进人民币资本项目的可兑换、培育和发展外汇市场的政策措施，向中国人民银行提供制定人民币汇率政策的建议和依据。

② **制度制定**：参与起草外汇管理有关法律法规和部门规章草案，发布与履行职责有关的规范性文件。

③ **统计及信息化**：负责国际收支、对外债权债务的统计和监测，发布相关信息，监测跨境资金流动；拟定外汇管理信息化发展规划和标准、规范并组织实施，与相关管理部门实施监管信息共享。

④ **监管管理**：外汇市场、结售汇业务的监督管理，培育和发展外汇市场；监督检查经常项目外汇收支，实施资本项目外汇管理，规范境内外外汇账户管理。

⑤ **检查**：实施外汇监督检查，对违法违规行为进行处罚。

⑥ 承担国家外汇储备、黄金储备和其他外汇资产经营管理的责任。

⑦ 参与有关国际金融活动。

⑧ 承办国务院、中国人民银行交办的其他事项。

（五）金融行业自律组织

金融行业自律是指金融机构通过设立行业自律组织、制定同业公约、提供行业服务、加强相互监督等方式，实现金融行业的自我约束、自我管理，以规范、协调同业经营行为，保护行业共同利益。

金融行业自律组织主要有以下几种。

1. 中国银行业协会

中国银行业协会于2000年5月成立，是由银行业金融机构自愿组成的，经中国银行业监督管理机构批准的非营利性社会团体法人，受中国银行保险监督管理委员会（银保监会）及其派出机构的指导和监督。

各省（自治区、直辖市、计划单列市）银行业金融机构可自愿结成地方性银行业自律组织，地市级以下原则上不设立银行业自律组织。

协会会员包括中国银行业监督管理机构批准设立的、具有独立法人资格的全国性银行业金融机构，在华外资金融机构。

协会宗旨：① 促进会员单位实现共同利益；② 遵守国家法律法规、经济金融方针政策；③ 认真履行自律、维权、协调、服务职能，维护银行业合法权益，维护银行业市场秩序；④ 提高银行业从业人员素质，提高为会员服务的水平，促进银行业的发展。

2. 中国证券业协会

中国证券业协会于1991年8月成立，是证券业自律组织，受中国证监会、民政部的指导和监督管理。

协会会员包括证券公司、基金公司、投资咨询公司、证券交易所、登记结算机构以及符合条件的证券营业机构地方性社团等。

协会宗旨：① 在国家对证券业实行集中统一监管的前提下，进行证券业的自律管理；② 发挥政府与证券行业间的桥梁作用；③ 为会员服务、维护会员的合法权益；④ 维持证券业的正当竞争，促进证券市场的健康稳定发展。

3. 中国保险行业协会

中国保险行业协会于 2001 年 2 月成立，是自愿结成的非营利性的社会团体法人，是经中国保险监督管理机构审查同意并在民政部登记注册的保险业的全国自律性组织。

协会宗旨：① 遵守国家法律法规和经济金融方针政策；② 配合保险监管部门督促会员自律；③ 维护行业利益，促进行业发展，为会员提供服务。

4. 中国证券投资基金业协会

中国证券投资基金业协会于 2012 年 6 月成立，是基金行业相关机构自愿结成的全国性、行业性、非营利性社会组织，是非营利性社会团体法人，受中国证监会和民政部的指导和监督管理。

协会会员包括基金管理公司、基金托管银行、基金销售机构、基金评级机构、其他资产管理机构、相关服务机构。

协会宗旨：① 提供行业服务，促进行业交流创新，提升行业执业素质，提高行业竞争力；② 发挥行业与政府间桥梁作用，维护行业合法权益，提升行业声誉；③ 履行行业自律管理，促进会员合规经营，维持行业的经营秩序；④ 促进会员重视履行受托义务和社会责任，推动行业持续稳定发展。

5. 中国期货业协会

中国期货业协会于 2000 年 12 月成立，是全国期货行业自律组织，为非营利性社会团体法人，受中国证监会和国家社会团体登记管理机关的指导和管理。

协会会员：期货公司等从事期货业务会员、期货交易所特别会员、地方期货业协会联系会员。

协会宗旨：① 在国家对期货业实行集中统一监管的前提下，进行期货行业自律管理；② 发挥政府与期货行业间的桥梁作用，为会员服务，维护会员合法权益；③ 维护期货市场的正当竞争秩序，保护投资者利益，推动期货市场的稳定发展。

6. 中国银行间市场交易商协会

中国银行间市场交易商协会于 2007 年 9 月成立，是由市场参与者自愿组成的非营利性社会团体法人。它包括银行间债券市场、同业拆借市场、外汇市场、票据市场和黄金市场在内的银行间市场的自律组织，受中国人民银行主管。

协会宗旨：① 自律——对银行间市场进行自律管理。② 创新——推动金融产品创新，促进市场发展。③ 服务——为会员服务，维护会员合法权益；为政府服务，促进政府和市场的双向沟通。

7. 中国支付清算协会

中国支付清算协会于 2011 年 5 月成立，是中国支付清算服务行业自律组织，是在民政部登记注册的全国性非营利社会团体法人，受中国人民银行主管。

协会宗旨：① 遵守法律法规和国家政策，对支付清算行业进行自律管理；② 维护支付清算市场的秩序和会员的合法权益；③ 防范支付清算风险，促进支付清算行业健康发展。

8. 中国财务公司协会

中国财务公司协会于 1994 年 8 月成立，在民政部登记注册，是企业集团财务公司的行业自律组织，受中国银行业监督管理机构主管。

协会宗旨：① 遵守法律法规和国家政策，遵守社会道德风尚；② 接受主管机关委托，对财务公司进行同业自律管理；③ 发挥财务公司与主管机关的桥梁作用；④ 维护财务公司合法利益，促进财务公司健康发展。

9. 中国信托业协会

中国信托业协会于 2005 年 5 月成立，是经中国银行保险监督管理委员会同意，在民政部登记注册的非营利性社会团体法人，它是全国性的信托业自律组织，受银保监会和民政部的指导和监督管理。

协会宗旨：① 促进会员实现共同利益；② 遵守法律法规和国家政策，认真履行自律、维权、协调和服务职能；③ 发挥相关管理部门与信托业间的桥梁作用；④ 维护信托业合法权益，维护信托业市场秩序；⑤ 提高信托业从业人员素质，提高为会员服务的水平，促进信托业健康发展。

10. 中国互联网金融协会

中国互联网金融协会于 2016 年 3 月成立，由中国人民银行会同中国银监会、证监会、保监会等国家有关部门建立的国家级互联网金融行业自律组织。

中国互联网金融协会是我国行业协会脱钩改革后第一个承担特殊职能的全国性行业协会。

协会宗旨：① 通过自律管理、会员服务，规范从业机构的市场行为，推动从业机构更好地服务社会发展；② 保护行业合法权益，引导行业规范运行。

单位会员：银行、证券、保险、基金、期货、信托、资产管理、消费金融、征信服务、互联网支付、投资、理财、借贷等机构，承担金融基础设施和金融研究教育职能的机构。单位会员基本覆盖了互联网金融的主流业态和新兴业态。

11. 中国融资租赁企业协会

中国融资租赁企业协会于 2014 年 1 月成立，由在境内注册的融资租赁企业、相关组织和人员组成，是目前该行业唯一的国家一级行业协会，受商务部主管。

主要职责：① 提供政策咨询，建立信用体系，调节融资租赁业务纠纷，维护企业合法权益；② 加强行业自律，促进融资租赁行业发展。

12. 证券交易所

我国证券交易所有上海证券交易所和深圳证券交易所，均成立于 1990 年，是依据有关法律，经政府在证券主管机关批准设立的集中进行证券交易的有形场所，是证券行业自律组织的一种，受证监会监督管理。

主要职能：① 提供证券交易的场所和设施；② 制定证券交易所的业务规则；③ 接受公司证券上市申请，安排证券上市；④ 组织、监督证券交易；⑤ 对会员、上市公司进行监管；⑥ 管理和公布市场信息；⑦ 其他职能。

例题 6.3（2019 年真题改编，多选题）根据相关的规定，银行业协会的职能包括（　　）。

A. 自律　　　　　　B. 服务　　　　　　C. 协调　　　　　　D. 维权

E. 创新

【答案】ABCD

【名师解析】银行业协会依据《中华人民共和国商业银行法》《中华人民共和国中国人民银行法》《中华人民共和国银行业监督管理法》等法律法规，认真履行自律、维权、协调、服务职能，维护银行业合法权益，维护银行业市场秩序。

例题 6.4（2017 年真题改编，单选题）中国银行间市场交易商协会的主管部门是（　　）。

A. 中国银行保险监督管理委员会　　　　B. 中国银行业协会

C. 中国证券监督管理委员会　　　　　　D. 中国人民银行

【答案】D

【名师解析】中国银行间市场交易商协会受中国人民银行的主管。

任务 7　商业银行经营

任务概述

本任务内容涉及"第四章　商业银行经营与管理"的"第一节　商业银行经营与管理概述"和"第二节　商业银行经营"。涉及内容包括商业银行经营的具体内容。

此任务在中级经济师考试中约考查 6~8 分，分值占比约为 4%~6%。考试题型同时涉及单选题和多选题。

本任务整体难度适中，其中，重要考点为：商业银行经营，包括负债经营、贷款经营、中间业务经营、理财业务经营。

任务框架图

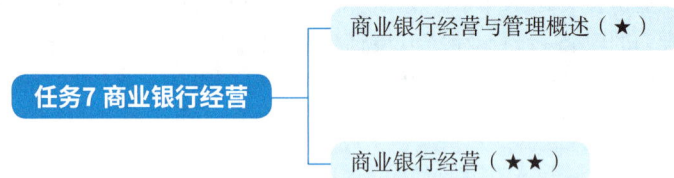

一、商业银行经营与管理概述（★）

（一）商业银行经营与管理的含义

1. 商业银行含义

商业银行是指以货币和信用为经营对象的金融中介机构。商业银行的最大特点是通过吸收公众存款的形式动员资金资源，主要通过信贷形式承担金融风险。

2. 商业银行经营与管理的含义

商业银行的一切活动可以从经营和管理两种工作内容概括，具体的含义如表 7-1 所示：

表 7-1　商业银行经营和管理的含义

商业银行活动	含义	具体内容
经营	商业银行对开展的各种业务做组织和营销	① 负债业务的组织与营销；② 资产业务的组织与营销；③ 中间业务和表外业务的组织和营销
管理	商业银行对所开展的各种业务活动进行控制与监督	① 资产负债管理；② 资本管理；③ 风险管理；④ 财务管理；⑤ 人力资源开发与管理

3. 商业银行的特点

（1）募集公众资金，高负债经营。

(2) 承担经营风险，提供金融服务。

(3) 特许经营和严格监管。未经国务院银行业监督管理机构批准，任何单位和个人不得从事吸收公众存款等商业银行业务，任何单位不得再名称中使用"银行"字样。

4. 商业银行的业务分类

商业银行的业务可以按不同的标准分为不同的类别。

(1) 按业务性质划分为：负债业务、资产业务、中间业务和表外业务。

(2) 按客户类型划分为：公司金融业务、零售金融业务、资产管理和财富管理业务、金融市场业务。

(二) 商业银行经营与管理的原则和关系

商业银行的**经营特点**：高负债率、高风险性、受严格监管，这些特点决定了其经营原则是多方面的统一。

《中华人民共和国商业银行法》（以下简称《商业银行法》）规定，商业银行以安全性、流动性、效益性为经营原则。

1. 商业银行经营与管理原则

(1) 安全性原则。

该原则要求商业银行在经营活动中必须保持足够的清偿能力，能够承受得起重大风险和损失，能够随时应付客户提取，保证客户对银行的信心。

安全性原则很大程度上取决于：资产规模、资产结构、资产风险度和现金储备量。

安全性原则要求银行做到：① 筹措足够的自有资本，提高自有资本在全部资产中的比重。② 合理安排资产规模和结构，提高资产质量。③ 遵纪守法，合法经营。

(2) 流动性原则。

流动性是指商业银行在业务运营中必须始终保持必需的一定量的现金或变现能力强的资产，以备客户提取，防止出现兑付不了的情况。

银行的流动性体现在资产和负债上：资产流动性，是指银行资产在不受损失的条件下迅速变现的能力；负债流动性，是指银行在需要时能够及时以较低成本获得所需资金的能力。

流动性原则要求银行做到：① 调整资产结构，维持流动性较好资产的比例。② 加强负债管理，注重运用负债来满足银行经营流动性的要求。③ 加强流动性管理，实现流动性管理的目标。

(3) 效益性原则。

效益性原则又称为盈利性原则，要求商业银行经营管理者在允许的情况下，尽可能地追求利润最大化。

利润最大化的好处：为商业银行扩大规模、开拓业务提供资金支持；给予股东较高回报，带动市价上升，利于银行资金的筹集；提高声誉、增加公众对银行的信任，有利于保持商业银行降低运营成本。

效益性原则要求银行做到：① 减少非盈利资产，提高盈利资产的比重。② 以尽可能低的成本，取得更多资金。③ 减少贷款和投资损失。

例题 7.1（2015 年真题改编，多选题） 商业银行经营与管理的原则是（　　）。

A. 增长性原则　　　B. 效益性原则　　　C. 流动性原则　　　D. 安全性原则

E. 稳健性原则

【答案】BCD

【名师解析】本题考查商业银行经营与管理的原则。商业银行以安全性、流动性、效益性为经营原则。

2. 商业银行经营与管理原则之间的关系

本质上来说，安全性、流动性和效益性三个原则是对立统一的，如表7-2所示：

表7-2 商业银行经营与管理原则的关系

原则的关系	具体说明
对立	① 安全系数大的资金，盈利水平通常较低；安全系数小、风险大的项目，往往盈利水平高，安全性和流动性的要求必然会削弱效益性。 ② 要提高效益性，安全性和流动性就会受影响
统一	① **安全性是前提，流动性是条件，效益性是目的。** ② 只有安全性得到保证，才能获得效益；只有资金正常流动，各项业务才能正常运转；安全性和流动性是确保银行获得效益的条件

3. 我国商业银行分业经营的原则

金融业主要包括了银行业、信托业、证券业、保险业等子行业。分业经营指的是经营者只在单个行业内经营；混业经营指的是同一金融机构跨银行业、证券业、保险业、信托业等经营。

我国商业银行实行分业经营原则，《商业银行法》规定，商业银行在中国境内不得从事信托投资和证券经营业务，不得向非自用不动产投资或者向非银行金融机构和企业投资，但国家另有规定除外。

4. 商业银行金融创新原则

商业银行的创新活动，应遵循的原则有：

(1) 合法合规原则。

(2) 公平竞争原则。

(3) 充分尊重他人的知识产权；保护自己的知识产权。

(4) 成本可算，风险可控，信息充分披露原则。

二、商业银行经营（★★）

（一）商业银行经营概述

商业银行的经营是对其所开展的各种业务活动的组织和营销。组织和营销的含义如下：

(1) 商业银行经营的组织是指经营活动在机构、人员、设施等方面的组合和构成，即业务的运营，包括前台的服务、后台的核算、前后台的关系等。

(2) 商业银行经营的营销经营活动在市场开拓，新产品创造、推销、新客户争取等方面的体现，更多地表现为脑力活动和无形资产的创造。

1. 业务运营

商业银行经营的组织是业务运营，其有三种模式。

(1) 传统模式。

传统的业务运营模式是以层级管理为特征，以层级中每一个业务单位（网点）为基础，以业务前后台一体为核心的方式。其特点是网点的会计核算型。

传统模式的优缺点如表 7-3 所示：

表 7-3　传统模式的优缺点

传统模式的优缺点	内容
优点	① 前台后台紧密结合，在空间上一体，业务处理便捷。 ② 适应计算工具简单、业务种类少，业务处理程序不复杂的状况
缺点	① 由于风险控制的要求，后台各个流程环节都必须配备人员，单人业务量不饱满，人工成本高。 ② 虽然目前计算技术和账务处理已电算化，但由于组织架构没有改变，该模式的固有不足仍然存在

【名师说】

商业银行前后台的划分如表 7-4 所示：

表 7-4　商业银行前后台的划分

前台或后台	内容
前台	直接面对客户，受理业务、办理交易、提供服务的服务平台
后台	为前台提供业务交易处理，对前台业务处理进行风险控制的部门

（2）新型模式。

新型的业务运营模式是在信息技术的有效支持下，实现营业网点业务操作规范化、工序化，后台交易处理集中化、专业化，以达到提高服务质量和业务运行的整体效率，强化风险控制的目的。

新兴模式的核心是前后台分离，前台的营业网点从会计核算型向服务营销型转变，其主要职责是产品营销、柜台服务、风险控制；后台主要职责是核心业务系统运行的维护，集中处理非实时业务批量交易、财务核算、业务稽核监督，包括集中运行、集中录入、集中交易、集中核算、集中金库、集中监督等事项。

该模式的优点：

① 实现前台营业网点业务操作的规范化和工序化，实现业务处理的集约化。
② 提高运营效率和风险防范能力，实现降低成本。

【名师说】

新兴的业务运营模式改变了传统的每一个网点都有前后台的状况，将多个网点的后台集中在一起，形成一个后台中心。

例题 7.2（2016 年真题改编，单选题）和传统业务运营模式相比，商业银行新兴业务运营模式的核心是（　　）。

A. 前后台分离　　　B. 业务外包　　　C. 风险转移　　　D. 集中核算

【答案】A

【名师解析】新型的业务运营模式的核心是前后台分离。

（3）最新模式：从电子银行、互联网金融到金融科技。

从电子银行、互联网金融到金融科技，实质上是将科技应用到金融领域，通过科学技术驱动金融体系的创新。根据技术和金融的结合深度和广度，商业银行的业务运营模式有三个阶段：

① 电子银行阶段。通过电子银行对计算机的应用实现业务的电子化。电子银行渠道主要包括网上银行、电话银行、手机银行和自助终端。

② 互联网金融阶段。通过互联网或移动终端，实现资产端、交易端、支付端、资金端等业务的互联互通。

③ 金融科技阶段。金融科技可以看作互联网金融的升级迭代版本，又叫作数字金融。

电子银行的定义看上去十分复杂，其实它就是一种脱离柜台服务的新型的银行经营模式。考生可以从电子银行渠道入手，对其加以理解。

2. 市场营销

商业银行经营的核心是市场营销。

（1）市场营销含义。

市场营销是指商业银行以金融市场为导向，利用资源优势，通过各种营销手段，把可盈利的银行金融产品和服务销售给客户，满足客户的需求并实现银行盈利最大化目标的活动。其更多的体现为服务营销，市场营销的中心是客户。

（2）市场营销策略。

① 20 世纪 70 年代之前，商业银行的营销策略主要以金融产品为导向，采取"4P"策略，即产品（product）、价格（price）、渠道（place）、促销（promotion），主要从供给方出发来研究市场的需求及变化。

② 20 世纪 70 年代后，商业银行的营销策略是"4C"策略，即消费者（consumer）、成本（cost）、便利（convenience）、沟通（communication）。建立了以客户需求为导向的市场营销模式，注重客户的金融服务需求、客户使用服务的便利性、客户为满足需求支付的服务成本，并能兼顾客户与银行的双重利益。

③ 21 世纪后，关系营销成为银行营销中的一种新观念和做法。所谓关系营销就是将商业银行与客户关系的建立、培养、发展作为营销的对象，不断发现和满足顾客的需求，建成一种长期的良好关系。在此基础上，商业银行的营销策略是"4R"策略，即关联（relevance）、反应（reaction）、关系（relationship）、回报（reward），以竞争为导向，着眼于银行与顾客互动与双赢，不仅积极地适应客户的需求，而且主动创造需求，通过关联、关系、反应等形式与客户建立独特的关系，形成竞争优势。

例题 7.3（2015 年真题改编，单选题）21 世纪后，关系营销成为银行营销中的一种新观念和做法，这种营销策略为"4R"策略，以（　　）为导向，着眼于银行与顾客互动与双赢，不仅积极地适应客户的需求，而且主动创造需求。

A. 客户需求　　　　　　B. 价格高低　　　　　　C. 市场　　　　　　D. 竞争

【答案】D

【名师解析】"4R"策略是以竞争为导向，着眼于银行与顾客互动与双赢，不仅积极地适应客户的需求，而且主动创造需求。

(二)商业银行的经营

1. 负债经营

负债是形成商业银行资金来源的业务,商业银行的负债主要包括存款和借款,其中最主要的是存款。

(1)存款经营的基本内容。

商业银行的存款经营是指在一定的金融法规监管条件下,充分组织银行的人力、物力来创造吸引存款的金融产品并将其销售出去的过程。

存款经营的最重要的方面是必须不断创新金融产品,开拓客户服务领域。

(2)存款经营的影响因素。

存款经营的影响因素有以下几个方面:

① 支付机制的创新。

支付机制是指一种用于资金转账,进行支付和债务结算的系统。

支付机制的创新大大拓展了商业银行的服务领域,信用卡、储蓄卡的发行量的巨大增长,网上银行、手机银行、网络支付等的兴起,给消费者的消费带来了极大的便利。

② 存款创造的调控。

商业银行通过贷款而进行存款的创造,即以倍数扩张的方式来创造活期存款。中央银行通过公开市场操作、调整存款准备金率等,影响商业银行的放贷能力,进而影响其存款的增减。

③ 政府监管措施。

政府的监管包括中央银行对利率、电子资金转账和信用卡业务的规定等。

政府的监管目标:维护银行体系的稳定,促进银行业的竞争,保护银行所有权人、管理人和消费者的利益。

政府监管中,最为严格的就是对涉及存款方面业务的监管,因为存款涉及国计民生,是整个金融市场稳定发展的基础。

(3)存款经营的衍生服务:现金管理。

现金管理是指商业银行为存款人提供的服务,包括告知其账户中可用资金情况、建议投资选择、整合存款人各个账户的余额,实现利息收益最大化等方面。

现金管理服务是银行营销优质客户,拓展市场份额,获取利润的一种重要手段。主要的服务对象是:大型企业,特别是集团型企业。

现金管理服务,即商业银行将收款、付款、账户管理、信息服务、投资、融资等产品进行有机组合,为客户提供现金流入、流出、留存管理,协助客户提高资金使用效率,降低资金成本的一种新型的服务。

2. 贷款经营

商业银行贷款经营就是选择贷款客户，通过不断创新贷款产品及相关产品，使之适应客户需要，并与客户合作，最终收回所发放的贷款，创造利润的过程。

（1）选择贷款客户。

选择贷款客户的实质是**选择市场**和**开拓市场**，主要从两个方面入手，如表7-5所示：

表7-5 贷款客户的选择

贷款客户选择考虑的方面	具体内容
客户所在的行业	根据产业发展理论，一定时期内各行业发展的前景不同，选择良好的客户，首先要注意其所在行业处于朝阳产业还是夕阳产业
客户自身情况及贷款用途	① 客户的资信状况。客户的信用记录、其个人还款的意愿都决定了贷款是否能够回收。 ② 客户的财务状况。决定了客户的还款能力。 ③ 客户所要投资项目的优劣、市场前景等

选择贷款客户时，看客户所在的产业，这只是一个大的原则，由于产业发展有其自身规律，所以，在行业选择上不能绝对化，不是所有朝阳产业中的客户都是良好的客户。

银行信贷人员对客户及项目的了解，通常需要完成三个步骤，如表7-6所示：

表7-6 了解客户及项目的步骤

了解客户及项目的步骤	具体内容
贷款面谈	有效鉴别客户身份；了解贷款的真实用途；调查客户的信用状况和还款能力；确保贷款真实性
信用调查	确定客户的贷款申请是否符合本银行的信贷政策；了解客户的信用状况
财务分析	获取企业的会计报表等资料，分析评价企业过去和现在的筹资活动、投资活动、经营活动、分配活动的盈利水平、营运能力、偿债能力、增长能力等

对客户进行信用调查一般采用信用的"5C"标准，即品格（character）、偿还能力（capacity）、资本（capital）、经营环境（condition）、担保品（collateral）。

（2）培养贷款客户的战略。

从贷款经营的角度看，大型商业银行在客户选择上还须有战略安排。善于发展和培养那些潜在的优质小型客户，因为现在的小客户在将来有可能成为大客户。

（3）创造新的贷款品种及安排合理的贷款结构。

商业银行应根据客户的需要灵活安排贷款，视情况为客户量身定做适合的贷款，创造新的贷款产品。

进行合理的贷款结构安排，从贷款期限、贷款客户地理分布情况、贷款行业等方面规划贷款结构，对于代扣款客户是否能够按时偿还贷款是十分有必要的。

（4）在贷款经营中推销银行的其他产品。

在贷款经营中，交叉销售银行的其他产品和服务是十分重要的。可推销的银行其他产品主要有两类，如表7-7所示：

表7-7 银行的其他产品

其他产品种类	具体例子
由贷款发放所引起的	如银行发放贷款时，要求客户维持一定的账户余额，等于向客户销售了另一项产品
通过贷款谈判取得的	如谈判中，客户可能提到自己正打算开发的项目，需要定期贷款或长期流动资金贷款

3. 中间业务和表外业务经营

中间业务是指不构成银行表内资产、表内负债，但形成银行非利息收入的业务，包括服务费收取（咨询顾问服务）、代客买卖差价（债券代理买卖、代客资金产品买卖等）等。

（1）中间业务的特点。

与传统业务相比，中间业务的特点有：

① 不运用或不直接运用银行的自有资金。

② 不承担或不直接承担市场风险。

③ 以接受客户委托为前提，为客户办理业务。

④ 以收取手续费、赚取差价的方式获取收益。

⑤ 种类多、范围广，在银行营业收入中所占比重逐渐上升。

（2）中间业务经营的基本内容。

① 不断提升中间业务的金融创新能力。中间业务创新是中间业务发展的基础，我国商业银行中间业务吸纳型和模仿型创新较多，原创型和再创型创新较少。

② 不断提升中间业务的金融科技化、金融信息化水平。中间业务的发展依托金融科技的支持，商业银行加快电子化建设，积极发展信息网络技术，实现中间业务软硬件环境的提升。

③ 重视开展关系营销，与客户建立稳定的关系。注重市场调查，开拓发展客户，适应市场和客户需要，做好关系营销。

④ 注重人才培养，提高专业人员素质。商业银行要加强对中间业务人员的培训，提高中间业务服务水平，确保消费者的权益，并防范信用风险、市场风险、操作风险、法律风险和声誉风险。

目前，西方国家商业银行中间业务的收入一般占其总收入的40%~50%，最多可达到70%以上，可见中间业务在银行业务中的地位越来越重要，成为银行收入的重要来源之一。

我国自1994年以来，银行的中间业务得到了很大的发展，随着利率市场化进程的推进，银行业竞争越来越激烈，发展中间业务已成为商业银行提高盈利水平、改善客户结构、增强竞争力的重要手段之一。

表外业务是商业银行从事的，按照现行的会计准则不计入资产负债表内，不形成现实资产负债，但有可能会引起损益变动的业务。

表外业务与中间业务既有联系，也有区别。
(1) 表外业务和中间业务的联系。
二者都不构成商业银行的表内资产和负债。
(2) 表外业务和中间业务的区别。
① 中间业务主要是以客户委托为前提，由商业银行为客户办理支付和其他委托事项而收取手续费。
② 表外业务是可能影响银行当期损益，改变银行资产报酬率的活动。
4. 理财业务经营
(1) 理财业务的概念。
理财业务是商业银行接受投资者委托，按照与投资者事先约定的投资策略、风险承担和收益分配方式，对受托的投资者财产进行投资和管理的金融服务。
理财产品是指商业银行按照约定条件和实际收益情况向投资者支付收益、不保证本金支付和收益水平的非保本理财产品。

> **名师说**
>
> 2018年9月，中国银保监会发布的《商业银行理财业务监督管理办法》是中国银保监会落实《关于规范金融机构资产管理业务的指导意见》（简称"资管新规"）的重要举措，有利于细化银行理财的监管要求，推动银行理财业务规范转型。

(2) 开展理财业务的基本原则。
理财业务开展的基本原则是：
① 诚实守信；勤勉尽职地履行受人之托、代人理财职责；投资者自担投资风险并获取收益。
② 遵守成本可算、风险可控、信息充分披露的原则；严格遵守投资者适当性管理要求，保护投资者合法权益。
(3) 理财产品的分类。
理财产品有多种分类方式：按照理财资金募集方式、理财产品投资性质、理财产品运作方式来分类。
① 根据理财资金的募集方式分类，理财产品分为公募理财产品和私募理财产品。具体的分类如表7-8所示：

表7-8 理财产品按照资金募集方式分类

理财产品类别	具体内容	投资范围
公募理财产品	商业银行面向不特定社会公众公开发行的理财产品	—
私募理财产品	商业银行面向合格投资者非公开发行的理财产品	由合同约定，可以投资于债权类资产和权益类资产等

其中，合格投资者是指必须具备相应风险识别和承受能力，投资于单只理财产品不低于一定金额并且符合以下条件的自然人、法人或依法成立的其他组织：
a. 具有2年以上投资经历，且满足家庭金融净资产不低于300万元人民币，或家庭金融资产不低于500万元人民币，或近3年本人年均收入不低于40万元人民币；
b. 最近1年末净资产不低于1 000万元人民币的法人或依法成立的其他组织；

c. 国务院银行业监督管理机构规定的其他情形。

② 根据投资性质的不同，理财产品分为固定收益类理财产品、权益类理财产品、商品及金融衍生品类理财产品、混合类理财产品。

各分类的介绍如表7-9所示：

表7-9 理财产品按照投资性质分类

理财产品类别	具体内容
固定收益类	投资于存款、债券等债权类资产的比例不低于80%
权益类	投资于权益类资产的比率不低于80%
商品及金融衍生品类	投资于商品及金融衍生品资产的比例不低于80%
混合类	投资于债权类、权益类、商品及金融衍生品类资产，且任一资产的投资比例未达到前三类理财产品的标准

权益类资产是指上市交易的股票、未上市企业股权及其收（受）益权。

③ 根据运作方式的不同，理财产品分为封闭式理财产品、开放式理财产品，如表7-10所示：

表7-10 理财产品按照运作方式分类

理财产品类别	具体内容
封闭式	有确定到期日，且自产品成立日至终止日，投资者不得进行申购或者赎回
开放式	自产品成立日至终止日，理财产品份额总额不固定，投资者可以按照协议约定，在开放日和相应场所进行申购和赎回

名师说

商业银行发行投资衍生产品的理财产品的，应当具有衍生产品交易资格；理财业务涉及外汇业务的，应当具有开办外汇业务的资格。

（4）理财产品的管理。

理财产品的管理从五个方面展开，具体如图7-1所示：

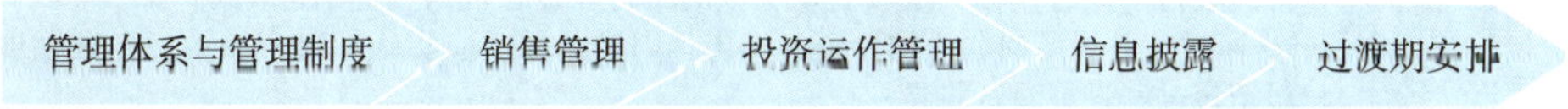

管理体系与管理制度 → 销售管理 → 投资运作管理 → 信息披露 → 过渡期安排

图7-1 理财产品管理的五个方面

① 管理体系与管理制度。

商业银行应有一套完整的理财产品管理体系和管理制度，如表7-11所示：

表7-11 商业银行理财产品管理体系和管理制度

	具体内容
管理体系	总行按照要求，在全国银行业理财信息登记系统中，对理财产品进行集中登记，并确保登记信息的真实性、准确性、完整性、及时性
	商业银行应当通过具有独立法人地位的子公司开展理财业务，如不具备条件的，总行设理财业务专营部门，对理财业务实行统一集中经营管理

续表

	具体内容
管理制度	理财业务应当与其他业务相分离
	理财产品与其代销的金融产品相分离
	理财产品之间相分离,确保每个理财产品与所投资产相对应,每个理财产品单独管理、单独建账、单独核算,不得涉及具有滚动发行、集合运作、分离定价特征的资金池理财业务
	不得在理财产品之间、理财产品投资者之间或理财产品投资者与其他市场主体之间进行利益输送

② 销售管理。

商业银行理财产品销售是指商业银行将本行发行的理财产品宣传推介给投资者并办理认购、赎回等业务活动。

在理财产品销售的时候应注意的事项,如表7-12所示:

表7-12 理财产品销售管理注意事项

销售注意事项	具体要求
投资者管理	加强**投资者适当性管理**,向投资者充分披露信息和揭示风险,不得宣传或承诺保本保收益,不得误导投资者购买与其风险承受能力不匹配的理财产品 ① 对非机构投资者的风险承受能力进行评估,确定投资者风险承受能力等级,从低到高至少包括一级至五级。 ② 商业银行只能向投资者销售风险等级等于或低于其风险承受能力等级的理财产品,并在销售文件中明确提示产品适合销售的投资者范围(如该产品适合风险等级在一级到三级的投资者进行投资),在销售系统中设置销售限制措施
宣传管理	发行理财产品时,不得宣传理财产品预期收益率,在理财产品宣传中只能介绍该理财产品或本行同类理财产品的过往平均业绩和最好、最差业绩,并以醒目文字标明"理财产品过往业绩并不代表其未来表现,不等于理财产品实际收益,投资须谨慎"
产品管理	① 商业银行采取合理方法,考虑理财产品的投资组合、同类产品过往业绩、风险水平等因素,对理财产品进行风险评级。 ② 风险评级以风险等级体现,由低到高至少包括一级至五级,并可以根据实际情况进一步细分
销售渠道	① 只能通过本行渠道销售理财产品,或者通过其他商业银行、农村合作银行、村镇银行、农村信用合作社等吸收公众存款的银行业金融机构代理销售理财产品 ② 通过营业场所向非机构投资者销售理财产品的,应实施理财产品销售专区管理,并对销售过程进行录音录像
销售起点	① 公募理财产品,单一投资者销售起点不得低于1万元人民币。 ② 私募理财产品,合格投资者投资于单只固定收益类理财产品的金额不得低于30万人民币;投资于单只混合类理财产品的金额不得低于40万人民币;投资于权益类理财产品、单只商品及金融衍生品类理财产品的金额不得低于100万人民币

记忆小窍门

理财产品的销售管理,细心的考生应该会留意,这些要求和我们到银行网点购买理财产品是一样的,客户经理会给我们做理财产品的介绍,会让我们签字确认已知晓"理财产品过往业绩并不代表其未来表现,不等于理财产品实际收益,投资须谨慎",会在销售的全程告知我们有录音录像等等。

这部分知识,考生可以结合生活实践加以理解记忆。

③ 投资运作管理。

商业银行的理财产品可以投资于国债、地方政府债券、中央银行票据、政府机构债券、金融债券、银行存款、大额存单、同业存单、公司信用类债券、在银行间市场和证券交易所市场发行的资产支持证券、公募证券投资基金、其他债权类资产、权益类资产以及其他资产。

商业银行理财产品投资运作时，要做到以下几点，如表 7-13 所示：

表 7-13 商业银行理财产品投资运作管理

项目	具体内容
理财产品	不得发行分级理财产品
销售文件	理财产品的销售文件应载明产品类型、投资范围、投资资产种类和投资比例，并确保理财产品存续期间，投资比例按照销售文件约定合理浮动，商业银行不得擅自改变理财产品类型
投资对象	① 理财产品不得直接投资于信贷资产。 ② 理财产品不得直接或间接投资于本行信贷资产。 ③ 理财产品不得直接或间接投资于本行或其他银行金融机构发行的理财产品。 ④ 理财产品不得直接或间接投资于本行发行的次级档信贷资产支持证券。 ⑤ 面向非机构投资者发行的理财产品不得直接或间接投资于不良资产、不良资产支持证券

④ 信息披露。

商业银行应在本行营业网点或官方网站建立理财产品信息查询平台，列示全部在售及存续期内公募理财产品的基本信息，还应披露理财产品的募集信息、资金投向、杠杆水平、收益分配、托管安排、投资账户信息、主要投资风险等内容。

⑤ 过渡期安排。

过渡期指的是《商业银行理财业务监督管理办法》（以下简称《办法》）自施行之日起至 2020 年年底。

过渡期内，商业银行新发行的理财产品应当符合《办法》的规定；对于存量理财产品，商业银行可以发行老产品对接存量理财产品所投资的未到期资产，但应当控制在存量产品的整体规模之内，并有序的压缩递减。

(5) 我国理财业务发展趋势。

理财业务的发展趋势可以从以下四个方面来分析：

① 负债端。理财业务转型的方向有八个特征，如表 7-14 所示：

表 7-14 理财业务转型时负债端的特征

特征	具体内容
资金性质	从存款替代型理财向代客理财回归
服务范围	从单一理财服务向全面财富管理转变
产品形态	从预期收益型向净值收益型转变
投资类型	从债务型向权益型转变
投资范围	由在岸向离岸与在岸并驱转变
投资策略	从被动投资组合向主动投资组合、由持有资产向交易资产转变
流动性管理	由静态流动性管理向动态流动性管理转变
风险控制	由信贷模式向综合模式转变

② 资产端。资产证券化、非标资产标准化进程的加速，市政债等新型金融工具的推出，大大丰富了理财产品的资产端选择。

2013年，中国银行业监督管理委员会推出了理财直接融资工具，该产品是由商业银行设立、直接以单一企业的债权类融资项目为投资方向、在中央结算公司统一托管、在银行间公开交易、在指定渠道进行公开信息披露的标准化投资工具。

③ 客户端。理财客户群将加速转移成高净值个人客户和机构投资者。随着利率市场化的推进，低风险、低收益理财产品回归存款后，高净值个人客户和机构投资者将成为银行资产管理业务发展的主要动力。

④ 渠道端。电子渠道理财业务的发展，将更加注重客户体验的提升。

例题 7.4（2018 年真题改编，多选题） 商业银行的理财业务应遵循的原则有（　　）。

A. 诚实守信、勤勉尽职　　　　　　　B. 投资者自担投资风险并获取收益
C. 成本可算、风险可控、信息充分披露　D. 遵守投资者适当性管理要求
E. 安全性、流动性和效益性

【答案】ABCD

【名师解析】理财业务开展的基本原则是：① 诚实守信；勤勉尽职地履行受人之托、代人理财职责；投资者自担投资风险并获取收益。② 遵守成本可算、风险可控、信息充分披露的原则；严格遵守投资者适当性管理要求，保护投资者合法权益。

任务 8　商业银行管理

任务概述

本任务内容涉及"第四章　商业银行经营与管理"的"第三节　商业银行管理"和"第四节　改善和加强我国商业银行的经营与管理"。涉及内容包括商业银行管理的具体内容，我国商业银行经营与管理的概述。

此任务在中级经济师考试中约考查 10~12 分，分值占比约为 7%~9%。考试题型同时涉及单选题和多选题。

本任务整体难度适中，其中，重要考点为：商业银行管理，包括资产负债管理、资本管理、风险管理、财务管理；建立规范的公司治理机制，建立严密的内部控制机制。

任务框架图

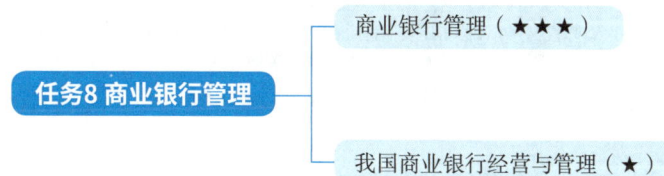

一、商业银行管理（★★★）

（一）资产负债管理

1. 资产负债管理理论

资产负债管理是现代商业银行的基本管理制度，其理论围绕着商业银行的三大经营目标（安全性、流动性、效益性）展开。

资产负债管理是商业银行对其资金运用和资金来源的综合管理，西方商业银行的资产负债管理理论经历了三个主要发展阶段：

（1）资产管理理论。

资产管理理论以商业银行**资产的安全性、流动性为重点**。该理论的**核心**：认为商业银行的利润主要来源于资产业务，负债主要取决于客户的存款意愿，所以，银行经营管理的重点是资产业务。

该理论**缺陷**：只能在既定负债规模内经营资产业务，难以满足经济迅速发展对资金需求的扩大；过于偏重安全性与流动性，效益方面没有突破性进展。

（2）负债管理理论。

负债管理理论**以负债为经营重点**来保证商业银行的流动性。该理论的**核心**：商业银行为了保持流动性，不用完全依赖建立分层次的流动性储备资产，一旦需要资金，可以在市场上借，只要能借到,就可以大胆放款争取高盈利。

该理论的**缺陷**:虽然能够较好地解决流动性和效益性的矛盾,但给经营带来很大风险,使流动性、安全性和效益性之间不能很好地协调。

(3) 资产负债管理理论。

资产负债管理理论认为高效的银行应该是资产和负债管理双方并重,通过资产、负债结构的调整,协调资产、负债在利率、期限、风险和流动性方面的合理搭配,实现安全性、流动性和效益性的经营目标。

优点:把资产负债作为一个整体的、科学的管理体系来研究,而不偏向某一方。该理论是目前现代商业银行最为流行的经营管理理论。

2. 资产负债管理的基本原理

资产负债管理的基本原理有以下六个,如表 8-1 所示:

表 8-1 资产负债管理的基本原理

原理	具体内容
规模对称	商业银行资产运用的规模必须与负债来源的规模相对称、相平衡,达到一种建立在合理效益增长基础上的动态平衡
结构对称	资产结构与负债机构相互对称和统一平衡,也是一种动态平衡
速度对称	① 概念:又称偿还期对称原理,是指银行资产分配应根据资金来源的流转速度来决定,银行资产与负债偿还期应保持一定程度的对称关系。 ② 应用:平均流动率 = $\dfrac{\text{资产平均到期日}}{\text{负债平均到期日}}$,如果平均流动率>1,则资产运用过度;平均流动率<1,则资产运用不足
目标互补	银行经营目标中的安全性、流动性和效益性三方面的均衡不是绝对的平衡,而是相互补充的。例如,流动性、安全性降低,可以通过效益性的提高来补偿,虽然补偿是有条件的。
利率管理	① 差额管理。使固定利率负债大于固定利率资产的差额,与变动利率负债小于变动利率资产的差额相适应。 ② 利率灵敏性资产与负债管理。由于市场利率的频繁变动,商业银行为了减少因利率变动造成的损失,甚至能够增加盈利,就要比较利率灵敏性资产和负债,根据对市场利率变动的预测,对利率敏感性资产和负债进行调整,获取更多盈利
比例管理	① 通过各类比例指标体系约束资金运营,对资产和负债进行综合管理,分类控制。 ② 比例指标有三类:安全性指标、流动性指标、效益性指标

3. 资产负债管理的内容

(1) 资产管理。

资产管理主要有三个部分:

① 贷款管理。贷款是商业银行最主要的资产和资金最主要的运用,是资产管理的重点。

主要内容:贷款风险管理,贷款利率管理,贷款期限结构管理,信用贷款和抵押贷款比例管理,对内部人员和关系户的贷款限制管理等。

我国贷款管理体系:实行集中授权、统一授信、审贷分离、分级审批、贷款管理责任制相结合。

集中授权管理指的是总行统一制定信贷政策。统一授信的目的是控制融资总量,控制不同行业、不同企业的融资额度。

② 债券投资管理。与贷款相比，债券的流动性更高；与现金资产相比，债券的效益性更高。我国债券投资的对象主要有：国债、地方政府债、金融债券、中央银行票据、资产支持证券、企业债券、公司债券等。

③ 现金资产管理。现金资产主要包括：库存现金、存放中央银行款项、存放同业及其他金融机构款项。

库存现金：商业银行保存在金库中的现钞和硬币，用来应对客户提现和银行本身的零星开支。

存放中央银行款项：商业银行存放在中央银行的资金，即存款准备金，包括法定存款准备金和超额存款准备金。

存放同业及其他银行和非银行金融机构的存款，用于同业之间开展代理业务和结算收付。

（2）负债管理。

① 存款管理。存款是银行对存款人的负债，是银行最主要的资金来源。存款管理主要从三个方面展开，如表 8-2 所示：

表 8-2 存款管理的主要内容

管理内容	管理的目的
对吸收存款方式的管理	目的是扩大存款来源，优化存款结构，使存款与相应的资产相匹配
存款利率管理	目的是在吸引存款客户和降低存款成本之间寻求均衡
存款保险管理	商业银行参加存款保险，在破产时，可以及时清偿债务，从而保护存款人的利益，稳定金融秩序

② 借入款管理。商业银行的借入款包括短期借款和长期借款两种。

借入款管理的管理内容：

a. 严格控制特定目的的借入款；

b. 分散借入款的偿还期和偿还金额，以减轻流动性过于集中的压力；

c. 借入款应当控制适当的规模和比例，并以增加短期债券为主，增强借入款的流动性；

d. 在考虑信誉前提下，扩大借入款的渠道，以保证在必要时扩大资金来源。

4. 我国商业银行的资产负债管理

（1）资产负债管理制度。

1994 年，商业银行遵照中国人民银行《信贷资金管理暂行办法》要求，开始全面推行**资产负债比例管理制度**，以比例加限额控制的办法，对商业银行资产负债实行综合管理。

1998 年，中国人民银行将国有商业银行贷款增加量管理的**指令性计划改为指导性计划**，在逐步推行资产比例管理和风险管理的基础上，实行"**计划指导、自我平衡、比例管理、间接控制**"的信贷资金管理体制。

（2）资产负债管理的指标体系。

1996 年，中国人民银行发布了《商业银行资产负债比例管理监控、监测指标和考核办法》，正式发布了我国第一套监管指标体系，将考核指标分为**监控性指标**和**监测性指标**，并把外币业务、表外项目纳入考核体系。

2003 年，中国银行业监督管理委员会成立后提出了"**管风险、管法人、管内控、提高透明度**"的监管理念，强调坚持以风险为核心的监管内容。

2005 年，中国银行业监督管理委员会发布了《商业银行风险监管核心指标（试行）》，废止了《商业银行资产负债比例管理监控、监测指标和考核办法》，建立了**风险水平**、**风险迁徙**、**风险抵补**三方面的指标体系，风险水平类指标主要体现了资产负债管理。风险水平类指标具体如表 8-3 所示：

表 8-3 风险水平类指标

风险水平类指标	指标内容
流动性风险指标	衡量商业银行流动性状况及其波动性，包括流动性比例、核心负债比例、流动性缺口率指标
信用风险指标	包括不良资产率、单一集团客户授信集中度、全部关联度指标
市场风险指标	衡量商业银行因汇率和利率变化而面临的风险，包括累计外汇敞口头寸比例、利率风险敏感度
操作风险指标	衡量由于内部程序不完善、操作人员差错或舞弊、外部事件造成的风险，常用操作风险损失率（因操作造成的损失与前三期净利息收入加上非利息收入平均值之比）

2008 年，全球金融危机之后，中国银行业监督管理委员会明确将大型银行确定为国内系统重要性银行，并于 2010 年初创立了"腕骨"（CARPALS）监管指标体系，该体系包括资本充足性（Capital Adequacy）、贷款质量（Asset Quality）、风险集中度（Risk Concentration）、拨备覆盖（Provisioning Coverage）、附属机构（Affiliated Institutions）、流动性（Liquidity）、案件防控（Swindle Prevention and Control）七大类，该指标体系将全球金融危机后国际上关注较多的杠杆率、流动性覆盖率、净稳定融资比率等指标纳入监管。

（3）资产负债管理的方法和工具。

目前，国际银行业较为通行的资产负债管理方法如表 8-4 所示：

表 8-4 资产负债管理方法

资产负债管理方法分类	管理方法	具体内容
基础管理方法	缺口分析	① 衡量资产与负债之间重新定价期限和现金流量到期期限匹配情况的方法。 ② 主要用于利率敏感性缺口与和流动性期限缺口分析
	久期分析	① 衡量利率变动对全行经济价值影响。 ② 通过改变资产、负债的久期，实现资产负债组合的利率免疫，提高全行的市场价值和收益水平
	外汇敞口与敏感性分析	① 衡量汇率变动对全行财务状况的影响。 ② 采用敞口限额管理和资产负债币种结构管理等方式控制外汇敞口产生的汇率风险
前瞻性动态管理方法	情景模拟	① 商业银行结合设定的各种可能情景的发生概率，研究多种因素同时作用可能产生的影响。 ② 在现有头寸数据的基础上，结合对未来业务规模和利率变化的预测，对客户行为的分析和假设，进行多种不同情景的动态分析
	流动性压力测试	① 是一种以定量分析为主的流动性风险分析方法。 ② 通过流动性压力测试，测算全行在遇到小概率事件等极端不利情况下可能发生的损失，对银行流动性管理体系做出评估和判断，然后采取必要措施

（二）资本管理

1. 商业银行资本含义与类型

资本是商业银行从事经营活动必须注入的资金，用来吸收商业银行的经营亏损，缓冲意外损失，为商业银行的注册、组织营业以及存款进入前的经营提供资金等。

从保护存款人利益和提高商业银行体系安全的角度来说，商业银行资本的**核心功能**：吸收损失。在现代商业银行经营管理中，有三种意义的资本。

（1）会计资本。

会计资本又称所有者权益或股东权益，它代表银行所有者享有的剩余权益，等于银行的资产减去负债后的余额。

会计资本由实收资本、资本公积、盈余公积、未分配利润、一般准备、直接计入所有者权益的利得和损失、少数股东权益七部分组成。

（2）监管资本。

监管资本是银行监管机构为了满足监管要求，促进银行审慎经营，维持金融体系稳定而规定的商业银行必须持有的资本。

2004年，《商业银行资本充足率管理办法》规定，商业银行资本包括核心资本和附属资本。核心资本包括实收资本或普通股、资本公积、盈余公积、未分配利润、少数股权；附属资本包括重估储备、一般准备、优先股、可转换债券、混合资本债券、长期次级债务。

（3）经济资本。

经济资本是指商业银行在一定的置信水平下，为了应对未来一定期限内的非预期损失而应该持有的资本。

经济资本是一种"虚拟"资本，它并不存在于资产负债表等会计报表的某个或几个科目中。

2. 巴塞尔协议与资本管理要求

（1）巴塞尔协议及其资本管理要求。

1988年巴塞尔协议由国际清算银行的成员方，包括英国、美国、法国、德国、意大利、日本、荷兰、比利时、瑞典、瑞士10国集团和卢森堡、加拿大12国的中央银行在瑞士巴塞尔达成。

巴塞尔协议中，银行资本分为核心资本和附属资本。核心资本包括实收资本和公开储备；附属资本包括一定比例的普通准备金和长期次级债务等，其规模不得超过核心资本的100%。

协议规定，银行的核心资本充足率不得低于4%；总资本充足率不得低于8%。

（2）巴塞尔新资本协议及其资本管理要求。

2004年，巴塞尔委员会推出了巴塞尔新资本协议，又称巴塞尔协议Ⅱ，与上文的巴塞尔协议相比，巴塞尔新资本协议在统一银行业的资本及其计量标准上做了改进，全面覆盖信用风险、市场风险、操作风险的资本要求，提出了有效资本监管的"三个支柱"——最低资本充足率要求、监管当局的监督检查、市场约束。

（3）巴塞尔协议Ⅲ及其资本管理要求。

2010年，在全球金融危机爆发后，巴塞尔委员会正式公布了巴塞尔协议Ⅲ，进一步强化了银行资本充足率监管要求，引入杠杆率要求，建立了流动性标准。

巴塞尔协议Ⅲ对商业银行的一级资本充足率下限要求上调至6%，核心一级资本充足率下限提高至4.5%；对系统重要性银行的附加资本要求为1%；要求商业银行设立"资本防护缓冲资金"，总额至少为银行风险资产的 2.5%；各国可根据情况要求银行提取 0~2.5% 的逆周期资本缓冲。此外，还提出了最低杠杆比率 3%，最低流动杠杆比率 100% 和最低净稳定资金来源比率 100% 的要求。

巴塞尔协议Ⅲ，简称巴Ⅲ，对资本的要求具体如表 8-5 所示：

表 8-5 巴塞尔协议Ⅲ对资本的具体要求

银行类型	资本类型	具体资本	资本要求
一般商业银行	一级资本	一级资本充足率	>风险加权资产的 6%
		其中：核心一级资本充足率	>风险加权资产的 4.5%
	资本防护缓冲		>风险加权资产 2.5%
	逆周期资本缓冲		>风险资产的 0~2.5%
系统重要性银行	附加资本		风险加权资产的 1%（注：具体见巴塞尔协议Ⅲ）

（4）巴塞尔协议Ⅲ的修订。

2017 年，巴塞尔协议Ⅲ修订完成，将从 2022 年起逐步实施。

修订后的巴塞尔协议Ⅲ为银行根据自己内部模型计算得出的风险加权资产而制定的资本标准，设定了最低要求，意味着，银行不能随意减少资本缓冲，不少银行根据巴塞尔协议Ⅲ修订后的要求，还要增加资本。

例题 8.1（2017 年真题改编，多选题） 2004 年，巴塞尔委员会推出了巴塞尔新资本协议，又称巴塞尔协议Ⅱ，提出了有效资本监管的"三个支柱"，包括（ ）。

A. 最低风险敞口   B. 最低资本充足率要求
C. 监管当局的监督检查   D. 市场约束
E. 监管约束

【答案】BCD

【名师解析】2004 年，巴塞尔委员会推出了巴塞尔新资本协议，又称巴塞尔协议Ⅱ，提出了有效资本监管的"三个支柱"，最低资本充足率要求、监管当局的监督检查、市场约束。

3. 我国的监管资本要求

（1）我国实施巴塞尔Ⅲ的安排。

2011 年，中国银行业监督管理委员会发布了《中国银监会关于中国银行业实施新监管标准的指导意见》（简称《指导意见》），按照宏观审慎监管和微观审慎监管结合、监管标准统一性和分类指导统筹兼顾的总体要求，明确了资本充足率、杠杆率、流动性、贷款损失准备监管标准，体现逆周期宏观审慎监管要求，充分反映银行业金融机构面临的单体风险和系统性风险。

一是强化资本充足率监管。

① 将监管资本修改为三级分类：核心一级资本、其他一级资本、二级资本，相应的最低资本充足率也调整为三个层次：**核心一级资本充足率（不低于5%）、一级资本充足率（不低于6%）、资本充足率（不低于8%）**。

② 逆周期资本监管。包括 2.5% 的留存超额资本（由核心一级资本满足）要求，0~2.5% 的逆周

期超额资本要求，系统重要性银行附加资本，暂定为1%（由核心一级资本满足）。

③ 结论：正常条件下，**系统重要性银行的资本充足率不低于11.5%，非系统重要性银行的资本充足率不低于10.5%**。

④ 杠杆率监管标准。一级资本占调整后表内外资产余额的比例不低于4%，弥补了资本充足率的不足。

二是改进流动性风险监管。建立了多维度的流动性风险监管标准和监测指标体系，包括：流动性覆盖率、净稳定融资比例、流动性比例、存贷比、核心负债依存度、流动性缺口率、客户存款集中度、同业负债集中度等。

其中，**流动性覆盖率不得低于100%，净稳定融资比例不得低于100%**。

三是强化贷款损失准备监管。贷款拨备率（贷款损失准备占贷款的比例）不得低于2.5%，拨备覆盖率（贷款损失准备占不良贷款的比例）不得低于150%，原则上按两者孰高的方法确定银行业金融机构贷款损失准备的监管要求。

根据《指导意见》要求，中国银行业监督管理委员会从2011年起，陆续发布了《商业银行贷款损失准备管理办法》《商业银行资本管理办法（试行）》《商业银行杠杆率管理办法（修订）》《商业银行流动性风险管理办法》，构建了以**资本充足水平**、**拨备**、**杠杆率**、**流动性指标**为一体的四大监管工具。

其中，2013起实施的《商业银行资本管理办法（试行）》要求商业银行在2018年年底达到规定的资本充足率要求。

(2) 监管资本要求。

根据《商业银行资本管理办法（试行）》，我国商业银行总资本的组成如表8-6所示：

表8-6 我国商业银行资本的分类

资本分类		定义及特点	内容
一级资本	核心一级资本	① 银行在持续经营条件下无条件用来吸收损失的资本工具。 ② 特点：永久性、清偿顺序排在所有其他融资工具之后	实收资本或普通股、资本公积、盈余公积、一般风险准备、未分配利润、少数股东资本可计入部分
	其他一级资本	非累积性的、永久性的、不带有利率跳升及其他赎回条款，本金和收益都参与吸收损失的资本工具	其他一级资本工具及其溢价（如优先股及其溢价）、少数股东资本可计入部分
二级资本		① 在破产清算条件下可以用于吸收损失的资本工具。 ② 特点：二级资本的受偿顺序在普通股之前，一般债权人之后，不带赎回机制，不允许设定利率跳升机制，收益不具有信用敏感性，必须含有减记或转股条款	二级资本工具及其溢价、超额贷款损失准备、少数股东资本可计入部分

商业银行在计算资本充足率时，应**从核心一级资本中全额扣除**：商誉、其他无形资产（土地使用权除外）、由经营亏损引起的净递延税资产、贷款损失准备缺口、资产证券化销售利得、确定受益类的养老金资产净额、直接或间接持有本银行的股票、对资产负债表中未按公允价值计量的项目进行套期形成的现金流储备、商业银行自身信用风险变化导致其负债公允价值变化带来的未实现损益。

(3) 资本充足率要求。

资本充足率是指商业银行持有的符合监管规定的资本与风险加权资产之间的比率。其计算公式如下：

$$资本充足率 = \frac{总资本 - 对应资本扣减项}{风险加权资产} \times 100\% \qquad (8.1)$$

$$一级资本充足率 = \frac{一级资本 - 对应资本扣减项}{风险加权资产} \times 100\% \qquad (8.2)$$

$$核心一级资本充足率 = \frac{核心一级资本 - 对应资本扣减项}{风险加权资产} \times 100\% \qquad (8.3)$$

其中，风险加权资产包括信用风险加权资产、市场风险加权资产、操作风险加权资产。

目前，各类银行的过渡期已经结束，均需按照《商业银行资本管理办法（试行）》执行。

4. 经济资本管理的内容

经济资本是指银行为了承担风险真正需要的资本，它的主要功能是防范风险、创造价值。

（1）经济资本的优点。

① 保证了一定的资本水平并满足监管要求。

② 确保风险已被恰当管理并确保风险管理政策和风险监控手段的有效性。

③ 保证资本得以有效运用以获取最佳收益，并用于评价银行战略并支持决策。

④ 经济资本不仅是一个数字，同时还是银行计量风险、衡量业绩、制定战略、配置资本的管理系统。

（2）经济资本管理的内容。

① 经济资本计量。运用风险计量技术和组合计量技术，将各类风险量化为资本占用的过程。其核心是对信用风险、市场风险、操作风险的量化。

② 经济资本分配。根据银行的风险偏好和战略，通过年度计划、限额管理、参数设置等将经济资本分解到各分支机构、业务部门和产品中，并通过资本约束风险，资本要求回报的协调管理机制来提高各分支机构、业务部门和产品等维度的风险管理水平。

③ 经济资本评价。建立以风险调整后资本回报率为核心的指标体系，对各分支机构、业务部门和产品的经营绩效进行考核。

例题 8.2（根据 2018 年真题改编，单选题）根据《商业银行资本管理办法（试行）》，核心一级资本充足率最低要求为（   ），一级资本充足率的最低要求为（   ）。

A. 5%，7%　　　　　B. 5%，6%　　　　　C. 6%，7%　　　　　D. 7%，8%

【答案】B

【名师解析】根据《商业银行资本管理办法（试行）》，核心一级资本充足率不低于 5%、一级资本充足率不低于 6%。

（三）风险管理

1. 商业银行风险的成因

（1）商业银行风险的定义。

商业银行风险是在银行的经营过程中，由于各种不确定的因素影响，实际收益和预期收益不一致，导致银行遭受经济损失或少获取额外收益的可能性。

(2) 商业银行风险的成因。

风险的产生有客观原因，也有在经营管理上失误的主观原因，如表8-7所示：

表8-7 商业银行风险的成因

风险成因	具体解释
客观原因	商业银行是经济活动的核心和枢纽，受外部环境的影响较高，任何客观形势的变化都会对商业银行的经营产生影响，形成银行风险
主观原因	为确定未来行为目标，商业银行的每项业务都有一个决策和实施管理的过程，在这个过程中任何一个环节出现问题就会形成银行风险，包括决策环节、管理环节、风险控制环节

2. 商业银行风险的特征与类型

(1) 商业银行风险的特征。

① 杠杆性。商业银行与一般工商企业相比，属于高负债经营，其自有资本占总资产的比例很低。

② 负外部效应明显。商业银行的经营对象是货币，具有信用创造功能，扮演金融中介的角色，一旦出现危机，容易传导给其他经济体，形成连锁反应。

(2) 商业银行风险的类型。

商业银行的风险按照不同标准可以划分为不同的类型，如表8-8所示：

表8-8 商业银行风险的分类

分类标准	具体分类
风险发生的范围	系统性风险、非系统性风险
风险的来源	外部风险、内部风险等
业务特征和诱发风险的原因	信用风险、市场风险、操作风险、流动性风险、国家风险、声誉风险、法律风险、战略风险八类

3. 商业银行风险管理的内容

商业银行风险管理是指运用风险控制手段和方法，对在经营过程中的风险进行识别、计量、监测、控制的过程。

我国商业银行风险管理流程主要包括四个环节，如表8-9所示：

表8-9 风险管理流程

风险管理环节	定义	内容
风险识别	① 商业银行根据外部形势和内部经营状况等，识别出可能会影响其经营活动或战略实施的潜在风险，并分析引起风险事件原因的过程。 ② 有助于了解自身风险及严重程度，为风险计量和控制奠定基础	① 识别风险：发现银行所面临的风险种类、性质。 ② 分析风险：深入分析理解导致风险的内在因素
风险计量	① 对风险定量分析，计算损失发生的概率和损失的大小，是全面风险管理、资本监管和经济资本配置的基础和关键。 ② 我国商业银行开始逐步采用资本计量高级方法	

续表

风险管理环节	定义	内容
风险监测	商业银行通过各种监控技术，动态监测风险指标的异常变动	① 监测可量化的关键风险指标、不可量化风险因素的变化和发展趋势。 ② 报告商业银行所有风险定性、定量的评估结果，采取风险管理、控制措施的质量及效果
风险控制	采取分散、对冲、转移、规避、控制等措施对经过识别和计量的风险进行管理和控制的过程	① 事前控制：在开展经营活动前制定方案，避免风险超过自身承受能力或提前采取防范措施。 ② 事后控制：采取风险转移或缓释工具来降低风险

4. 商业银行风险管理的策略

商业银行风险管理的策略主要有以下六种。

（1）风险预防。

商业银行对面临的风险，事前设置预防措施。包括：充足的自有资本，这是商业银行抵御风险的最终防线；适当的准备金。

（2）风险分散。

商业银行通过多样化资产结构，尽可能选择不相关或负相关的资产进行配置，降低整个资产组合的风险程度。

商业银行的信贷业务应全面、分散，将单一客户的授信额度控制在一定范围之内，限定单项资产占总资产的份额，但要注意的是，风险分散只能减少或消除非系统性风险，不能减少系统性风险。

> 风险分散就如同我们日常说的"不要把鸡蛋放在同一个篮子里"道理一样，我们通过将资金配置在不同资产上，降低投资的整体风险。

（3）风险转移。

商业银行购买某种金融产品或采取其他措施将风险转移给其他经济主体的策略。包括：保险转移和非保险转移两类。

（4）风险对冲。

商业银行通过投资或购买与标的资产收益波动负相关的某种资产或衍生品，来对冲标的资产潜在损失的策略。

（5）风险抑制。

商业银行在承担风险后，加强对风险的监测，及时发现问题，并提出解决方案，在风险事件实际发生前防止情况恶化，或者在风险事件发生后尽可能减少损失。

（6）风险补偿。

商业银行采取各种措施弥补风险可能带来的损失。风险补偿的方法有：

① 合同补偿。在订立合同时，将风险考虑在内，比如将风险可能带来的损失计入价格中。

② 保险补偿。通过存款保险制度来减少风险可能带来的损失。

③ 法律补偿。对造成银行风险损失的法律责任者提起财产清理诉讼，挽回一定的损失。

5. 巴塞尔协议的发展与我国商业银行风险管理

（1）巴塞尔协议的发展。

1988 年，巴塞尔委员会发布了巴塞尔协议，强调银行必须拥有足以覆盖其风险资产的充足资本。

2004 年，巴塞尔新资本协议出台，指出风险包括信用风险、市场风险、操作风险等方面，银行的资本充足率应该与各种风险相结合。

2010 年巴塞尔协议Ⅲ发布，丰富和延伸了全面风险管理理念和方法。

2017 年底，巴塞尔协议Ⅲ完成修订，与修订前相比，修订版致力于提升风险计量框架的可信度，加强各家银行使用内部模型法测算出的加权风险资产的可比性，同时设定了风险加权资产的最低测算值，减少银行使用内部模型降低资本计提的可能性，对全球系统重要性银行提出了更高的杠杆率要求。

（2）我国商业银行的风险管理。

2004 年，中国银行业监督管理委员会发布《商业银行资本充足率管理办法》，要求商业银行的资本充足率在 2007 年前达到 8%。

2007 年，中国银行业监督管理委员会发布《中国银行业实施新资本协议的指导意见》，提出了银行业实施新资本协议的规划。

2011 年，中国银行业监督管理委员会发布《中国银监会关于中国银行业实施新监管标准的指导意见》，提出包括资本充足率、杠杆率、流动性、贷款损失准备等审慎监管标准和制度。

2012 年，中国银行业监督管理委员会发布《商业银行资本管理办法（试行）》，建立了与巴塞尔协议Ⅲ接轨的资本与风险监管制度，扩大了资本对风险的覆盖范围，构建了更完善的风险防控体系。

（3）巴塞尔协议与全面风险管理。

巴塞尔协议将信用风险、市场风险、操作风险纳入第一支柱管理；将第一支柱没有涉及的银行账户利率风险、流动性风险等纳入第二支柱管理，构成了全面风险管理的基本框架。

2012 年 6 月，中国银行业监督管理委员会发布了《商业银行资本管理办法（试行）》，建立了与巴塞尔协议Ⅲ接轨的资本与风险监管制度，扩大了资本对风险的覆盖范围，构建了更完善的风险防控体系。

在巴塞尔委员会发布的《有效银行监管核算原则》（2012 版）中提出了全面风险管理体系，主要内容包括：

① 建立全面风险管理的公司治理与组织架构，包括董事会、高管层的责任与履职，首席风险官的设立、责任和保护，风险管理职能部门的授权、资源配置、独立性，风险管理的三道防线，银行的自我约束自我纠错机制。

② 构建全面风险管理的基本要素框架，包括风险文化、风险策略、风险偏好、风险限额、风险政策和流程、压力测试、应急安排、管理信息系统。

③ 风险管理的实际应用。风险管理的结果应用于商业银行的日常管理，与流动性、资本挂钩，在新业务审批、内部定价等管理活动中充分考虑银行的风险。

（四）财务管理

1. 财务管理概述

财务管理是利用价值形式对银行**经营活动**和**资金运用**进行的综合管理，是商业银行经营管理的重要部分，它是对财务活动进行计划组织、调节控制等一系列的管理工作。

（1）财务管理的核心。

财务管理的核心：基于价值的管理。价值是股东的投资价值，其计算方法有：经济增加值、现金增加值、投资的现金流收益等模型。目前，经济增加值模型已被一些大型银行使用。

（2）财务管理的目标。

财务管理的目标：银行价值最大化。

（3）财务管理的层次。

财务管理有三个层次，如表8-10所示：

表8-10 财务管理的三个层次

层次划分	具体内容	补充说明
传统的会计	银行遵循信息公开披露的同时，还要为管理者提供信息以监控、管理银行业绩	会计职能有三个： ① 监督控制。 ② 反映信息。 ③ 规范反映信息
财务	为制定计划、选择决策和配置资源提供支持	是资本预算、业务计划和激励机制等关键制度的纽带
公司财务	通过业务经营和股权交易实现银行价值的最大化	

（4）财务管理的原则。

财务管理必须坚持科学、统一、审慎、规范的管理原则。

2. 财务管理内容

财务管理包括成本管理、利润管理等方面。

（1）成本管理。

商业银行成本是指商业银行在业务经营活动中发生的各项支出。主要包括：利息支出；经营管理费用；税费支出；补偿性支出；营业外支出。

在成本管理中需遵循的基本原则：成本最低化原则、全面成本管理原则、成本责任制原则、成本管理科学化原则。

（2）利润管理。

商业银行利润是在一定时期内业务经营中所取得的最终财务成果，是衡量银行经营管理成效的重要综合指标。

① 利润的构成。商业银行的利润总额由营业利润（营业收入与营业支出之差）和营业外收支净额（反映银行发生的非经常项目收支净额）两部分组成。

② 利润分配。

利润总额首先按照国家规定调整后，依法缴纳所得税，然后再按以下顺序进行分配，如图8-1所示：

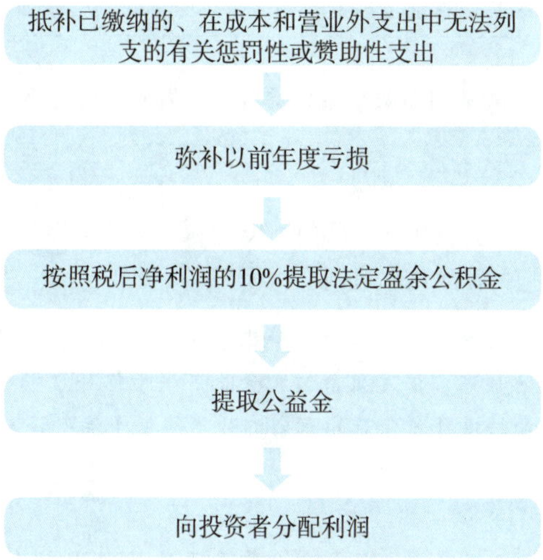

```
        ┌─────────────────────────┐
        │ 抵补已缴纳的、在成本和营业外支出中无法列 │
        │     支的有关惩罚性或赞助性支出      │
        └─────────────────────────┘
                    ↓
        ┌─────────────────────────┐
        │       弥补以前年度亏损         │
        └─────────────────────────┘
                    ↓
        ┌─────────────────────────┐
        │  按照税后净利润的10%提取法定盈余公积金 │
        └─────────────────────────┘
                    ↓
        ┌─────────────────────────┐
        │          提取公益金           │
        └─────────────────────────┘
                    ↓
        ┌─────────────────────────┐
        │       向投资者分配利润         │
        └─────────────────────────┘
```

图 8-1 税后利润的分配顺序

在图 8-1 中，法定盈余公积金和公益金的具体要求如下：

法定盈余公积金已达注册资本的 50%时，可以不用再提取，法定盈余公积金除可用于弥补亏损外，还可以用于转增资本金，但法定盈余公积金弥补亏损和转增资本金后的剩余部分不得低于注册资本的 25%。

公益金是指商业银行用于集体福利事业的资金，例如职工集体福利设施的支出等。

③ 增加利润的途径。

增加利润的途径：扩大资产规模，增加资产收益；降低成本；加强经营管理，提高工作效率；灵活调度资金；提高资产质量，减少风险损失。

（3）财产管理。

财产管理主要指的是固定资产和低值易耗品的管理。财产管理需要按照资产类别分别计算，正确计提折旧，控制好基本建设，加强在建工程的管理。

（4）财务报告与财务分析。

① 财务报告。财务报告主要由会计报表和财务状况说明书组成。

② 财务分析。财务分析分为资金分析、财务分析两部分。

资金分析着重分析资产负债比例管理的各项指标的执行情况。

财务分析主要分析经营收支、利润及其分配，包括盈利能力、经营增长、资产质量、偿付能力四个方面，具体的指标如表 8-11 所示：

表 8-11 财务分析的各个指标

财务分析的不同方面	具体指标
盈利能力	资本利润率、资产利润率、成本收入比、收入利润率、支出利润率、加权平均资产收益
经营增长	利润增长率、经济利润率
资产质量	不良贷款率、拨备覆盖率、杠杆率
偿付能力	资本充足率、核心一级资本充足率

名师说

财务报表的内容在《经济基础知识》会计部分详细展开,此处不再赘述。

(5) 绩效评价。

商业银行需要对各级机构、业务单元、部门、岗位和人员等的经营绩效和管理状况进行公正客观的考核评价,以此建立相应的激励约束机制。

例题 8.3(根据 2017 年真题改编,单选题) 根据我国现行规定,商业银行法定盈余公积达到注册资本的( )时,可不再提取。法定盈余公积金除可用于弥补亏损外,还可以用于转增资本金,但法定盈余公积金弥补亏损和转增资本金后的剩余部分不得低于注册资本的( )。

A. 50%,50%　　　B. 25%,50%　　　C. 50%,25%　　　D. 25%,25%

【答案】C

【名师解析】根据我国现行规定,法定盈余公积金已达注册资本的 50% 时,可以不用再提取,法定盈余公积金除可用于弥补亏损外,还可以用于转增资本金,但法定盈余公积金弥补亏损和转增资本金后的剩余部分不得低于注册资本的 25%。

(五) 人力资源开发与管理

1. 人力资源开发与管理概述

人力资源开发与管理,是为了实现目标,由管理主体运用科学方法,对与一定物质结合的人力进行培训、配置、使用、评价等诸多环节的总和。

人力资源开发与管理的具体内容,如表 8-12 所示:

表 8-12　人力资源开发与管理的内容

人力资源开发与管理的内容	具体职责
人力资源开发	① 是人力资源的基础,直接关系到人力资源的质量和成效。 ② **职责**:进行人力资源的预测和规划;提出教育和培训方案并组织督促实施;提供劳动力市场信息和劳动者咨询服务;指导企业和组织招工录用
人力资源管理	**职责**:计划、录用、保持、发展、评价、调整六个环节

2. 商业银行人力资源开发与管理

(1) 商业银行人力资源开发与管理的内容,包括:人力资源规划;员工考核和任用;人力资源的激励制度;员工绩效评价;人力资源的心理及智能开发;人力资源的环境开发。

(2) 我国商业银行人力资源开发与管理的科学化。

① 改革人事制度,建立激励约束机制。包括实行全员劳动合同制;进行专业技术职务管理。

② 实行行长负责制。包括明确行长的职责;在总行垂直领导下,下级行向上级行负责,逐级实行行长负责;各级行健全行长领导下的副行长分工负责制,部门对行长的负责制;充分发挥党组织对金融工作的政治保证作用。

③ 加强员工的培养和教育。

二、我国商业银行经营与管理（★）

（一）公司治理

1. 商业银行公司治理概述

商业银行公司治理是指股东大会、董事会、监事会、高级管理层、股东、其他利益相关者之间的关系，包括组织架构、职责边界、履职要求等治理机制，决策、执行、监督、激励约束等治理运行机制。

商业银行**公司治理的原则**是：治理主体独立运作、有效制衡、相互合作、协调运转。

2. 我国商业银行法人治理结构

国有商业银行改革的目标："产权清晰、权责明确、政企分开、管理科学"，通过改革，银行做到"自主经营、自负盈亏、自我发展、自我约束"。

（二）内部控制

1. 内部控制的含义和特征

内部控制是商业银行董事会、监事会、高级管理层和全体员工参与的，通过制定系统化的制度、流程、方法，实现控制目标的动态过程和机制。

内部控制的特征有：审慎经营的理念和内部控制的文化氛围；职责分离、相互制约的部门和岗位设置；纵向的授权与审批制度；系统内部控制和业务活动融为一体的控制活动；完善的信息系统。

2. 内部控制的原则

内部控制的基本原则：

① 全覆盖原则。内部控制应当贯穿决策、执行和监督的全流程，覆盖各项业务流程和管理活动，覆盖所有部门、岗位和人员。

② 制衡原则。内部控制应当在治理结构、机构设置和权责分配、业务流程等方面形成相互制约、相互监督的机制。

③ 审慎性原则。内部控制应当以风险为本、审慎经营，设立机构或开办业务应坚持内控优先。

④ 相匹配原则。内保部控制应与管理模式、业务规模、产品复杂程度、风险状况等相适应。

3. 建立完善我国商业银行内部控制

建立完善我国商业银行内部控制机制，需要从以下方面入手：

（1）建立合理的组织结构。

（2）建立完善的内部控制体制。内部控制体制包括建立总分行分级管理，并实行垂直审计制度；建立全面系统的业务与非业务内部控制制度体系。

（3）完善内部稽核制度。内部稽核从单纯查处经营违规转变到防范风险上；建立内部稽核监督指标体系；完善内部稽核操作规程；提高稽核部门地位等。

（4）建立健全各项内部管理机制。

（三）激励约束

激励约束是商业银行对员工实行的管理制度，旨在使员工勤奋工作、提高业绩、勇于创新，又对员工产生约束作用，杜绝不良行为。

建立科学的约束激励机制的最根本路径是借鉴发达国家商业银行的薪酬制度。发达国家商业银行员工的薪酬结构：工资和奖金制度；福利计划；长期激励机制。其中长期激励机制包括高级经理层的年薪制、内部职工持股制度等。

任务 9　投资银行

任务概述

本任务内容涉及"第五章　投资银行与证券投资基金"的"第一节　投资银行概述"和"第二节　投资银行的主要业务"。涉及内容包括：投资银行概述、投资银行的主要业务。

此任务在中级经济师考试中约考查 4~11 分，分值占比约为 3%~8%。考试题型同时涉及单选题和多选题。

本任务整体难度适中，其中，重要考点为：投资银行与商业银行机制区别、投资银行业务特点。

任务框架图

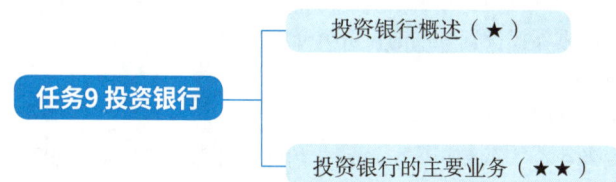

一、投资银行概述（★）

（一）资本市场和金融市场

1. 资本市场

资本市场是指经营期限在一年以上的代表股权和债权关系的金融工具的金融市场。如股票、债券、长期抵押信贷等的市场。

商业银行和投资银行在金融市场中的地位都是举足轻重的，同样是资金供求媒介，<u>商业银行侧重于短期资金市场（资金市场），投资银行则侧重于为企业筹措中长期资金（资本市场）</u>。

2. 金融市场

金融市场按照交易中介作用可以分为直接金融市场和间接金融市场，具体如表 9-1 所示：

表 9-1　金融市场分类

金融市场分类	具体内容
直接金融市场	政府、企业通过发行债券或股票在金融市场上<u>直接</u>向资金供给者融通资金的市场
间接金融市场	资金供给者将闲置资金贷放给银行等中介机构，再由这些中介机构转贷给资金需求者的市场

直接金融市场和间接金融市场的差别是中介机构在交易中的地位和性质。具体区别如表9-2所示：

表9-2 直接金融市场和间接金融市场的区别

金融市场	代表性中介机构	中介机构的作用
直接金融市场	投资银行	投资银行不介入投资者（资金提供者）和筹资者（资金需求者）之间的权利和义务中，仅仅充当信息中介和服务中介，以服务费为主要收入
间接金融市场	商业银行	商业银行分别与投资者（资金提供者）和筹资者（资金需求者）建立债权债务关系，以利差为主要收入

3. 投资银行

投资银行充当了直接金融市场上直接融资的中介的角色，它**不直接与融资者和投资者发生融资契约关系**，仅仅帮助融资方寻找投资方或向投资方介绍融资工具。

4. 投资银行与商业银行的不同

投资银行与商业银行之间最根本的差别在于：

（1）投资银行仅扮演中介人的角色，收取一定的佣金和服务费，有关融资双方财产权利义务关系由双方各自承担。

（2）对于商业银行，存款人提供资金，商业银行是资金的需求方；借款人需要资金，商业银行此时是资金的供给方，资金存款人和借款人之间并不直接发生权利义务关系，双方没有直接的金融合同。

（二）投资银行的功能

1. 资金供求的媒介

投资银行通过四个中介作用来实现其资金供求媒介功能。

（1）期限中介。

投资银行对其接触的各种不同期限的资金进行期限转换，实现短期和长期资金之间的期限中介作用，化解资金被锁定的风险。

（2）风险中介。

投资银行作为风险中介，帮助投资者和融资者降低投资和融资风险。

（3）信息中介。

投资银行作为金融市场的核心机构之一，有能力为资金供需双方提供信息中介服务，通过规模效应、专业化和分工有效地降低了信息加工及合约成本。

（4）流动性中介。

投资银行为客户提供各种票据、证券、现金之间的互换机制，满足客户的流动性需求。

例题 9.1（2018 年真题改编，单选题） 投资银行帮助投资者和融资者降低投资和融资风险是投资银行为金融市场的交易者提供的（　　）服务。

　　A. 期限中介　　　　　　B. 风险中介　　　　　　C. 信息中介　　　　　　D. 流动性中介

【答案】B

【名师解析】投资银行作为风险中介，帮助投资者和融资者降低投资和融资风险。

2. 证券市场的构造者

证券市场是资金供求的中心，也是证券发行、流动、交易的市场。证券市场由证券发行人、证券投资人、证券中介机构、自律组织、证券监管机构等组成，证券市场可以分为证券发行市场和证券交易市场。具体如表 9-3 所示：

表 9-3　证券市场构成

证券市场构成	具体内容	投资银行的角色
证券发行市场	① 定义：又称一级市场或初级市场，指证券发行人以发行证券的方式筹集资金的市场。 ② 特点：通常无固定场所，是一个无形市场	证券发行必须由投资银行作为中介，**以承销商身份**，通过咨询、信息披露、定价和证券销售等帮助构建证券发行市场
证券交易市场	① 定义：又称二级市场或次级市场，是指买卖已发行证券的市场。 ② 特点：一般是有组织、有固定地点、集中进行证券交易的市场	投资银行有三重角色： ① 证券经纪商：接受客户委托，进行证券买卖。 ② 证券做市商：投资银行以做市商身份买卖证券，维持其承销的证券上市流通后的价格稳定。 ③ 证券自营商：收集市场信息、进行市场预测、交易大量证券，发挥价格发现的功能

3. 资源配置的优化者

投资银行通过在资本市场的运作，促进了社会资源的合理流动。

（1）投资银行在一级市场中承销证券，设计较为合理的证券发行价格，宣传企业的经营状况和发展前景。证券发行后，通过二级市场的流动形成了投资者认可的交易价格，社会经济资源会按照这种价格的导向作用进行配置。

（2）投资银行的兼并收购业务重新优化配置了社会资本存量资源。

（3）投资银行帮助企业公开筹资，加速了企业所有权和经营权的分离，有利于股权人和债权人对企业的监督。

4. 产业集中的促进者

产业集中的进程在资本市场出现后，会引导资金更多地流向效率较高的企业，加速产业的集中。

二、投资银行的主要业务（★★）

投资银行的业务主要可以分为三大类：① 证券经纪活动中介类业务，如证券发行与承销、证券经纪、并购、投资研究咨询和财务顾问等；② 用自己的资本或自己借来资金后进行证券相关投资活动，如自营证券投资、私募股权和风险投资等；③ 以自身的专业优势，接受客户委托，帮助客户进行证券相关的投资，如资产管理等。

具体的业务主要有以下六类。

(一) 证券发行与承销业务

1. 证券发行与承销的含义

证券发行与承销又称为证券一级市场业务。

(1) 证券发行：商业组织或政府组织为筹集资金，按照法律规定，向社会投资人出售有价证券的行为。

(2) 证券承销：在证券发行过程中，投资银行按照协议帮助发行人对所发行的证券进行定价和销售的活动。

2. 证券承销的方式

投资银行的证券承销，按照承销过程中投资银行承担的责任和风险，分为包销、代销（尽力推销）和余额包销三种形式。

我国证券公司承销证券，采用包销或代销的方式。

(1) 包销。

投资银行按照议定价格直接从发行者手中购进将要发行的全部证券，再出售给投资者。投资银行必须在指定的期限内，将包销证券所筹集的资金交付给发行人。

特点：承销商要承担销售和价格的全部风险，如果证券没有全部销售出去，承销商只能自己买入未销售出去的证券。

(2) 代销（尽力推销）。

承销商只作为发行公司的证券销售代理人，按照规定的发行条件尽力推销证券，发行结束后，未售出的证券退还给发行人，承销商不承担发行风险。

特点：投资银行与发行人之间纯粹是代理关系，投资银行为推销证券而收取代理手续费。

(3) 余额包销。

股东行使其优先认股权时，即需要在融资的上市公司增发新股前，向现有股东按其目前所持股份的比例提供优先认股权，在股东按优先认股权认购股份后若还有余额，承销商全部买入这部分剩余股票，再转售给投资公众。

特点：通常发生在股东行使其优先认股权时。

3. 首次公开发行股票的定价

(1) 首次公开发行股票的定价方式。

首次公开发行股票的定价方式是指，在对股票进行估值的基础上，对新发行的股票定价并以一定的方式将股票销售给投资者的整个机制和过程。

根据股票供求双方在价格决定中的作用，可以将新股定价方式分为以下四种类型，如表9-4所示：

表9-4 新股发行定价方式

定价方式	具体内容
簿记方式	① 又称累计订单定价方式，主承销商对拟首次公开发行股票企业进行深入研究，在发行公司估值的基础上，确定新股发行的价格区间，然后召开路演推介会，征集需求量和需求价格信息，建立簿记，绘制需求曲线，然后承销商和发行人据此一起确定最终发行价格，同时承销商有自由配售股份给机构投资者的权利。 ② 特征：承销商有较大的定价和分配销售新股的主动权

续表

定价方式	具体内容
竞价方式	① 又称拍卖方式，所有投资者申报价格和数量，主承销商对所有有效申购价格从高到低累计，累计申购量达到新股发行量的价位就是有效价位，价格高于此有效价位的申报都中标。 ② 发行价格确定方式： 统一价格拍卖：有效价位即新股的发行价格；差别价格拍卖：有效价位为最低价格，各中标者的购买价格是自己的出价。 ③ 特征：投资方有较大的定价和购买新股股份数的主动权
固定价格方式	承销商事先确定发行价格，投资者根据这一价格申购，如果有超额申购，承销商或拥有较大的分配权力，或采取比例配发的方式
混合方式	① 多种招股方式同时混合使用。 ② 例如，香港采用的是将簿记方式与固定价格方式结合；台湾是将簿记方式、竞价方式、固定价格方式结合

例题 9.2（2018 年真题改编，单选题） YZ 上市公司首次公开发行股票采用竞价方式来为新股定价，具体的发行价格确定采用差别价格拍卖方式，竞价中的最低价位是 24 元/股，最高价位是 40 元/股，有效价位和该股的发行价格分别为（　　）。

A. 24 元/股；40 元/股　　　　　　B. 24 元/股；32 元/股
C. 24 元/股；各中标者自己的出价　　D. 32 元/股；各中标者自己的出价

【答案】C
【名师解析】在差别价格拍卖中，有效价位为最低价格，各中标者的购买价格就是自己的出价。

(2) 我国首次公开发行股票的询价制。
我国首次公开发行股票的定价和配售的主要规定：
① 股票价格的确定。如表 9-5 所示：

表 9-5　首次公开发行股票确定价格

定价方式	主要内容
询价：向网下投资者询价的方式确定股票发行价格	① 网下投资者应具备丰富的投资经验和定价能力，应持有一定金额的非限售股份或存托凭证。 ② 网下投资者报价后，发行人和主承销商应剔除拟申购总量中报价最高的部分，剔除部分不得低于所有网下投资者拟申购总量的 10%，然后根据剩余报价及拟申购数量协商确定发行价格
直接定价：通过发行人与主承销商自主协商直接定价	公开发行股票数量在 2 000 万股（含）以下且无老股转让计划的，可以以直接定价的方法定价

无论采用哪一种定价方式，发行人和主承销商都应当提前声明告知。
② 首次发行股票由询价方式定价。如表 9-6 所示：

表 9-6　采用询价方式的要求

分类	具体内容
有效报价投资者	① 公开发行股票数量小于等于 4 亿股的，有效报价投资者的数量不少于 10 家。 ② 公开发行股票数量大于 4 亿股的，有效报价投资者的数量不少于 20 家。 ③ 剔除最高报价部分后，有效报价投资者数量不足的，应当中止发行

续表

分类	具体内容
网下初始发行比例及配售规定	① 公开发行股票后总股本在4亿股（含）以下的，网下初始发行比例不低于本次公开发行股票数量的60%。 ② 发行后总股本超出4亿股的，网下初始发行比例不低于本次公开发行股票数量的70%
	其中： ① 应安排不低于本次网下发行股票数量的40%优先向通过公开募集方式设立的证券投资基金、全国社会保障基金、基本养老保险基金配售。 ② 安排一定比例的股票向企业年金基金和保险资金配售。 ③ 证券投资基金、全国社会保障基金、基本养老保险基金、企业年金基金、保险资金有效申购不足安排数量的，发行人和主承销商可以向其他符合条件的网下投资者配售剩余部分

③ 首次发行股票由直接定价方式定价。

首次公开发行股票采用直接定价方式的，全部向网上投资者发行，采用直接定价方式定价，不进行网下询价和配售。

④ 首次公开发行股票数量。

首次公开发行股票数量在4亿股以上的，可以向战略投资者配售股票。战略投资者不参与网下询价，应当承诺获得本次配售的股票持有期限不少于12个月，持有期自本次公开发行股票的上市之日起计算。

首次公开发行股票在4亿股以上的，发行人和承销商可以在发行方案中采用超额配售选择权。

⑤ 回拨机制。

首次公开发行股票网下投资者申购数量低于网下初始发行量的，发行人和主承销商不得将网下发行部分向网上回拨，应当中止发行。

网上投资者有效申购倍数超过50倍、低于100倍（含）的，应当从网下向网上回拨，回拨比例为本次公开发行股票数量的20%。

网上投资者有效申购倍数超过100倍的，回拨比例为本次公开发行股票数量的40%。

网上投资者有效申购倍数超过150倍的，回拨后无锁定期网下发行比例不超过本次公开发行股票数量的10%。

⑥ 老股转让。

发行人股东拟进行老股转让的，发行人和主承销商应与网下网上申购前协商确定发行价格、发行数量和老股转让数量。

采用询价方式且无老股转让计划的，发行人和主承销商可以通过网下询价确定发行价格或发行价格区间。

网上投资者申购时，仅公告了发行价格区间，但未确定发行价格的，主承销商应当安排投资者按价格区间上限申购。

⑦ 其他规定。

首次公开发行股票的网下发行应和网上发行同时进行，网下和网上投资者在申购时无需缴付申购资金。

首次公开发行股票，持有一定数量非限售股份或存托凭证的投资者才能参与网上申购，网上投资者应当自主表达申购意向，不得全权委托证券公司进行新股申购。

网下和网上投资者申购新股、可转换公司债券、可交换公司债券获得配售后，应当按时足额缴付认购资金。网上投资者连续12个月内累计出现3次中签后未足额缴款的情形，6个月内不得参与新股、可转换公司债券、可交换公司债券申购。

网上和网下投资者缴款认购的新股或可转换公司债券合计数量不足本次公开发行数量的70%时，可以中止发行。

我国股票首次公开发行的新股定价和配售的主要规定在考试中经常以案例分析题题型来考查，这部分的内容多且杂，考生可以通过做题加强知识点的记忆。

名师说

我国的股票首次公开发行渠道有网上和网下两种。

网上发行指的是利用证券交易所的交易系统，将新股按照确定的价格在证券交易所内公开挂牌销售，投资者通过证券交易系统进行新股申购，就是我们通常说的打新股。

网下发行指的是证券承销商对询价对象和战略配售对象销售股票。

例题9.3（2017年真题改编，单选题） 目前，我国股票发行，首次公开发行采用询价方式的，公开发行股票数量在4亿股（含）以下的，有效报价投资者的数量不少于（　　）家；公开发行股票数量在4亿股以上的，有效报价投资者的数量不少于（　　）家，剔除最高报价部分后有效报价投资者数量不足的，应当中止发行。

A．10；20　　　　B．5；10　　　　C．10；15　　　　D．15；20

【答案】A

【名师解析】目前，我国股票发行，首次公开发行采用询价方式的，公开发行股票数量在4亿股（含）以下的，有效报价投资者的数量不少于10家；公开发行股票数量在4亿股以上的，有效报价投资者的数量不少于20家，剔除最高报价部分后有效报价投资者数量不足的，应当中止发行。

（3）股票发行监管制度。

股票发行监管制度涉及了发行人发行股票的条件和标准、承销商或保荐机构承销、保荐股票的条件和要求、发行人信息披露要求、股票发行程序等一系列证券监管规定。

股票发行监管核准制度有三种类型：审批制、注册制、核准制。我国证券市场曾实行过审机制，后又实行了很长一段时间的核准制。目前，上交所科创板、深交所创业板实施注册制，上交所、深交所主板实施核准制。如表9-7所示：

表9-7 股票发行监管制度三种类型

类型	主要内容
审批制	①是一种带有强烈计划经济和行政干涉色彩的股票首次公开发行监管核准制度。 ②股票发行实行下达指标的办法，对各地区、部门上报企业的家数做出限制。 ③掌握指标分配权的部门对希望发行股票的企业进行筛选和审批→行政推荐→证券监管机构审查企业发行股票

续表

类型	主要内容
注册制	又称备案制或存档制,是一种市场化的股票首次公开发行监管核准制度,发行人在公开发行股票时,按要求将所有应公开的信息向证券发行监管机构申报注册和披露,发行人对信息负法律责任,证券监管机构只对申报信息进行"形式审查"
核准制	介于审批制和注册制之间,它吸收了注册制强制信息披露原则,同时也要求发行股票的公司必须符合法律和监管机构的必备条件

(4) 科创板首次公开发行股票的管理。

首次公开发行股票并在科创板上市,应当符合发行条件、上市条件及信息披露要求,依法经上海证券交易所发行上市审核并报经中国证监会履行发行注册程序。大致的程序如下:

① 发行人董事会应当依法就本次股票发行的具体方案、本次募集资金使用的可行性及其他事项做出决议,并提请股东大会批准。

② 发行人首次发行股票并在科创板上市,应按照中国证监会有关规定制作注册申请文件,由保荐人保荐并向上交所申报。

③ 上交所按规定的条件和程序,做出同意或不同意发行人股票公开发行并上市的审核意见。

中国证监会同意注册的决定,自做出之日起 1 年内 有效,发行人可以在注册决定有效期内发行股票。

上海证券交易所负责对发行人及其控股股东、实际控制人、保荐人、承销商、证券服务机构进行自律监管。

中国证券业协会负责制定保荐业务、发行承销自律监管规则,对保荐人、承销商、保荐代表人、网下投资者进行自律监管。

(5) 创业板首次公开发行股票的管理。

创业板首次公开发行股票的程序如下:

① 发行人董事会应当依法就本次股票发行的方案、本次募集资金使用的可行性和其他事项作出决议,并提请股东大会批准。发行人首次公开发行股票并在创业板上升时,应按规定制作注册申请文件,并由保荐人保荐并向深交所申报。

② 深交所独立的审核部门审核发行人公开发行的上市申请;设立行业资讯专家库,为创业板建设和发行是上市时审核提供专业资讯和政策建议;设立创业股票上市委员会,负责对审核部门出具的审核报告和发行人的申请文件提审议意见。

③ 深交所按照规定,形成发行人是否符合发行条件和信息披露要求的审核意见。

中国证监会的予以注册决定,自做出之日起 1 年内有效,发行人应在注册决定有效期内发行股票,发行时点由发行人自主选择。

深交所负责对发行人及其控股股东、实际控制人、保荐人、承销商等进行自律监管。中国证券业协会负责制定保荐业务、发行承销自律监管规则,对保荐人、承销商、保荐代表人、网下投资者进行自律监管。

4. 债券发行与承销

债券的发行与承销与股票相比,相对简单。

不同债券的发行和承销方式不同,下面按照债券类别,分别介绍各个债券的发行承销。

(1) 国债。

我国国债的发行和承销的方式如表 9-8 所示:

表 9-8 国债的发行和承销方式

国债类型	发行和承销方式	具体内容
凭证式国债	承购包销方式	发行人和承销商通过协商，签订国债承销合同
记账式国债	公开招标方式	一种市场化的国债发行方式，投标人直接竞价来确定发行价格（或利率水平），发行人将投标人的标价从高到低排列，发行人从高价（低利率）选起，直到达到预定的发行数额为止

（2）地方政府债券。

地方政府债券是以地方政府为发行主体发行的债券。一般债券发行利率采用承销、招标等方式确定，采用承销、招标方式的，发行利率在承销、招标日前 1~5 个工作日相同待偿期记账式国债的平均收益率之上确定。地方政府债券期限为 1 年、2 年、3 年、5 年、7 年、10 年、15 年、20 年、30 年，允许地方结合实际情况，采取到期还本、提前还本、分年还本等不同的还本方式。

地方政府债券发行可以采取承销、招标等方式。

① 承销方式下：地方财政部门与主承销商协商确定利率区间，各承销商在规定时间内报送申购利率和数量意愿，按事先确定的定价和配售规则确定最终发行利率和各承销商债券承销额。

② 招标方式下：各承销商通过财政部规定的电子招标系统，在规定时间报送投标利率及投标额，按地方财政部门制定的招标发行规则，确定债券发行利率及各承销商债券中标额。

（3）金融债券。

金融债券是金融机构法人在全国银行间债券市场发行的、按约定还本付息的有价证券。**我国发行金融债券的机构有：政策性银行、商业银行、企业集团财务公司、其他金融机构。**

我国金融债券主要采用协议承销、招标承销等方式，在全国银行间债券市场公开发行或定向发行，由具有债券评级能力的信用评级机构进行评级。

（4）信用类债券。

信用类债券是指政府之外的主体发行的、约定了确定的本息偿付现金流的债券，主要有企业债、公司债、短期融资券、中期票据等。

5. 证券私募发行

证券私募发行又称内部发行或不公开发行，是指证券面向少数特定投资者发行的方式。

私募发行与公募发行相比的优缺点如表 9-9 所示：

表 9-9 私募发行与公募发行相比的优缺点

私募发行的优缺点	具体内容
优点	① 简化发行手续，避免公司商业机密泄露； ② 节省发行费用，缩短发行时间； ③ 发行条款灵活，可以制定更符合发行人需求的条款； ④ 发行成功几率更大
缺点	① 证券流动性差； ② 发行价格、交易价格较低，不利于筹资者； ③ 发行面窄，不利于企业知名度的提高； ④ 可能被投资者操纵

（1）股票私募发行。

股票私募发行有股东分摊和第三者分摊两种。

① 股东分摊又称股东配股，是指股份公司按照股票面值向原有股东分配该公司新股认购权，动

员股东认购，价格通常低于市场价格，如果有股东不愿意认购，可以放弃，或将认购权转让他人，形成认购权交易。

② 第三者分摊又称私人配股，是指股份公司将新售股票分售给除股东以外的本公司职员、客户等与公司有关系的第三者。

(2) 债券私募发行。

债券私募发行对象：个人投资者和机构投资者。

债券私募发行的特点：私募发行多采用直接销售方式，承销费用较低；节省发行时间和注册费用；因有特定的投资人，不会发行失败；私募发行的债券一般不允许转让；债券发行条件由发行人和投资人直接商定。

(二) 证券经纪业务

1. 证券经纪业务的含义

证券经纪业务是指具备证券经纪商资格的投资银行接受客户委托，按照客户要求，代理客户买卖证券的业务，投资银行以此收取一定的佣金。

证券经纪业务有柜台代理买卖（场外交易）、证券交易所代理买卖（场内交易）两种。目前，**我国的经纪业务主要是投资银行代理在证券交易所的买卖，柜台代理买卖较少**。

2. 证券经纪业务的基本要素

证券经纪业务的基本要素有委托人、证券经纪商、证券交易场所、证券交易标的物等。

(1) 委托人。

在证券经纪业务中，委托人指的是可以进行证券买卖的自然人或法人。

(2) 证券经纪商。

证券经纪商是指在证券交易中接受客户委托，代理客户买卖证券并收取佣金的投资银行。证券经纪商与客户是委托代理的关系，必须按照客户的委托指令进行证券买卖，不承担交易中的价格风险。

(3) 证券交易场所。

证券交易场所是供已发行的证券进行流通转让的市场，包括证券交易所和其他交易场所两类。

① 证券交易所又称场内交易市场，是挂牌上市证券进行交易的场所，是指在一定的场所、一定的时间、按一定的规则集中买卖已发行证券的市场。证券交易所的组织形式有会员制和公司制，**我国采用会员制**。

② 其他交易场所指的是证券交易所之外的证券交易市场，又称为场外市场，有柜台市场、第三市场、第四市场等不同形式。如表9-10所示：

表9-10 其他证券交易场所

其他交易场所	具体内容
柜台市场	早期的场外交易市场，是指在除证券交易所之外的各种证券交易机构柜台上进行股票交易的市场，每个证券商行大都同时扮演经纪人和自营商双重身份，随时与投资者通过直接接触、电话、电报等方式达成交易
第三市场	① 又称店外市场，是指靠交易所会员直接从事大宗上市股票交易的市场。 ② 由于交易所会员通过交易所交易证券，需要支付佣金，佣金负担过高，于是交易所会员之间直接完成交易以节省佣金。 ③ 特点：交易成本低，成交迅速，主要客户是机构投资者

续表

其他交易场所	具体内容
第四市场	① 又称四级市场，是指交易只涉及买卖双方，投资者相互之间直接进行证券交易的市场。 ② 特点：交易成本低、成交快、保密性好，主要客户是大企业、大公司

（4）证券交易标的物。

证券交易的标的物是指所有上市交易的股票和债券。我国证券交易的标的物有 A 股、B 股、H 股、基金、债券等。

3. 证券经纪业务的特点

证券经纪业务有四个特点：

（1）业务对象的广泛性和价格的波动性。

证券经纪业务的对象包括所有上市交易的股票和债券，因此，证券经纪业务的对象非常广泛。由于这些证券价格受宏观、微观等多种因素的影响，证券经纪业务的对象都呈现价格波动的特点。

（2）证券经纪商的中介性。

证券经纪商不以自己的资金进行证券买卖，也不承担证券交易中价格变化的风险，具有中介性的特点。

（3）客户指令的权威性。

在证券经纪业务中，客户是委托人，证券经纪商是受托人，客户的指令具有权威性，经纪商必须严格按照委托人指定的证券、价格、数量等买卖证券。

（4）客户资料的保密性。

4. 证券经纪业务的流程

证券经纪业务的流程如图 9-1 所示：

图 9-1　证券经纪业务的流程

（1）开立证券账户。

按照开户人的不同，证券账户有两类：个人账户（A 字账户）和法人账户（B 字账户）。

《证券账户业务指南》（2016 年发布，2019 年修订）中规定：

① 一个投资者只能开立**一个一码通账户**。

② 一个投资者在同一个市场最多可以开立 **3 个 A 股账户**、封闭式基金账户，只能开立 **1 个信用账户**、B 股账户。

③ 对于 2016 年 10 月 15 日前开立的 3 户以上的多开账户，长期不使用的，将纳入休眠账户管理。

④ 外国人申请开立证券账户的办法，由证券登记结算机构制定，报中国证监会批准。

（2）开立资金账户。

投资者持证券账户卡与证券经纪商签订证券交易委托代理协议，开立用于证券交易资金清算的资金账户。资金账户一旦开立，就意味着客户与证券经纪商建立了经纪关系。投资者可选择开立现金账户和保证金账户：

① 现金账户：大多数个人投资者和几乎所有大额投资者开立的都是现金账户。该账户**不能透**

支,客户在购买证券时必须全额支付,买卖的证券完全归投资者所有并支配。

② 保证金账户:开立保证金账户意味着允许客户使用经纪商或银行的贷款购买证券,保证金交易又称虚盘交易、按金交易,投资者用自有资金担保,从经纪商或银行处融资来扩大其证券交易量。

保证金账户的开立,意味着投资银行可以通过保证金账户来从事**信用经纪业务**,该业务是传统经纪业务的延伸。**信用经纪业务中,投资银行不仅扮演中介机构角色,同时还以客户提供的现金或有价证券为担保,为客户提供融资,扮演着债权人和抵押权人的角色。**

我们通常说的投资银行的融资融券业务就是指的信用经纪业务。

信用经纪业务的开展必须是针对委托投资银行代理证券交易的客户,投资银行提供给客户的信用资金以客户的资金和证券为担保,不承担交易风险,收取一定的利息,这样可以吸引客户,获得更多的佣金和交易手续费收入。

信用经纪业务有:融资(买空)、融券(卖空)。

其中,融资指的是客户委托买入证券时,投资银行用其自有资金或外部融入的资金为客户垫付部分资金,之后由客户归还并支付相应的利息。融券指的是客户卖出证券时,投资银行用其自有、客户抵押、借入的证券,为客户代垫部分或全部证券以完成交易,之后由客户归还。

投资银行的融资、融券业务,简而言之,融资业务就是投资者借钱买证券投资;融券业务就是投资者借证券做卖出交易。

(3)进行交易委托。

办理交易委托即投资者填写委托单,然后证券经纪商受理委托。

委托关系建立后,投资者向投资银行下达买卖指令,指令包括:买卖证券的名称,买进或卖出的数量,报价方式,委托有效期。

交易委托有两种分类,如表9-11所示:

表9-11 交易委托的种类

分类依据	委托分类	具体内容
委托数量的特征	整数委托	委托买卖证券的数量为一个交易单位或交易单位的整数倍
	零数委托	① 投资者委托经纪商买卖证券时,买进或卖出证券的数量不足交易所规定的一个交易单位。 ② 目前,我国只有在卖出证券时才有零数委托
委托价格的特征	市价委托	① 投资者仅指明交易的数量,要求投资银行按照即时市价买卖证券。 ② 优点:保证及时成交,执行风险最小化。 ③ 缺点:成交价格有可能是最不利的价格,投资者必须承担投资风险
	限价委托	① 投资者限定证券买卖的价格,经纪商只能在投资者限定的价格内交易。 ② 优点:价格风险可控、可测量。 ③ 缺点:执行风险较大

> **名师说**
>
> 一个交易单位就是我们俗称的"一手",股票交易中常用"手"作为标准单位,**通常100股为一手**。
>
> **对债券来说,1 000元为一手**。

(4) 委托成交。

证券交易所撮合主机对接受的委托按照"**价格优先、时间优先**"的原则,**自动撮合以确定成交价格**。

竞价包括集合竞价和连续竞价。

① 集合竞价。交易中心将不同时点收到的所有订单进行积累,在一定的时刻按照一定原则进行高低排序,最终得到最大的成交量时的价格为竞价结果。

在我国,开盘价是集合竞价的结果,9:15—9:25为竞价时间,其余交易时间为连续竞价。

② 连续竞价。投资者向经纪商发出买卖委托,经纪商将买卖订单输入交易系统,交易系统根据市场上的订单进行撮合,发现与之匹配的订单,即刻成交。

连续竞价的成交价格决定原则:**最高买进申报与最低卖出申报相同**。即当买入申报价格高于即时的最低卖出申报价格时,取即时最低卖出的申报价格;卖出申报价格低于即时的最高买入申报价格时,取即时最高买入申报价格。

注册制下的科创板、创业板在集合竞价和连续竞价阶段之外,也适用盘后定价交易。科创板的盘后定价交易申报时间为9:30~11:30,13:00~15:30。创业板的盘后定价交易申报时间为9:15~11:30,13:00~15:30。盘后定价交易时间为15:05~15:30。

例题9.4(2018年真题,单选题) 目前,我国开盘价是集合竞价的结果,竞价时间为( )。

A. 9:00—9:10   B. 9:10—9:20   C. 9:15—9:25   D. 9:15—9:30

【答案】C

【名师解析】在我国,开盘价是集合竞价的结果,9:15—9:25为竞价时间,其余交易时间为连续竞价。

(5) 股权登记、证券存管、清算与交割交收。

① 股权登记是指发行公司委托专门的登记机构建立所有股东的名册,在每一次股权转让发生后进行变更登记。

② 证券存管是指在交易过户、非交易过户、分红派息、账户挂失等变更中实施的财产保管。

③ 清算与交割交收统称为证券结算,是在每一个交易日对每个经纪商成交的证券数量和价款分别轧抵,对证券和资金的应收或应付**净额**进行计算的过程。

证券的收付为交割,资金的收付为交收。

> **名师说**
>
> 证券结算有两种方式:净额结算、逐笔结算。
>
> 净额结算又称为差额结算,在一个结算期内,对每个经纪商的结算计其各笔应收、应付款项相抵之后的净额,对证券的结算计其每一种证券应收、应付相抵后的净额。优点是简化操作手续,提高结算效率。**结算价款时,同一结算期内发生的不同证券的价款可以合并结算,但不同结算期内发生的价款不能合并结算;结算证券时,只有在同一结算期内的,同一证券才能合并结算**。

> 逐笔结算是对每一笔成交的证券及相应的价款进行计算,可以防止在证券风险大时,净额结算风险累积情况的发生。

(三) 并购业务

1. 并购的含义

(1) 狭义的并购。

并购通常是兼并和收购的简称,狭义上,兼并与收购在法律后果上不同。具体内容如表 9-12 所示:

表 9-12 兼并、收购的含义、区别和联系

	兼并	收购
含义	一家企业对另一家企业的合并和吸收,至少一家企业法人资格消失	企业控制权的转移,两个企业之间是独立的企业法人,只有控制与被控制的关系
区别	被兼并企业的法人实体消失	被收购企业仍可以法人实体存在,其产权可以部分转让
	资产、债权、债务一同转换,兼并企业是被兼并企业新的所有者和债权债务的承担者	收购企业是被收购企业的股东,以持有的股本为限,承担被收购企业的风险
	多发生在被兼并企业财务状况有问题,生产经营停滞时	被收购企业通常生产经营正常,产权流动平稳
联系	统称为"并购",泛指企业为了获得其他企业的控制权而进行的产权交易	

(2) 广义的并购。

广义的并购泛指通过资本市场对企业进行的一切有关资本经营和资产重组的活动。主要的形式有四种:

① 扩张。包括兼并、收购。

② 售出。包括分立、子股换母股、完全析产分股、资产剥离、股权切离。

③ 公司控制。包括溢价购回、停滞协议、反接管条款、代表权争夺。

④ 所有权结构变更。包括交换发盘、股票回购、转为非上市公司、杠杆收购、管理层收购。

2. 并购的类型

并购按照不同分类标准,可以分为以下几种类型。

(1) 横向并购、纵向并购、混合并购。

按照并购前企业间的市场关系,并购有以下三种分类。

① 横向并购。并购企业各方属于同一产业、生产或经营同类产品,并购可以让资本在同一市场或部门集中。目的是扩大市场规模、消灭竞争对手、确立行业内的优势地位。

② 纵向并购。并购企业之间有原料生产、供应、加工及销售关系,分别属于生产和流通过程的不同阶段,纵向并购有助于大企业建立垂直控制体系。此类并购较少受到各国反垄断法律或政策的限制。

③ 混合并购。同时发生横向并购和纵向并购,或并购各方是属于无关联产业的企业,通常发生

在某一产业的企业想进入另一产业时。

（2）用现金购买资产、用现金购买股票、用股票购买资产、用股票交换股票。

按照出资方式，并购有以下四种分类。

① 用现金购买资产。并购公司支付一定数量的现金，购买目标公司（被并购公司）的资产。

② 用现金购买股票。并购方用一定的现金购买目标公司的股票，一旦拥有目标公司大部分或全部股本，目标公司就被并购了。

③ 用股票购买资产。并购方向目标方发行并购方自己的股票，来交换目标方的资产，并购方有选择地承担目标方的全部或部分责任，目标方要把拥有的并购方的股票分配给自己的股东。

④ 用股票交换股票（交换发盘）。又称"换股"，并购方直接向目标方的股东增加发行本公司的股票，以新发行的股票交换目标公司的股票。这种并购无须支付现金，目标方的股东不会失去其股份，只是股权从目标公司转到并购公司，丧失了对目标公司的控制权。

（3）善意收购、恶意收购。

按照收购的动机，并购有以下两种分类。

① 善意收购。又称"白衣骑士"，收购公司通常事先与目标公司经营者商谈，双方在相互认可的基础上达成收购条件，完成收购活动。

优点：降低收购行为的风险和成本，目标公司主动向收购公司提供必要的资料，避免目标公司的抗拒带来的额外支出。

缺点：收购公司牺牲自身的利益换取目标公司的合作，长期的谈判过程也会使并购行为丧失部分价值。

② 恶意收购。又称"黑衣骑士"，收购公司秘密收集目标公司的股票或通过其他非公开手段对其展开隐蔽的控制，然后在双方未协商一致的情况下突然提出收购要约，使目标公司不得不接受苛刻的条件把公司出售。

（4）要约收购、协议收购。

按照持股对象针对性，并购有以下两种分类。

① 要约收购。收购人向所有股票持有人发出购买目标公司股票的收购要约，收购目标公司的股票。

公开收购要约列明收购价格、数量、要约期间等收购条件。收购公司通过证券交易，持有目标公司（上市公司）**发行股份的 30%** 时，应依法向该公司所有股东发出公开收购要约。

特点：要约收购受市场规则的限制，风险较大，但自主性强，恶意收购多采用这种形式。

② 协议收购。收购人和目标公司特定的股票持有人达成收购协议，完成收购。协议收购不通过证券交易所，而是并购双方直接协商达成。

特点：有利于降低收购的风险与成本，但谈判的契约成本较高，善意收购多采用这种形式。

（5）杠杆收购、管理层收购。

按照收购融资渠道，并购有以下两种分类。

① 杠杆收购。一家或几家公司在金融信贷的支持下进行并购。常见的形式是：收购公司先成立一家完全被其控制的"空壳公司"，空壳公司以其少量的资本以及目标公司的资产和收益为担保来融资，展开收购。

② 管理层收购。公司的经理层利用借贷资本收购本公司股权，企业经营者成为了所有者。适合管理层收购的企业具有以下特点：经营团队表现良好，产品需求稳定，现金流稳定，有较大的管理效率提升空间，有高价值资产等。融资渠道有银行借款、民间借贷、延期支付、担保融资等。

3. 投资银行在并购中的作用

在并购中,并购方和目标方会分别聘请投资银行作为自己的并购顾问,因为投资银行的能力有:产业分析;金融产品配销;经济、社会、政治动向的研判;丰富的金融知识和应变;设计及执行投资机会;专业的会计、税务、法律知识等能力。

(四) 自营证券投资

投资银行的自营证券投资业务是指投资银行用自有资金和合法筹集的资金,以自己的名义开设证券账户,限于买卖合法证券,以赚取证券买卖差价的行为。

证券公司从事证券自营业务的条件:注册资本不低于1亿元人民币,净资本不低于5 000万元人民币,并经中国证监会批准经营证券自营。

(五) 私募股权和风险投资

私募股权投资是指用非公开形式募集的资金,主要针对非上市企业的股权投资,涵盖企业首次公开发行前各阶段(种子期、初创期、发展期、扩展期、成熟期、上市前期)的权益投资和上市后的私募投资等。

风险投资和私募股权投资机制相同,只是前者特指对企业发展初创期或企业类型主要是高技术开发领域的、风险较大的股权投资。

(六) 资产管理

资产管理业务是投资银行作为资产管理人,接受客户委托,按照资产管理合同的约定,对客户的资产进行相关投资运作,为客户提供证券投资管理服务的行为。

任务 10 证券投资基金

任务概述

本任务内容涉及"第五章 投资银行与证券投资基金"的"第三节 证券投资基金概述"和"第四节 证券投资基金的基金管理人和托管人"。涉及内容包括：证券投资基金概述、证券投资基金的基金管理人和托管人。

此任务在中级经济师考试中约考查 4~11 分，分值占比约为 3%~8%。考试题型同时涉及单选题和多选题。

本任务整体难度适中，其中，重要考点为：证券投资基金的特点和类别。

任务框架图

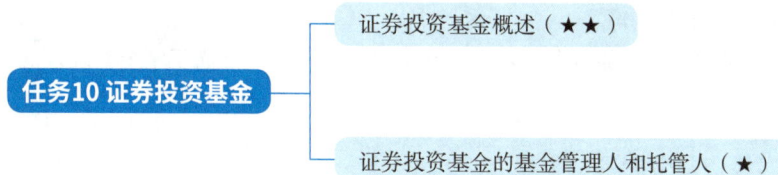

一、证券投资基金概述（★★）

（一）证券投资基金的概念

证券投资基金简称基金，是指通过基金份额的发售，将众多投资者的资金集中起来，形成独立财产，由基金托管人托管，基金管理人管理，以投资组合的方式进行证券投资的集合投资方式，特点是**利益共享、风险共担**。

基金所募集的资金在法律上具有独立性，由基金托管人保管，委托基金管理人进行股票、债券等的分散化投资。基金投资收益扣除由基金承担的费用后的盈余全部归基金投资者所有，并根据各个投资者所购买的基金份额在投资者之间进行分配。

> 世界上不同国家和地区对证券投资基金的称谓不同，在美国被称为共同基金，在英国被称为单位信托投资基金，在欧洲一些国家被称为集合投资基金或集合投资计划，在日本被称为证券投资信托基金。

(二) 证券投资基金的特点

证券投资基金的特点有：

(1) 集合理财，专业管理。

基金集中了众多投资者的资金，呈现集合理财的特点。基金由专业的基金管理人进行投资管理和运作，使中小投资者也能享受到专业化的服务。

(2) 组合投资，分散风险。

为降低投资风险，一些国家规定基金必须做组合投资，中小投资者由于资金量不够，一般无法购买一定数量的股票来分散投资风险，而基金通常会购买很多种股票，投资者购买基金就相当于购买了一篮子股票。

(3) 利益共享，风险共担。

基金投资收益扣除为基金提供服务的基金托管人、基金管理人收取的托管费、管理费等费用后的盈余全部归基金投资者所有，并根据各投资者所持有的基金份额比例进行分配。

(4) 严格监管，信息透明。

基金监管机构对基金业实行严格的监管，强制基金进行及时、准确、充分的信息披露。

(5) 独立托管，保障安全。

基金管理人负责基金的投资操作，不参与基金财产的保管，独立于基金管理人的托管人负责保管基金财产。

(三) 证券投资基金的参与主体

基金市场的参与主体有基金当事人、基金市场服务机构、基金监管机构和自律组织三类。

1. 基金当事人

(1) 基金份额持有人。

基金份额持有人是基金的出资人、基金资产的所有者和基金投资回报的受益人。

(2) 基金管理人。

基金管理人是基金产品的管理者和资金募集者，管理人按照基金合同的约定，负责基金资产的投资，在控制风险的基础上为基金份额持有人争取最大的投资收益。**在我国，基金管理人只能由基金管理公司担任。**

(3) 基金托管人。

基金资产必须由独立于基金管理人的基金托管人保管，基金托管人负责基金资产保管、基金资金清算、会计复核、基金投资运作监督等。**在我国，基金托管人由具有基金托管资格的商业银行担任。**

2. 基金市场服务机构

基金市场的服务机构有以下几类。

(1) 基金销售机构。

基金销售机构是指基金管理人以及经证监会认定的可以从事基金销售的其他机构。**目前在我国，可以申请从事基金销售的机构有：商业银行、证券公司、证券投资咨询机构、独立基金销售机构。**

(2) 基金注册登记机构。

基金注册登记机构可以办理投资人基金账户的建立、办理基金份额的登记过户、基金销售业务的确认、基金份额存管、清算、结算、代理发放红利、建立并保管基金份额持有人名册等业务。

(3) 律师事务所和会计事务所。

律师事务所和会计师事务所为基金提供法律、会计服务。

(4) 基金投资咨询机构和基金评级机构。

基金投资咨询机构是向基金投资者提供基金投资咨询建议的中介机构。基金评级机构是向投资者及其他市场参与主体提供基金评价业务、基金资料、数据服务的机构。

3. 基金监管机构和自律组织

(1) 基金监管机构。

不同国家和地区都对基金活动进行严格的监督管理,来保护基金投资者的利益。

基金监管机构依法行使审批或核准权,办理基金备案,对基金管理人、基金托管人及其他从事基金活动的中介机构进行监督管理。

(2) 基金行业自律组织。

证券交易所是基金的自律管理机构之一。封闭式基金、上市开放式基金和交易型开放式指数基金需要通过证券交易所募集和交易的,都必须遵守证券交易所的规则;同时,证券交易所对基金的投资交易行为还承担着重要的一线监控职责。

基金行业自律组织是由基金管理人、基金托管人、基金销售机构组织成立的同业协会,旨在促进同业交流、提高从业人员素质、加强行业自律管理、促进行业规范发展等。

(四) 证券投资基金的法律形式

按照法律形式,基金有契约型基金和公司型基金。**在我国,基金均为契约型基金,公司型基金以美国的投资公司为代表**。

(1) 契约型基金。

契约型基金是根据基金合同设立的基金。在我国,契约型基金根据基金管理人、基金托管人签署的基金合同设立,基金投资者自取得基金份额后成为基金合同的当事人,依法享受权利承担义务。

(2) 公司型基金。

公司型基金在法律上具有独立法人地位,属于股份投资公司。公司型基金在形式上类似于一般的股份公司,但不同的是,它委托基金管理公司作为专业的财务顾问来经营与管理基金资产。

(3) 契约型和公司型基金的区别。

① 法律主体资格。契约型基金没有法人资格,公司型基金有法人资格。

② 投资者地位。契约型基金依据基金合同成立,基金投资者可以通过持有人大会表达意见,但与公司型基金的股东大会相比,契约型基金投资者的权利相对较小。

③ 基金营运依据。契约型基金的营运依据是基金合同,公司型基金的营运依据是公司章程。

④ 优缺点对比。公司型基金的法律关系明确,监督约束机制比较完善,契约型基金的设立更为简单易行。

例题 10.1(2016 年真题改编,单选题)按照法律形式,基金有契约型基金和公司型基金。目前,我国的基金都属于(   )。

A. 公司型基金　　　B. 契约型基金　　　C. 开放式基金　　　D. 封闭式基金

【答案】B

【名师解析】目前,我国的基金都属于契约型基金。

(五) 证券投资基金的运作方式

按照基金运作方式,基金可以分为封闭式基金与开放式基金。

1. 含义

(1) 封闭式基金。

封闭式基金的基金份额在基金合同期限内固定不变,基金份额可以在证券交易所交易,但基金份额持有人不得申请赎回。

(2) 开放式基金。

开放式基金的基金份额不固定,基金份额可以在基金合同约定的时间和场所进行申购或赎回,不包括交易型开放式指数基金和上市开放式基金等新型开放式基金。

2. 封闭式和开放式基金的区别

封闭式基金和开放式基金主要有以下区别:

(1) 期限。

封闭式基金一般有固定的存续期,开放式基金一般是无期限的。

封闭式基金的存续期应在 5 年以上,期满后可以延期。我国的封闭式基金的存续期大多是 15 年。

(2) 份额限制。

封闭式基金的基金份额是固定的,在封闭期间未经法定程序认可不能随意增减。

开放式基金规模不固定,投资者可以随时申购或赎回,基金份额会增加或减少。

(3) 交易场所。

封闭式基金份额确定、完成募集后,基金份额在证券交易所上市交易。投资者交易封闭式基金,只能委托证券公司在证券交易所买卖,**交易在投资者之间完成**。

开放式基金份额不固定,投资者可以向基金管理人或其销售代理人提出申购、赎回申请,**交易在投资者和基金管理人之间完成**。

(4) 价格形成方式。

封闭式基金的交易价格受二级市场供求关系的影响,当需求大的时候,封闭式基金二级市场的交易价格会超过基金份额净值,出现溢价交易;反之,交易价格会低于基金份额净值,出现折价交易。

开放式基金的价格以基金份额净值为基础,不受市场供求关系的影响。

(5) 激励约束机制与投资策略。

封闭式基金份额固定,即使基金的业绩表现好,基金的扩展能力也受较大的限制。

开放式基金业绩表现好,通常会吸引新的投资,扩大其规模,基金管理人的管理费收入也会增加;如果基金表现差,基金则会面临投资者赎回投资的压力,因此,开放式基金的激励约束机制更好。

(六) 证券投资基金类别

1. 证券投资基金的分类

证券投资基金按照不同的标准有以下分类,上文讨论过按基金的运作方式和法律形式的分类,除此之外,基金还有其他分类,如表 10-1 所示:

表 10-1　证券投资基金的分类

分类标准	具体分类	内容
运作方式	封闭式基金	—
	开放式基金	
法律形式	契约型基金	—
	公司型基金	
投资对象	股票基金	基金资产80%以上投资于股票的基金
	债券基金	基金资产80%以上投资于债券的基金
	货币市场基金	仅投资于货币市场工具的基金
	基金中基金	基金资产80%以上投资于其他基金份额的基金
	混合基金	同时以股票、债券、货币市场工具、其他基金份额为投资对象的基金，且不符合上述股票基金、债券基金、基金中基金规定的基金
投资目标	增长型基金	① 追求资本增值为基本目标，较少考虑当期收入的基金。② 主要投资于增长潜力好的股票
	收入型基金	① 追求稳定的经常性收入为目标的基金。② 主要投资于大盘蓝筹股、公司债、政府债券等稳定收益证券
	平衡型基金	既注重资本增值又注重当期收入的基金
募集方式	公募基金	① 面向社会公众公开发售的基金。② 特征：可以面向社会公开发行、公开宣传；募集对象不固定；投资金额要求低；遵守法律法规约束，接受严格监管
	私募基金	只能采取非公开发行方式，面向特定投资者发售

2. 股票基金

（1）股票基金与股票的区别。

股票基金追求长期的资本增值，和其他类型基金相比，其风险较高，预期收益率也较高。

股票基金与股票的区别如表10-2所示：

表 10-2　股票基金与股票的区别

区别点	股票基金	股票
价值变动	股票基金份额净值每天计算一次	股票价格在每个交易日内不断变动
影响因素	股票基金份额净值不受基金买卖数量，申购、赎回数量的影响	股票价格受股票交易数量和买卖强弱的影响
行情判断	不能通过上市公司基本信息等对股票基金份额净值做判断	投资股票时，根据上市公司的基本情况等信息对股票价格合理性做判断
风险	股票基金分散投资，投资风险低于单一股票的投资风险，但多了基金经理投资的委托代理风险	单一股票的投资风险较集中，投资风险较大

(2) 股票基金的投资风险。

股票基金的投资风险有系统性风险、非系统性风险和管理运作风险。

① 系统性风险。又称为不可分散风险，该风险由整体的政治、经济、社会等因素对证券价格造成影响，这种影响不能通过分散投资消除。

② 非系统性风险。又称为可分散风险，是指个别证券特有的风险，如信用风险、经营风险等，该风险可以通过分散投资加以规避。

③ 管理运作风险。基于基金经理对基金的主动性操作行为而导致的风险。如基金经理不适当地对个股集中投资给基金带来的风险。

④ 股票基金不能回避系统性投资风险，但可以通过分散投资降低非系统性风险，管理运作风险则因基金而异。

3. 债券基金

(1) 债券基金与债券的差异。

债券基金的投资对象为债券，对追求稳定收入的投资者有吸引力。债券基金的波动性通常小于股票基金，是收益、风险适中的投资工具。

债券基金与股票基金进行适当的组合投资时，能较好地分散投资风险。

债券基金与债券的区别如表10-3所示：

表10-3 债券基金与债券的区别

区别点	债券基金	债券
收益固定与否	债券基金是不同债券的组合，它分配的收益不如债券利息固定	固定利率的债券，可以定期获得稳定的利息收入，在债券到期时收回本金
到期日	债券基金投资的一组债券，到期日可能会有不同，因此债券基金没有确定的到期日，但可计算其平均到期日	一般债券有确定的到期日
收益率	债券基金投资一组不同的债券，收益率较难计算和预测	单一债券收益率可根据购买价格、现金流及本金进行计算
风险	① 债券基金没有固定到期日，承担的利率风险取决于持有债券的平均到期日，平均到期日常常相对固定，所以利率风险也会保持在一定水平。② 债券基金投资分散，信用风险较低	① 单一债券随着到期日的临近，利率风险会下降。② 单一债券信用风险比较集中

(2) 债券基金的投资风险。

债券基金的投资风险包括以下几类。

① 利率风险。债券价格与市场利率反方向变动，即**当市场利率上升时，大部分债券的价格会下降；当市场利率下降时，债券的价格通常会上升。债券到期日越长，债券价格受市场利率的影响越大。**

同理，债券基金的价值也受市场利率变动的影响。债券基金的平均到期日越长，债券基金的利率风险越高。

② 信用风险。信用风险指的是债券发行人没有按时支付利息、偿还本金的风险。投资者为弥补低等级信用债券可能面临的较高信用风险，会要求较高的收益作为补偿。

③ 提前赎回风险。提前赎回是指债券发行人有可能在债券到期日前回购债券。当市场利率下降时，债券发行人可以提前偿还债券，再以更低的利率融资。

④ 通货膨胀风险。通货膨胀会降低固定收益所形成的购买力，债券基金的投资者可以购买一些股票基金来抵御通货膨胀风险。

例题 10.2（2016 年真题改编，单选题） 一般情况下，债券的价格与市场利率（　　）。

A. 同向变动

B. 反向变动

C. 不一定，取决于债券的性质和宏观因素

D. 无关

【答案】B

【名师解析】一般情况下，债券的价格与市场利率呈反向变动的关系。

例题 10.3（2017 年真题改编，多选题） 债券基金的投资风险主要有（　　）。

A. 利率风险　　　　B. 信用风险　　　　C. 提前赎回风险　　　　D. 通货膨胀风险

E. 操作风险

【答案】ABCD

【名师解析】债券基金的投资风险主要包括利率风险、信用风险、提前赎回风险、通货膨胀风险。

4. 货币市场基金

货币市场基金的投资对象为货币市场工具。货币市场基金适合对资产的流动性和安全性都有较高要求的投资者进行投资，其长期收益率低，不适合长期投资。

货币市场基金也会面临利率风险、购买力风险、信用风险、流动性风险。

货币市场基金**应当投资的金融工具**：

① 现金。

② 期限在 1 年及 1 年以内的银行存款、债券回购、中央银行票据、同业存单。

③ 剩余期限在 397 天（含 397 天）的债券、非金融企业债务融资工具、资产支持证券。

④ 中国证监会、中国人民银行认可的其他具有良好流动性的货币市场工具。

货币市场基金**不能投资的金融工具**：

① 股票。

② 可转换债券、可交换债券。

③ 以定期存款利率为基准利率的浮动利率债券，已进入最后一个利率调整期的除外。

④ 信用等级在 AA+以下的债券与非金融企业债务融资工具。

⑤ 中国证监会、中国人民银行禁止投资的其他金融工具。

货币市场基金投资于相关金融工具的**比例应符合下列规定**：

① 同一机构发行的债券、非金融企业债务融资工具以及作为原始权益人的资产支持证券占基金资产净值的比例合计不得超过 10%，国债、中央银行票据、政策性金融债券除外。

② 货币市场基金投资于有固定期限银行存款的比例，不得超过基金资产净值的 30%，但投资于有存款期限，可以提前支取的银行存款不受 30%比例的限制；货币市场基金投资于具有基金托管人资格的同一商业银行的银行存款、同业存单占基金资产净值的比例合计不得超过 20%，投资于不具有基金托管人资格的同一商业银行的银行存款、同业存单占基金资产净值的比例合计不得超过 5%。

货币市场基金应当保持足够比例的流动性资产来应对潜在的赎回要求，**其投资组合应符合下面的规定**：

① 现金、国债、中央银行票据、政策性金融债券占基金资产净值的比例合计不得低于5%。

② 现金、国债、中央银行票据、政策性金融债券以及5个交易日内到期的其他金融工具占基金资产净值的比例合计不得低于10%。

③ 到期日在10个交易日以上的逆回购、银行定期存款等流动性受限资产占资金资产净值的比例合计不得超过30%。

④ 除发生巨额赎回、连续3个交易日累计赎回20%以上或者连续5个交易日累计赎回30%以上的情形外，债券正回购的资金余额占基金资产净值的比例不得超过20%。

5. 混合基金

混合基金的风险低于股票基金，预期收益率高于债券基金，比较适合较为保守的投资者。

可以依据资产配置的不同将混合基金分为偏股型基金、偏债型基金、股债平衡型基金、灵活配置型基金等。

通常，偏股型基金、灵活配置型基金的风险较高，预期收益率也较高；偏债型基金的风险较低，预期收益率较低；股债平衡型基金的风险与收益则处于中间。

（七）基金管理公司的主要业务

目前，我国的基金管理公司已经可以从事其他资产管理业务和提供投资咨询服务，已有向综合资产管理机构发展的趋势。

1. 证券投资基金业务

证券投资基金业务主要包括：基金募集与销售、基金投资管理、基金运营服务。

（1）基金募集与销售。基金管理公司在市场调查的基础上开发基金产品，成功进行基金的募集与销售。

（2）基金的投资管理。投资管理是基金管理公司最核心的业务之一，是基金公司的核心竞争力。

（3）基金运营服务。基金运营是基金投资与市场营销的后台保障，主要包括：基金注册登记、核算与估值、基金清算、信息披露等。

2. 基金管理公司专户业务

基金管理公司专户业务，即私募资产管理业务，是指基金管理公司非公开募集资金或接受财产委托，设立私募资产管理计划并担任管理人，依照相关规定，为投资者的利益进行投资活动。关于此项业务有如下的规定：

（1）资产管理计划应当向合格投资者非公开募集。合格投资者的条件是：

① 具有2年以上的投资经历，且满足下列三项条件之一的自然人。家庭金融净资产不低于300万元，家庭金融资产不低于500万元，近3年本人年均收入不低于40万元。

② 最近1年末净资产不低于1 000万元的法人单位。

③ 依法设立并接受国务院金融监督管理机构监管的机构，包括证券公司及其子公司、基金管理公司及其子公司、期货公司及其子公司、在中国证券投资基金业协会登记的私募基金管理人、商业银行、金融资产投资公司、信托公司、保险公司、保险资产管理机构、财务公司及中国证监会认定的其他机构。

④ 接受国务院金融监督管理机构监管的机构发行的资产管理产品。

⑤ 基本养老金、社会保障基金、企业年金等养老基金，慈善基金等社会公益基金，合格境外机构投资者、人民币合格境外机构投资者。

⑥ 中国证监会视为合格投资者的其他情形。

(2) 合格投资者投资于单只固定收益类资产管理计划的金额不低于 30 万元，投资于单只混合类资产管理计划的金额不低于 40 万元，投资于单只权益类、商品及金融衍生品类资产管理计划的金额不低于 100 万元。

(3) 资产管理计划的初始募集规模不低于 1 000 万元。

(4) 募集资产管理计划，应当有风险揭示书。

(5) 基金中基金资产管理计划（FOF）、管理人中管理人资产管理计划应当按照相关规定在其名称中标明能够反映该资产管理计划类别的字样。

(6) 基金管理公司自有资金参与集合资产管理计划的持有期限不得少于 6 个月。

(7) 资产管理合同应明确约定资产管理计划的建仓期。

(8) 一个集合资产管理计划投资于同一资产的资金，不得超过该计划资产净值的 25%；统一基金管理公司管理的全部集合资产管理计划投资于同一资产的资金，不得超过该资产的 25%。

(9) 同一基金管理公司管理的全部资产管理计划投资于非标准化债权类资产的资金不得超过其管理的全部资产管理计划净资产的 35%。同一基金管理公司管理的全部资产管理计划投资于同一非标准化债权类资产的资金合计不得超过 300 亿元。

(10) 基金管理公司应当加强资产管理计划的久期管理，不得设立不设存续期限的资产管理计划。封闭式资产管理计划的期限不低于 90 天。

(11) 全部资产投资于标准化资产的集合资产管理计划和证监会认可的其他资产管理计划，可以按照合同约定每季度多次开放，其主动投资于流动性受限资产的市值在开放退出期内合计不得超过该资产管理计划资产净值的 20%。

(12) 基金管理公司伊宁当确保集合资产管理计划开放退出期内，其资产组合中 7 个工作日可变现资产的价值，不低于该计划资产净值的 10%。

(13) 固定收益类、权益类、商品及金融衍生品类资产管理计划存续期间，为规避特定风险并经全体投资者同意的，投资于对应类别资产的比例可以低于计划总资产的 80%，但不得持续 6 个月低于计划总资产的 80%。

(14) 固定收益类产品优先级与劣后级的比例不得超过 3∶1，权益类产品优先级与劣后级的比例不得超过 1∶1，商品及金融衍生品类、混合类产品优先级与劣后级的比例不得超过 2∶1。分级资产管理计划若存在中间级份额，中间级份额应当计入优先级份额。

(15) 基金管理公司可以与投资者在资产管理合同中约定提取业绩报酬。提取频率不得超过每 6 个月一次，提取比例不得超过业绩报酬计提基准以上投资收益的 60%。

(16) 基金管理公司应当对私募资产管理业务的主要业务人员和相关管理人员建立收入递延支付机制，确定收入递延支付标准、递延支付年限和比例。递延支付年限原则上不少于 3 年，递延支付收入金额原则上不少于 40%。

二、证券投资基金的基金管理人和托管人（★）

（一）基金管理人

1. 基金管理人概述

基金管理人只能由依法设立的基金管理公司担任，负责基金的投资管理、产品设计、基金营销、基金注册登记、基金估值、会计核算、客户服务等职责。

基金管理人的主要收入来源是基金管理费。

基金管理人的投资管理能力、风险控制能力直接关系到投资者的投资回报，基金管理人必须以投资者的利益为最高利益，防止有利益冲突与利益输送。

2. 基金管理人的主要职责

① 依法募集基金，办理基金份额的发售和登记。

② 办理基金备案手续。

③ 对所管理的不同基金财产分别管理、分别记账，进行证券投资。

④ 按照基金合同的约定确定基金收益分配方案，及时向基金份额持有人分配收益。

⑤ 进行基金会计核算并编制基金财务会计报告。

⑥ 编制中期和年度基金报告。

⑦ 计算并公告基金资产净值，确定基金份额申购、赎回价格。

⑧ 办理与基金财产管理业务活动有关的信息披露事项。

⑨ 召集基金份额持有人大会。

⑩ 保存基金财产管理业务活动的记录、账册、报表和其他相关资料。

⑪ 以基金管理人名义，代表基金份额持有人利益行使诉讼权利或其他法律行为。

⑫ 中国证监会规定的其他职责。

（二）基金托管人

1. 基金托管人概述

基金托管人在证券投资基金运作中承担资产保管、交易监督、信息披露、资金清算、会计核算等职责。基金托管人的托管费收入为其主要收入来源。在某些国家和地区，托管人也可以开展绩效评估、核算等增值服务。

2. 基金托管人的主要职责

① 资产保管。基金托管人按规定为基金资产设立独立的资金账户和证券账户，对所托管的不同基金财产分别设置账户，保证基金全部财产的安全完整。

② 资金清算。基金托管人执行基金管理人的投资指令，办理基金名下的资金往来和清算交割。

③ 资产核算。基金托管人建立基金账册并进行会计核算，复核审查基金管理人计算的基金资产净值和份额净值；办理与基金托管业务有关的信息披露；对基金财务会计报告、中期和年度基金报告出具意见。

④ 投资运作监督。基金托管人监督基金管理人的投资运作行为是否符合相关法律法规及基金合同的规定；复核、审查基金管理人计算的基金资产净值和基金份额申购、赎回价格。

⑤ 保存基金托管业务活动的记录、账册、报表和其他资料。

⑥ 按照规定召集基金份额持有人大会。

⑦ 其他职责。

3. 基金托管人的市场准入

申请取得基金托管资格应具备以下条件，并经证券监督管理机构和银行业监督管理机构核准。

① 净资产和风险控制指标符合规定。

② 设立有专门的基金托管部门。

③ 取得基金从业资格的专职人员达到法定人数。
④ 有安全保管基金财产的条件。
⑤ 有高效安全的清算、交割系统。
⑥ 有符合要求的营业场所、安全防范设施与其他设施。
⑦ 有完善的内部稽核监控制度、风险控制制度。
⑧ 法律法规规定的,国务院证券监督管理机构、银行业监督管理机构规定的其他条件。

任务 11　信托概述

任务概述

本任务涉及"第六章　信托与租赁"中"第一节　信托概述"。

此任务在中级经济师考试中约考查 2~3 分，分值占比约为 2%~3%。考试题型同时涉及单选题和多选题。

本任务整体难度适中，其中，重要考点为：信托的概念与功能。

任务框架图

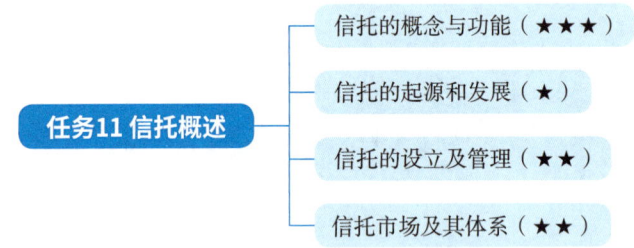

一、信托的概念与功能（★★★）

（一）信托的定义

1. 信托的核心内容

《中华人民共和国信托法》（以下简称《信托法》）对信托的定义："本法所称信托，是指委托人基于对受托人的信任，将其财产权委托给受托人，由受托人按委托人的意愿以自己的名义，为受益人的利益或者特定目的，进行管理或者处分的行为"。

信托的核心内容："受人之托，代人理财"。具体来讲，信托的内涵包括：

（1）委托人基于对受托人的信任；

（2）委托人将其财产权委托给受托人；

（3）按照委托人的意愿、为了受益人的利益或特定目的，受托人以自身的名义对财产进行管理或处分的行为。

2. 我国对信托的定义

我国《信托法》对信托的定义包括 4 个方面，如表 11-1 所示：

表11-1 我国《信托法》对信托的定义

4个方面	具体内容
信托成立的前提和基础	信任与诚信
信托关系的核心	信托财产
区别于一般委托代理关系的重要特征	受托人以自己的名义管理或者处分信托财产
按委托人的意愿，受托人为受益人的利益或者特定目的管理信托事务	受托人管理或处分信托财产的2个前提： ① 必须以委托人的意愿进行管理或者处分，不得违反委托人的愿望； ② 管理或处分信托财产必须以受益人的利益或特定目的为标准，不可为了自己或其他第三人的利益

名师说

表11-1中，信托成立的前提和基础、信托关系的核心属于重要考点，考生需要认真掌握。

（二）信托的基本特征

信托具有4个基本特征，如表11-2所示：

表11-2 信托的4个基本特征

基本特征	具体内容
信托财产权利与利益相分离	信托财产具有特殊的所有权性质——所有权在受托人与收益人之间的分离： ① 受托人可以享有信托财产的所有权；第三人将受托人作为信托财产的**权利主体**和**法律行为的当事人**对待； ② 财产所有权严格受限，受托人不可从自己的利益出发对信托财产进行管理或处分
信托财产的独立性	(1) 信托财产独立于： ① 委托人未设立信托的其他财产； ② 受托人的固有财产； ③ 受益人的固有财产。 (2) 原则上，信托财产不得强制执行
信托的有限责任	信托关系中，受托人承担有限清偿责任：**以信托财产为限**
信托管理的连续性	信托是一种财产转移与财产管理制度，具有： ① 长期性； ② 稳定性

（三）信托的构成要素

信托可以由4个要素构成，具体如表11-3所示：

表 11-3 信托的构成要素

构成要素	具体内容
信托当事人	(1) 委托人： ① 为了一定目的、将其财产以信托的方式委托给受托人进行经营管理的人； ② 应为拥有完全民事行为能力的自然人、法人或者依法成立的其他组织。 (2) 受托人： ① 接受信托财产，按约定的信托合同，并对信托财产进行经营管理的人； ② 应为具有完全民事行为能力的自然人、法人。 (3) 受益人： ① 信托中享有信托受益权的人； ② 可以为自然人、法人或依法成立的其他组织
信托行为	信托行为是合法的设定信托的一种复合法律行为，包括： ① 委托人和受托人设立信托的意思表示行为； ② 委托人将信托财产转移给受托人的行为
信托财产 （信托关系的核心）	(1) 信托财产是指： ① 委托人通过信托行为转移给受托人并由受托人按照一定的信托目的进行管理或处理的财产； ② 信托财产是信托的对象物或信托的客体、信托关系得以创立的载体。 (2) 对信托定义的理解需具备的4个条件： ① 合法性； ② 确定性； ③ 积极性； ④ 流通性。 (3) 不可作为信托财产设立信托：委托人及其受赡养人的生活必需品等。 (4) 信托财产包括： ① 有形财产：股票、债券、物品、土地、房屋和银行存款等。 ② 无形财产：保险单、专利权商标、信誉等，甚至包括一些自然权益。例如，人死前立下的遗嘱为受益人创造了一种自然权益
信托目的	① 在自益信托的情形下：为了委托人的利益。 ② 在他益信托的情形下：为了委托人以外的特定人的利益。 ③ 在公益信托的情形下：为了公共的利益

（四）信托的种类

信托的种类，具体如表 11-4 所示：

表 11-4 信托的种类

分类标准	具体内容
受托人身份	① 民事信托：受托人不以营利为目。 ② 商事信托（营业信托）：受托人是以营利为目的、业务经营活动为信托的机构
信托利益归属	① 自益信托：委托人本人作为受益人享受信托利益。 ② 他益信托：委托人以外的人作为受益人享受信托利益
信托设立目的	① 私益信托：委托人以实现本人或其他特定人的利益为目的。 ② 公益信托（慈善信托）：为了公共利益目的而设立

续表

分类标准	具体内容
委托人人数	① 单一信托：委托人与受托人一对一协商，即受托人对所受托的不同委托人的信托财产分别、独立进行管理或者处分。 ② 集合信托：受托人把所受托的众多委托人的信托财产进行集中，形成一个整体来管理或者处分
设立法律基础	（1）自由信托（任意信托或明示信托）：信托当事人依照信托法规，通过自由协商并按照自己的意愿而设立的信托，具体可分为： ① 契约信托； ② 遗嘱信托。 （2）法定信托：由司法机关借其权力指派确定当事人之间的信托关系而建立的信托，具体可分为： ① 鉴定信托； ② 强制信托
委托人性质	（1）个人信托：以个人（自然人）为委托人而设立的信托，可分为： ① 生前信托； ② 身后信托。 （2）法人信托：委托人是由具有法人资格的企业、公司、社团而设立的信托。 （3）通用信托：可由个人或法人作为委托人的信托
涉及地理区域	① 国内信托：业务范围或财产的运用只局限于一国之内。 ② 国际信托：信托涉及的事项超过一国范围，财产在国际之间运用

（五）信托的功能

1. 财产管理功能

财产管理功能是信托业**首要和基本的功能**。通过信托方式，委托人将信托财产委托给信托公司。信托公司则通过开办信托业务、提供专项服务，为财产所有者经营、管理、运作、处理信托财产，以实现信托财产的保值、增值，最终实现社会财富的增加。

2. 融通资金功能

信托实施财产管理的过程必然与货币资金的融通同时存在。信托融资比信贷融资有显著优势，而这种优势源于信托与银行信贷的区别：

（1）信托在融资对象上既融资又融物；

（2）在信用关系上，体现了委托人、受托人和受益人多边关系；

（3）在融资形式上，实现了直接融资与间接融资相结合；

（4）在信用形式上，成为银行信用与商业信用的结合点。

3. 社会投资功能

信托业务的开拓和延伸，必然导致投资行为的出现。信托机构则必须通过拥有投资权和灵活的投资方式来保证财产管理功能的发挥。信托的投资功能，可以通过各种信托投资业务得以具体展现。

4. 风险隔离功能

信托实现风险隔离的方式是真实出售基础资产。我国《信托法》规定，当委托人将合法拥有的财产交付给信托公司且事前不是以逃债为目的时，该财产就可以过户到信托公司名下成为信托财产，在法律层面将不再属于委托人，无论今后委托人是否破产或有债务纠纷，都不涉及该信托财产，该财产会在独立空间下正常运营。

5. 社会公益服务功能

信托业可以实现其社会公益服务的功能,如为欲捐款或资助社会公益事业的委托人服务。

例题 11.1（2018 年真题改编,单选题） 信托关系的核心是（　　）。

A. 受托人　　　　　B. 委托人　　　　　C. 信任与诚信　　　　　D. 信托财产

【答案】D

【名师解析】信托财产是信托关系的核心。

> 信托制度起源于英国,是在英国"尤斯制"（Use）的基础上发展起来的。英国"尤斯制"是信托制度的前身。尤斯制的创设,要上溯到 13 世纪的英国封建社会。那时候宗教徒习惯死后把自己的土地捐献给教会,这使得教会的土地不断增多。但根据英国当时的法律,教会的土地是免征役税的。教会的土地激增,意味着国家役税收入的逐渐减少。这无疑影响到了国王和封建贵族的利益。于是,13 世纪初英王亨利三世颁布了一个《没收条例》,规定凡把土地赠与教会团体的,要得到国王的许可,凡擅自出让或赠与者,要没收其土地。作为对这个新规定的回应,宗教徒对他们的捐献行为进行了变通。他们在遗嘱中把土地赠与第三者所有。但同时规定教会有土地的实际使用权和收益权,这就是"尤斯制"。

二、信托的起源和发展（★）

（一）信托起源及其在国外的发展

信托的起源与其在国外的发展,具体如表 11-5 所示：

表 11-5　信托的起源与其在国外的发展

国家	具体内容
英国	现代信托的起源
美国	信托空前发展： ① 从英国引进民事信托； ② 把信托以公司的组织形式作为事业经营
日本	根据国情进行信托创新： ① 信托的综合服务职能和长期融资职能,信托财产扩大到货币、不动产以及股权、债权等领域； ② 受托的业务从对财产、资金的经营管理扩大到对人的监护和赡养,以及咨询、中介服务； ③ 使信托业集资金融通、代人理财、经济咨询等多项经济功能于一身

（二）信托业在我国的发展与现状

按照时间顺序,信托业在我国的发展与现状如下：

（1）1979 年,中国国际信托投资公司成立；

（2）1979 年—2007 年间,多次整顿信托业：

① 2001 年—2002 年,颁布《中华人民共和国信托法》《信托投资公司管理办法》和《信托投资

公司资金信托管理暂行办法》(旧两规);

② 2007 年,我国银监会颁布了《信托公司管理办法》和《信托公司集合资金信托计划管理办法》(新两规);

(3) 2010 年,银监会颁布了《信托公司净资本管理办法》;

(4) 2014 年,中国信托业保障基金创立;

(5) 2015 年,中国银监会信托监督管理部单独设立。

(6) 2016 年,中国信托登记有限责任公司的成立,标志着支持我国信托业发展的"一体三翼"架构全面建成,形成了以监管部门为监管主体,以行业自律、市场约束、安全保障为补充的多层次、多维度的信托业风险防控体系。2016 年 9 月 1 日《中华人民共和国慈善法》正式施行。

(7) 2017 年 7 月《慈善信托管理办法》发布,为信托公司开展公益慈善信托业务提供了法律保障。自此,我国信托业步入了创新发展、转型升级的新时期。

(8) 截至 2019 年年底,全国共有信托公司 68 家,管理的信托资产规模高达 21.6 万亿元,信托业成为了我国金融体系中必不可少的一员。

三、信托的设立及管理(★★)

(一)信托的设立

1. 设立信托的条件

信托的设立应当满足以下 4 个条件:

(1) 信托能否成立的前提条件:信托目的合法。

(2) 信托能否设立的基本条件之一:信托财产明确合法。

(3) 信托文件应采用书面形式。根据我国《信托法》的规定,设立信托应当采用书面形式,包括:

① 合同书;

② 信件;

③ 数据电文:电报、电传、传真、电子数据交换和电子邮件等。

(4) 依法办理信托登记。

2. 信托的设立方式

以书面形式设立信托,通常有 2 种常见的方式:

(1) 合同。

在我国,信托合同是由委托人与受托人签订的,以设立、变更和终止信托关系为内容的书面协议。

信托合同是信托设立最常见的方式,具体体现信托当事人的信托意思,承载着信托当事人的意思表示。

(2) 遗嘱。

遗嘱信托同样是一种常见的信托设立方式,是由立遗嘱人(即委托人)将其遗产通过信托遗嘱的方式而设立的信托。

遗嘱信托是委托人的一种单方行为:在个人财富的积累和传承过程中,财产管理功能受到了高度重视。

3. 信托登记

(1) 信托登记的定义。

在我国，信托登记是指，中国信托登记有限责任公司（简称"信托登记公司"）对信托机构的信托产品及其受益权信息、国务院银行业监督管理机构规定的其他信息及其变动情况予以记录的行为。

(2) 效力的产生。

根据我国《信托法》和《信托登记管理办法》的规定，信托机构开展信托业务，必须办理信托登记。否则，该信托不能产生效力。

(3) 信托登记的流程。

信托登记的流程是由信托机构提出申请，信托登记公司接受信托机构提出的信托登记申请，进而依法办理信托登记业务。

(4) 信托登记信息。

信托登记信息包括：信托产品名称、信托类别、信托目的、信托期限、信托当事人、信托财产、信托利益分配等信托产品及其受益权信息和变动情况。

(5) 信托登记的类型。

信托登记的类型包括：信托预登记、信托初始登记、信托变更登记、信托终止登记和信托更正登记等。

4. 信托文件的内容

根据我国《信托法》的规定，信托文件必须载明的事项包括以下内容：

(1) 信托目的；

(2) 委托人、受托人的姓名或者名称、住所；

(3) 受益人或者受益人范围；

(4) 信托财产的范围、种类及状况；

(5) 受益人取得信托利益的方式、方法。

此外，信托文件可以拥有以下选择：

(1) 载明信托期限、信托财产的管理方式；

(2) 受托人的报酬、新受托人的选任方式；

(3) 信托终止事由等。

需要注意的是，信托文件应当载明的事项是设立信托所必须具备的要件，一旦有所欠缺可能会导致信托无法成立。

（二）信托的管理

1. 信托财产的管理

(1) 信托财产的运用方式。

受托人合理运用信托财产的方式包括：投资、租赁、贷款等。

信托财产的运用最常见的是，利用信托财产进行投资，以便获取收益。

(2) 信托财产的处分。

信托财产的处分包括：

事实上的处分：对信托财产进行消费，如生产和生活的消费；

法律上的处分：对信托财产进行转让。

（3）实践。

法律上的处分包括：

① 各种处分财产所有权的行为：买卖、赠予等；

② 处分债权和其他财产权的行为：转让债权、免除债务等；

③ 对财产权做出限制或设定负担的行为：在一些财产上设立抵押、质押等。

2. 委托人、受托人和受益人的权利和义务

委托人、受托人和受益人的权利和义务，如表 11-6 所示：

表 11-6　委托人、受托人和受益人的权利和义务

主体	权利和义务
受托人 （处于掌握、管理和处分信托财产的中心位置）	（1）权利： ① 按照信托文件的规定，管理运用和处分信托财产的权利； ② 从信托财产的管理运用、处分中获取相应报酬的权利； ③ 因处理信托事务而支出的费用和负担的债务，有权利要求从信托财产中优先受偿，但因受托人违反管理职责或不当处理信托事务造成的除外。 （2）义务： ① 遵守信托文件的规定，处理信托事务应保证受益人的最大利益； ② 管理信托财产必须恪尽职守，履行诚实、信用、谨慎、有效管理的义务； ③ 对固有财产与信托财产采取分别管理、分别记账； ④ 对不同委托人的信托财产采取分别管理、分别记账
委托人	（1）权利： ① 最主要的权利：信托财产的授予权； ② 有权利了解信托财产的管理运用、处分及收支情况，且有权利要求受托人做出说明； ③ 有权利要求变更信托财产管理办法、对信托财产的强制执行提出异议； ④ 有权利准许受托人辞任及选任新受托人； ⑤ 当委托人是信托利益的唯一受益人时，有权利解除信托； ⑥ 有权利变更受益人或处分信托受益权； （2）义务： ① 相关法律法规没有明确规定委托人的义务； ② 委托人地位的确立和权利的获得，其先决条件为：将其合法所有的财产委托给受托人管理或处分，并且签订相应的合同或契约
受益人	（1）权利： ① 承享委托人所享有的各种权利；依法转让和继承信托受益权； ② 将信托受益权用于清偿到期不能偿还的债务； ③ 信托终止时，信托文件未规定信托财产归属的，受益人最先取得信托财产； ④ 当信托结束时，有承认最终决算的权利，只有当受益人承认信托业务的最终决算后，受托人的责任才算完成。 （2）义务： ① 在处理信托业务中，受托人并非因自己的过失而遭受损失时，受益人有义务接受受托人提出的合理费用要求或损失补偿要求，且该补偿费用应在信托收益中予以扣除； ② 如果受益人放弃收益的权利，则可不履行相应的义务

四、信托市场及其体系（★★）

（一）信托市场的法律体系

我国信托活动的基本法律框架是"一法两规"：

(1) 2001年10月颁布《信托法》，标志我国真正意义的信托制度开始建立。

(2) 2007年，中国银行业监督管理委员会颁布2个部门规章，分别是《信托公司管理办法》和《信托公司集合资金信托计划管理办法》。

1. 信托基本法

调整信托市场信托关系的基本法律为《信托法》，该法律也是制定其他信托行业法律法规的基础和依据。

根据《信托法》，信托具有以下显著特征：

(1) 所有权与收益权相分离；

(2) 信托财产独立性；

(3) 受托人有限责任；

(4) 受益人保护；

(5) 信托管理连续性等。

信托具备的以上特征赋予信托公司以下特点：

(1) 经营范围具有广泛性；

(2) 金融功能具有综合性；

(3) 产品开发的灵活性。

2. 行业管理法规

行业管理法规是指由信托业管理机构制定并发布、用于确保信托行业规范、高效运行的法律和法规。

行业管理法规主要包括：

(1)《信托公司管理办法》；

(2)《信托公司集合资金信托计划管理办法》；

(3)《信托公司净资本管理办法》；

(4)《信托公司监管评级办法》；

(5)《慈善信托管理办法》；

(6)《信托登记管理办法》；

(7)《信托公司股权管理暂行办法》等。

从时间顺序来看，中国银行业监督管理委员会颁布的行业管理法规经历了以下几个阶段，如表11-7所示：

表11-7 行业管理法规的各个阶段

法规颁布时间	法规名称	具体内容
2007年3月	《信托公司管理办法》	(1) 对信托公司市场准入、机构管理、经营规则和监督管理等做出一系列基本的规定。 (2) 对信托公司的性质和经营提出了新的要求，主要表现包括： ① 参考国际信托机构的一般做法：去掉信托投资公司中的"投资"2字，并引导信托公司突出强调信托这一主业； ② 为了达到受益人利益最大的宗旨，该法规强调压缩固有业务，突出信托主业并从制度上中断信托业务与固有业务之间的利益输送，不断督促信托公司专注为受益人的最大利益服务； ③ 强调应限制关联交易，并防止利益输送，最终确保受益人利益不受损害

续表

法规颁布时间	法规名称	具体内容
2009 年 2 月	《信托公司集合资金信托计划管理办法》	集合资金信托业务是信托市场中重要的业务类型，该法规的具体内容包括： (1) 要求委托人是合格投资者：能够识别、判断，并承担信托计划风险的人，需要满足以下 3 个条件之一： ① 投资一个信托计划的最低金额不少于 100 万元人民币的自然人、法人或者依法成立的其他组织； ② 在认购时，个人或家庭金融资产总计超过 100 万元人民币，且能提供相关财产证明的自然人； ③ 在最近三年内，个人收入每年超过 20 万元人民币或在最近三年内，夫妻双方合计收入每年超过 30 万元人民币，且能提供相关收入证明的自然人。 (2) 该办法规定了信托合同份数，要求： ① 单个信托计划的自然人人数不得超过 50 人； ② 单笔委托金额在 300 万元以上的自然人投资者和合格的机构投资者数量不受 50 人的限制。 (3) 允许信托公司异地开展业务：信托公司异地推介信托计划的，应在推介前向注册地、推介地的中国银监会省级派出机构报告。 (4) 特别强调风险揭示，强调投资者"风险自担原则"，即"卖者有责，买者自负"原则
2010 年 8 月	《信托公司净资本管理办法》	① 建立以"净资本"为核心的风险管理体系，加强信托公司的风险监管； ② 标志我国信托业监管模式进入"资本监管"的新阶段； ③ 引导信托公司从被动接受监管，到主动适应各项管理政策，进而降低监管部门与信托公司之间的矛盾，降低整个行业的监管成本； ④ 银行合作理财类业务应按照集合资金信托业务的标准计算风险资本，促使信托公司自主开发主动管理型业务，调整业务结构，防范风险
2016 年 12 月	《信托公司监管评级办法》	(1) 信托公司被分为 3 大类 6 个级别： ① 创新类：A+、A-类； ② 发展类：B+、B-类； ③ 成长类：C+、C-类。 (2) 不同评级的信托公司具有不同的业务准入标准。 (3) 评级的目的在于加强信托业监管，推进行业自律，并提供给同业参考
2017 年 7 月	《慈善信托管理办法》	对慈善信托的设立、备案、财产的管理与处分、变更和终止、法律责任等方面进行了详细的界定和规范
2017 年 8 月	《信托登记管理办法》	① 遵循"集中登记、依法操作、规范管理、有效监督"原则； ② 建立全国统一信托登记制度； ③ 完善信托行业的信息披露； ④ 保护信托当事人的合法权益； ⑤ 促进信托行业更加规范地开展业务

续表

法规颁布时间	法规名称	具体内容
2020年2月	《信托公司股权管理暂行办法》	(1) 旨在： ① 加强信托公司股权的管理； ② 规范信托公司股东的行为； ③ 保护信托公司、信托当事人的合法权益； ④ 维护股东合法的利益； ⑤ 促进信托公司持续健康地发展。 (2) 主要内容包括： ① 明确信托公司股东的责任，具体包括：信托公司股东资质条件，股东在股权取得、持有、退出各阶段必须承担的责任与义务； ② 明确信托公司职责，具体包括：信托公司在股权变更期间必须履行的职责、必须承担的股权事务管理责任，以及必须履行的股东行为管理职责； ③ 加强对信托公司股权的监督管理，具体包括：明确监管部门股权穿透监管的措施和手段、对信托公司股东或信托公司股权管理违法和违规行为可以采取的监管措施

3. 业务管理规定

针对信托业各个方面，监管部门先后制定了一系列的业务管理规定，如表11-8所示：

表11-8 信托业务管理规定

业务	管理法规
信托公司的经营与运作	2007年：《信托公司治理指引》； 2008年制定，2010年修订：《信托公司监管评级与分类监管指引》； 2009年：《中国银监会关于支持信托公司创新发展有关问题的通知》； 2010年：《中国银行业监督管理委员会关于加强信托公司结构化信托业务监管有关问题的通知》； 2011年：《中国银行业监督管理委员会关于印发信托公司净资本计算标准有关事项的通知》； 2015年：《中国银监会信托公司行政许可事项实施办法》
房地产信托业务	2008年：《中国银监会办公厅关于加强信托公司房地产、证券业务监管有关问题的通知》； 2009年：《中国银监会关于信托公司开展项目融资业务涉及项目资本金有关问题的通知》； 2010年：《中国银监会办公厅关于加强信托公司房地信托业务监管有关问题的通知》和《中国银监会办公厅关于信托公司房地产信托业务风险提示的通知》 2015年：《国务院关于调整和完整固定资产投资项目资本金制度的通知》
证券业务	2004年：《关于信托投资公司开设信托专用证券账户和信托专用资金账户有关问题的通知》； 2009年：《信托公司证券投资信托业务操作指引》； 2011年：《信托公司产参与股指期货交易业务指引》
资产证券化业务	2006年：《财政部 国家税务总局关于信贷资产证券化有关税收政策问题的通知》； 2008年：《中国银监会办公厅关于进一步加强信贷资产证券化业务管理工作的通知》； 2010年：《中国银行业监督管理委员会关于进一步规范银行业金融机构信贷资产转让业务的通知》； 2012年：《中国人民银行 中国银行业监督管理委员会 财政部关于进一步扩大信贷资产证券化试点有关事项的通知》

> **名师说**
>
> 表 11-8 中出现的涉及监管的各种比率属于重要考点，考生需要认真掌握。具体包括：
> （1）融资类业务余额占银信理财合作业务余额的比例不得高于 30%；
> （2）对于商业银行为转入表内的银信合作信托贷款，信托公司应当按照 10.5% 的比例计提风险资本；
> （3）当信托公司信托赔偿准备金低于银信合作不良信托贷款余额 150% 或低于银信合作信托贷款余额 2.5% 时，信托公司不得分红。

（二）信托市场的监管体系

中国银行保险监督管理委员会履行对中国信托业的监管职责。

1. 监管内容

中国银行保险监督管理委员会的监管主要集中在对信托公司的风险监管，具体为：

（1）识别信托公司固有的风险种类；
（2）评估经营管理涉及的各类风险；
（3）系统、全面、持续地评价信托公司的经营管理情况。

2014 年，银监会发布了《中国银行业监督管理委员会办公厅关于信托公司风险监管的指导意见》。作为信托公司风险监管的指导意见，该文件提出以严防风险为目的，强调风险管理中信托公司的责任，并要求信托公司建立资本补充机制和流动性支持。2015 年，中国银行业监督管理委员会专门设立信托监督管理部。2018 年，在原中国银监会、中国保监会的基础上，整合了上述两个部门职责，正式成立了中国银行保险监督管理委员会，履行对中国信托业的监管职责。

2. 监管方式

信托市场监管的手段包括：

（1）非现场监管（非现场检查）。

非现场监管的监管理念是"风险为本"，全面持续收集、监测，并分析信托公司的风险信息，并对主要风险隐患做出监管计划，结合风险水平高低和对金融体系稳定性的重要程度，合理对监管资源进行配置，进而做出的一系列"分类监管"的措施。

（2）现场检查。

现场检查是指监管当局派出人员对信托公司采取实地检查方式，通过检查阅读公司的账目、文件、管理报告、座谈询问等方式，分析、检查、评价和处理信托公司的经营管理情况，最终达到提高信托公司管理水平、维护金融体系安全、保护委托人和受益人合法权益的目的。

（三）信托市场的运行体系

信托市场的运行体系包含需求主体、供给主体，以及运用主体。具体如表 11-9 所示：

表 11-9　信托市场的运行体系构成

主体	含义
需求主体	信托的委托人，即需要通过信托方式进行财产转移和财产管理的人，包括： (1) 个人： ① 个人财产管理信托； ② 婚姻家庭信托； ③ 子女保障信托； ④ 遗产管理信托； ⑤ 养老保障信托。 (2) 机构： ① 资产管理信托； ② 股权代持信托； ③ 表决选举权信托
供给主体	信托受托人，职责为接受委托人委托，以信托方式管理委托人财产，具体包括： ① 个人：不以营利为目的，民事信托受托人。 ② 普通机构：不以营利为目的，民事信托受托人。 ③ 信托机构（信托公司和基金管理公司）：以营利为目的，营业信托受托人
运用主体	信托资金的需求者和使用者，具体包括： ① 政府：资金信托是政府进行基础建设的融资渠道之一。 ② 金融机构：信托公司通过资金信托募集资金，用于购买银行信贷资产，满足银行减少不良资产、降低流动性压力、调节资产结构的需求。 ③ 工商企业：房地产企业为主

例题 11.2（2018 年真题改编，单选题）银信理财合作业务余额是 100 万元，那么融资类业务余额不得超过（　　）万元。

A. 30　　　　　　　B. 50　　　　　　　C. 70　　　　　　　D. 100

【答案】A

【名师解析】对信托公司融资类银信理财合作业务实行余额比例管理，即融资类业务余额占银信理财合作业务余额的比例不得高于 30%。

记忆小窍门

信托市场的运行体系中，离不开经济学中的供求关系。供给主体是受托人，以管理信托财产为职责；需求主体为委托人，是具有资产转移和资产管理需求的人。最终，信托的运用主体是指那些对信托资金的需求和使用者，他们将信托资金作为融资来源或出售资产的对手方。

任务 12 信托公司

任务概述

本任务涉及"第六章 信托与租赁"中"第二节 信托公司的经营与管理"。

此任务在中级经济师考试中约考查 2~3 分,分值占比约为 2%~3%。考试题型同时涉及单选题和多选题。

本任务整体难度适中,其中,重要考点为:信托公司的业务运营和信托公司面临的风险与管理。

任务框架图

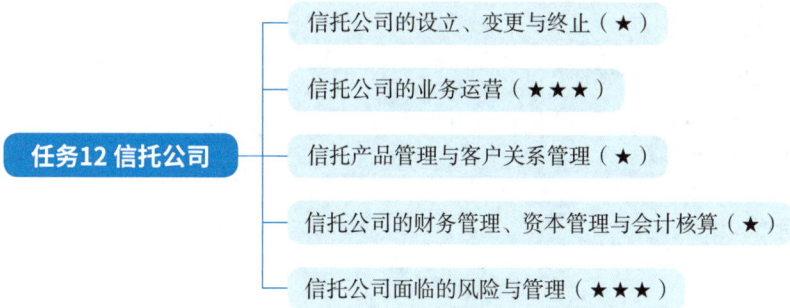

一、信托公司的设立、变更与终止(★)

(一)信托公司的设立形式、条件和程序

根据《信托公司管理办法》和《中国银监会信托公司行政许可事项实施办法》的规定,我国设立信托公司需要经中国银行保险监督管理委员会批准,领取金融许可证。

1. 设立形式

信托公司可采取以下 2 种公司形式之一:

(1)有限责任公司;

(2)股份有限公司。

2. 设立条件

信托公司的设立条件包括:

(1)公司章程符合《中华人民共和国公司法》(以下简称《公司法》)和银监会的规定;

(2)入股资格的股东要符合银监会规定;

(3)注册资本为实缴货币资本,最低限额为 3 亿元人民币或等值的可自由兑换货币。

(4)董事、高级管理人员和与其业务相适应的信托从业人员均具备中国银行业监督管理机构规定任职资格;

（5）组织机构、信托业务操作规程和风险控制制度健全；
（6）营业场所、安全防范措施和与业务有关的其他设施符合要求。

3. 设立程序

信托公司的设立程序包括2个阶段：

（1）筹建：

① 筹建期是自批准决定之日起 6 个月；

② 如果未能按期筹建，可申请延期1次，但延长期限不可超过 3 个月。

（2）开业：

① 信托公司应该从领取营业执照之日起 6 个月内 开业；

② 如无法按期开业，可申请延期1次，但延长期限不可超过 3 个月。

（二）信托公司的变更与终止

1. 变更

信托公司的变更包括以下内容：

（1）名称变更；
（2）股权变更或调整股权结构；
（3）注册资本变更；
（4）公司住所变更；
（4）组织形式改变；
（5）公司章程修改；
（6）合并或分立。

2. 终止

信托公司的终止可分为：

（1）任意终止；
（2）强制终止。

二、信托公司的业务运营（★★★）

根据《信托公司管理办法》的规定，我国信托公司可申请经营的业务包括：

（1）资金信托；
（2）动产信托；
（3）不动产信托；
（4）有价证券信托；
（5）其他财产或财产权信托；
（6）投资基金业务：作为投资基金或者基金管理公司的发起人；
（7）企业资产的重组、购并及项目融资、公司理财、财务顾问等业务；
（8）经营国务院有关部门批准的证券承销业务；
（9）居间、咨询、资信调查等业务；
（10）代保管及保管箱业务；
（11）公益信托活动。

目前，我国信托公司的业务可以分为 信托业务、固有业务和特别许可业务 三大类，如表12-1所示：

表 12-1 我国信托公司业务

业务大类	定义	业务细分	内容
信托业务	以营业和收取报酬为目的，以受托人身份承诺信托和处理信托事务	基础设施信托业务	(1) 概念：信托公司接受委托人的委托，发起设立信托计划，将委托人合法拥有的资金用于投资大型公共基础设施项目建设，获取信托收益。 (2) 资金用途：参与投资基础设施项目。 (3) 融资主体： ① 评级较高、公开发债主体； ② 具备政府背景的大型集团。 (4) 2 种运作模式： ① 应收账款类基础设施信托：将信托资金用于受让政府融资平台公司享有的对政府的应收账款债权； ② 贷款类基础设施信托：接受委托人的委托，发起设立信托计划，将委托人合法拥有的资金通过贷款方式用于基础设施建设项目，并以贷款产生的利息作为收益来源
		房地产信托业务	(1) 投资： ① 将信托资产在房地产领域内进行投资； ② 信托资产的收益水平受信托期限内市场情况的影响。 (2) 融资： ① 根据融资需求进行的房地产信托业务； ② 在信托设立之前，信托资产运作方式和收益情况均可提前确定。 (3) 2 种运作方式： ① 不动产信托； ② 房地产资金信托
		证券投资信托业务	(1) 投资范围包括： ① 国内证券交易所挂牌交易的 A 股股票； ② 封闭式证券投资基金； ③ 开放式证券投资基金（包括交易型开放式指数基金和上市型开放式基金）； ④ 企业债、国债、可转让公司债券（包括分离式可转债申购）； ⑤ 1 天、7 天国债逆回购； ⑥ 银行存款； ⑦ 证监会核准发行的、基金可以投资的其他投资工具。 ⑧ 股指期货交易：直接或间接。 (2) 3 类业务模式： ① 投资者导向：偏重宏观资产类别配置的财富管理； ② 证券化与证券融资； ③ 市场投资机会导向：偏重微观资产类别配置的资产管理
固有业务	运用固有财产经营的业务	—	(1) "压缩固有业务，突出信托主业"： ① 不可开展除同业拆入业务以外的其他负债类业务； ② 同业拆入余额不可超过其净资产的 20%； ③ 固有财产不应涉及实业投资。 (2) 主要模式： ① 贷款； ② 金融股权投资：长期股权投资（主营业务）； ③ 金融产品投资：股票、债券、信托产品、证券投资基金等

续表

业务大类	定义	业务细分	内容
特别许可业务	开展前必须取得国家相关部门行政许可的创新资格类业务	私人股权投资信托业务	将信托计划项下资金投资于： ① 未上市企业股权； ② 上市公司限售流通股； ③ 银监会批准可投资的其他股权；
		信贷资产证券化业务	(1) 前提： ① 建立有效的风险隔离机制； ② 融入信用增级。 (2) 职能： ① 接受待证券化的信贷资产； ② 组建隔离资产池； ③ 与信用增级和信用评级机构、证券承销商、会计师事务所等中介机构签订合同； ④ 完成尽职调查、证券分层、评级、会计、税收工作
		企业年金信托业务	① 责任中心：受托人。 ② 采取独立财产托管

 **名师说**

信托公司的业务运营属于重要考点，考生应根据表 12-1，认真区分不同业务的内涵。

记忆小窍门

信托公司的业务运行中，考生需要着重记忆信托业务和特别许可业务的业务细分。
(1) 信托业务，相对传统：基础设施、房产、证券、银信合作。
(2) 特别许可业务，相对创新：私人股权投资、信贷资产证券化、企业年金信托。

 **趣味说**

信托行业中，金融机构控股和央企控股等股东背景较强、综合实力排名靠前、主动管理能力较强的信托公司市场竞争优势日益凸显。信托行业进入成熟发展期后，68 家信托公司的营业收入和盈利能力由于其股东背景、资本实力、资产管理能力不同而呈现较大差距，净资产排名靠前的信托公司，其盈利能力水平也较高。

从信托公司盈利情况来看，信托业务以主动管理型的投资业务为主的信托公司在当前监管形势下，其竞争优势已逐渐显现出来。未来，随着信托行业转型发展的持续推进和信托业主动管理能力的逐步提升，具有综合竞争优势的大型信托公司和特色化、差异化发展的中小型公司将会在行业转型过程中得到市场份额的提升。

例题 12.1（2018 年真题改编，多选题）信托公司的三大类业务是指（　　）。
A. 信托业务　　　　B. 固有业务　　　　C. 特别许可业务　　　　D. 企业年金信托业务
E. 银信理财合作业务

【答案】ABC

【名师解析】选项 D,企业年金信托业务属于特别许可业务;选项 E,银信理财合作业务属于信托业务。

三、信托产品管理与客户关系管理(★)

(一)信托产品的设立与管理

1. 信托产品的设立
(1)信托关系成立的核心:信托产品的设立。
(2)信托公司为投资者提供的金融产品具有以下特征:
① 风险低;
② 收入回报稳定。
(3)总体流程包括:
① 产品的立项;
② 尽职调查;
③ 内部的评审;
④ 文件的制作与事前的报告;
⑤ 产品的推介;
⑥ 募集。
2. 信托产品的管理
信托产品的管理包括:
(1)信托公司承担对信托资产存续期内的以下职责:
① 运营处理;
② 核算估值;
③ 运营分析;
④ 监督控制。
(2)信托产品的管理方式主要包括:
① 信托产品的现场检查;
② 受益人大会;
③ 外派人员管理。

(3)信托产品终止并清算后,信托财产可以采用以下方式进行交付:
① 现金方式;
② 维持信托终止时财产原状方式;
③ 前 2 个方式的混合。

(二)信托公司客户关系管理

1. 定义
信托公司的客户关系管理是指信托公司通过不断加强与客户的沟通交流,对客户需求进行把握,且不断提高信托产品和服务的质量，以便持续满足客户需求。**客户需求的管理是信托公司客户关系管理的核心。**

2. 管理模式的转变

信托公司应进行客户关系管理模式的转变，具体来讲：

（1）优势条件：利用自身独特性，利用信托综合牌照带来的优势。

（2）资产管理的主要手段：资源配置。

（3）目标：向客户提供全方位的金融服务，锁定特定客户群体、提高客户忠诚度、提供给客户个性化服务。

四、信托公司的财务管理、资本管理与会计核算（★）

（一）信托公司的财务管理

1. 定义

信托公司财务管理的内容包括：

（1）资产管理；

（2）资金管理；

（3）成本费用管理；

（4）利润及其分配管理；

（5）财务会计报告管理。

2. 专属原则

不同于其他金融企业，信托公司的专属原则包括：

（1）不同财产分别管理、分别记账的原则。

① 信托财产与固有财产需采用：分别管理、分别记账。

② 不同委托人的信托财产需采用：分别管理、分别记账。

③ 信托业务和非信托业务需采用：分别核算，且每项业务单独核算。

（2）不同部门相互独立原则。

① 固有财务部门与信托财务部门：相互独立。

② 信托公司自营业务与信托业务：分别建账、分别核算。

③ 固有财务部门和信托财务部门：分别设立，分别负责固有财产和信托财产的管理。

（二）信托公司的资本管理

1. 注册资本管理

经批准设立的信托公司，必须具有最低限额的实收资本金，具体要求为：注册资本是一次性实缴货币资本，最低限额是 **3 亿元人民币** 或等值的可自由兑换货币。

2. 净资本管理

净资本管理的内容包括：

（1）净资本管理的本质：**以净资本为核心**。

（2）信托公司净资本：不低于人民币 **2 亿元**；

（3）净资本不可低于各项风险资本之和的 **100%**；

（4）净资本不可低于净资产的 40%。

如果出现净资本等风险控制指标恶化，严重阻碍该信托公司稳健运行，中国银监会还可采取的措施包括：

（1）责令调整董事、监事及高级管理人员；
（2）责令控股股东转让股权或限制有关股东行使股东权利；
（3）责令停业整顿；
（4）依法对信托公司实行接管或督促机构重组，直至予以撤销。

3. 风险资本管理

风险资本衡量标准是指各项业务所承担的综合风险的程度。信托公司开展的各项业务都存在风险并可能造成资本损失。

因此应当采取以下风险资本管理措施：
（1）按照各项业务规模的一定比例计算风险资本；
（2）建立风险资本与净资本的对应关系，确保各项业务的风险资本均有相应的净资本支持。

（三）信托公司的会计核算

1. 定义

信托业务会计核算的责任主体是：**信托公司**。信托业务的会计核算主要包括：
（1）信托项目募集期的核算；
（2）信托项目存续期的核算；
（3）信托项目终止后的核算。

2. 特点

信托业务会计核算的特点包括：
（1）真正的会计主体：委托人；
（2）独立的会计核算主体：信托项目。

例题 12.2（2018 年真题改编，单选题）2010 年，中国银行业监督管理委员会建立了以（　　）为核心的风险控制指标体系，确保信托公司固有资产充足并保持必要的流动性。

A. 总资产　　　　　B. 总资本　　　　　C. 净资产　　　　　D. 净资本

【答案】D

【名师解析】2010 年，中国银行业监督管理委员会发布了《信托公司净资本管理办法》，建立了以净资本为核心的风险控制指标体系，确保信托公司固有资产充足并保持必要的流动性，以满足抵御各项业务不可预期损失的需要。

五、信托公司面临的风险与管理（★★★）

（一）信托公司的业务风险

信托公司的业务风险管理，如表 12-2 所示：

表 12-2　信托公司的业务风险

业务风险	含义
信用风险	客户交易中的违约或借款人信用等级的下降而造成的风险
市场风险	① 宏观经济风险：财政货币政策风险；利率风险；经济周期风险。 ② 政策风险：政府各种经济和非经济政策的变化带给业务的风险。 ③ 市场供求风险
操作风险	信托业务开展过程中，因以下问题引起的经营风险和损失： ① 制度和操作流程欠缺； ② 操作不当； ③ 现有制度和流程无法得到有效执行
合规与法律风险	信托公司因以下问题造成的风险： ① 未遵循法律、法规、规则和准则而遭受法律制裁、监管处罚； ② 重大财务损失和声誉损失的风险； ③ 不当的法律文书、违约行为； ④ 怠于行使自身法律权利

根据信托行业特征和信托公司自身特点，除以上一般风险外，信托还面临着流动性风险和声誉风险。

（二）信托公司的业务风险防范

1. 信托业务风险控制的核心要点

信托业务风险控制的核心要点包括：

（1）建立全面风险管理体系：符合公司战略定位与发展方向；

（2）风险管理体系包括：

① 持续倡导全面风险管理的理念；

② 完善风险管理的架构；

③ 健全风险管理的制度与流程；

④ 丰富风险管理的方法与工具。

2. 信托业务风险控制策略

信托业务风险控制策略，如表 12-3 所示：

表 12-3　信托业务风险控制策略

策略	内容
信用风险管理策略	① 保证决策者充分了解信用风险：严格按照业务流程、制度规定和程序展开业务； ② 对交易对手采取信用调查，形成尽职调查报告； ③ 严格执行担保等措施； ④ 提高公司抵御风险的能力： a. 提取信托赔偿准备金； b. 计提资产损失准备金
市场风险管理策略	① 制定市场风险管理的原则与程序； ② 准确识别业务中的市场风险类别与性质

续表

策略	内容
操作风险管理策略	① 加强建设和落实内控制度； ② 合理设置岗位的职责； ③ 建立全面的授权制度； ④ 问责违规人员
合规与法律风险管理策略	确保符合国家相关法律法规： ① 开展法律风险和合规风险的审查； ② 严格按照规定程序实施法律文件的审核和签约；

【名师说】

信托公司面临的风险与管理属于重要考点，考生需要根据表 12-3，认真掌握每一类风险管理的具体策略。

【记忆小窍门】

考生可结合表 12-2 和表 12-3，先理解各类风险的定义，再对各类风险管理策略进行理解记忆。

例题 12.3（2019 年真题改编，单选题） 关于信用风险管理策略，说法正确的是（　　）。

A. 信托公司应开展法律风险和合规风险的审查
B. 信托公司应加强建设和落实内控制度
C. 准确识别业务中的市场风险类别与性质
D. 信托公司应对交易对手采取信用调查，形成尽职调查报告

【答案】D

【名师解析】选项 A，属于合规与法律风险管理策略。选项 B，属于操作风险管理策略。选项 C，属于市场风险管理策略。

任务 13　融资租赁

任务概述

本任务涉及"第六章　信托与租赁"中"第三节　租赁概述"。

此任务在中级经济师考试中约考查 2 分~3 分，分值占比约为 2%~3%。考试题型同时涉及单选题和多选题。

本任务整体难度适中，其中，重要考点为：租赁的概念与功能，融资租赁市场及其体系。

任务框架图

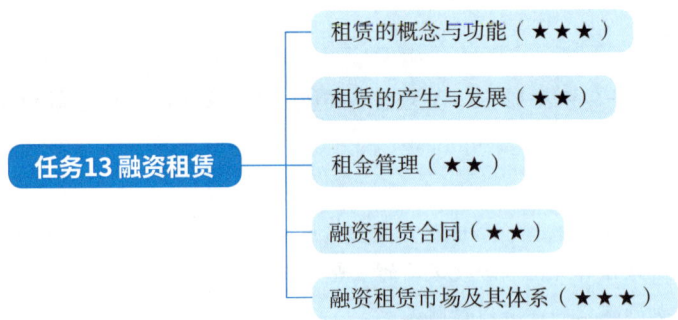

一、租赁的概念与功能（★★★）

（一）租赁的定义

租赁是指以商品与货币 2 种形式相结合的方式提供信用活动，因此租赁同时具有信用和贸易的双重性质。

需要注意的是：在租金期内，租赁转移资产使用权，而非资产所有权。此类转移有偿，为了获得使用权必须支付租金。

（二）租赁的种类

1. 租赁服务

租赁服务包括：有形资产、非金融类无形资产的短期和长期租赁。具体可分为以下 2 类：

（1）短期租赁：主要涉及机动车、休闲体育设施、个人和家庭用品的租赁；

（2）长期租赁：主要涉及商业经营常用机械设备、运输设备、知识产权资产，以及相似产品的租赁。

2. 融资租赁

（1）定义。

融资租赁是指根据承租人对出卖人、租赁物的选择,出租人向出卖人购买租赁物,进而提供给承租人使用,最终承租人支付租金的交易。

(2) 特点。

融资租赁是一种具有"融资和融物"双重职能的交易,如图 13-1 所示。

融资租赁涉及的三方当事人包括:

① 出租人;

② 承租人;

③ 出卖人。

融资租赁合同包括:

① 租赁合同;

② 供货合同等。

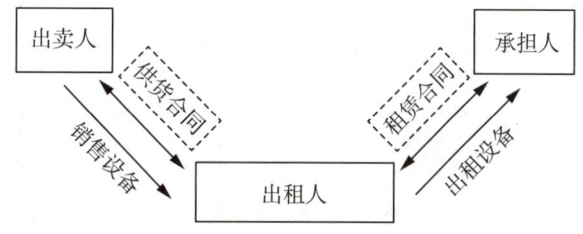

图 13-1 融资租赁的特点

(3) 融资租赁的流程。

融资租赁的流程包括:

① 租赁期间:承租人按合同规定,以分期付款的形式向出租人交付租金。注意:**租赁设备的所有权仍属于出租人,而承租人在租期内仅享有设备的使用权。**

② 租赁期满:设备最终可由承租人留购、续租或退回给出租人。

(4) 融资租赁与经营租赁的区别。

① 根本区别。

融资租赁的出租人:通常不承担租赁物的"余值风险"

经营租赁的出租人:必须承担租赁物的"余值风险"。

余值是指租赁期限届满时租赁物尚存的公允市值。

② 直接目的。

融资租赁的直接目的是融资。实质上,融资租赁将与资产所有权有关的全部风险和报酬进行转移,租赁对象为技术设备等动产,承租人为经济法人。

(三) 租赁的特点

租赁的特点,如表 13-1 所示:

表 13-1 租赁的特点

特点	含义
所有权与使用权相分离	资金与实物相结合的基础上进行分离

续表

特点	含义
融资与融物相结合	具有信用和贸易双重性质： ① 借物还钱； ② 银行信贷和财产信贷相融合
租金分期支付	(1) 出租人：一次性投入资金，分期收回资金 (2) 承租人： ① 提前取得资产的使用价值； ② 分期支付租金，利于分期对未来的现金流出量进行规划

（四）租赁的功能

租赁的功能，如表 13-2 所示：

表 13-2　租赁的功能

功能	含义
融资与投资 （基本功能）	(1) 融资租赁：以融物方式提供融资； (2) 投资：借助融资租赁，承租人加大对设备的投资
产品促销与资产管理 （扩展功能）	(1) 产品促销：出租人将设备出租，同时也是对设备的销售和使用； (2) 资产管理功能体现在： ① 表外融资：通过经营性融资租赁； ② 提高企业收益率：售后回租达到资产转换，令固定资产变现，降低固定资产的占用； ③ 提高资产使用效率：令承租人高效使用设备，减少设备的闲置

 名师说

租赁的概念与功能属于重要考点，考生需要着重掌握融资租赁与经营租赁的区别。

 记忆小窍门

融资租赁与经营租赁，最重要的区别可从"融资"与"经营"的差异进行理解。顾名思义，"融资"租赁，最终的目标是资金融通，将与资产所有权有关的全部风险和报酬进行转移，因此避免承担"余值风险"。然而，"经营"租赁，以经营为目标，必须承担"余值风险"。

 **趣味说**

A 需要一台烘干机。有家商店正出售这种衣物烘干机，但 A 发现不够钱一次性去买那台衣物烘干机。这时 A 看到 B 很有钱，于是 A 跟 B 签融资租赁合同，让 B 买下来那台衣物烘干机，然后再租给 A。A 只需要分期给 B 租金，就可以一直使用那台衣物烘干机了。当 A 与 B 的租赁期满之后，事先有约定好的话，一般 A 只要按这个用过的衣物烘干机的残值给钱，就能得到这台衣物烘干机的所有权。如果没有约定，那这台衣物烘干机就归 B。这就是融资租赁里典型的直租业务。而在上面这个例子中，商店是出卖人，B 是出租人，A 是承租人，涉及的就是这三方的关系。

例题 13.1（2019 年真题改编，单选题）融资租赁与经营租赁的根本区别在于（　　）。
A. 融资租赁的出租人通常不承担租赁物的"余值风险"
B. 经营租赁的出租人通常不承担租赁物的"余值风险"
C. 融资租赁的直接目的是融资
D. 经营租赁的直接目的是经营
【答案】A
【名师解析】融资租赁与经营租赁的根本区别在于：融资租赁的出租人通常不承担租赁物的"余值风险"；经营租赁的出租人必须承担租赁物的"余值风险"。

二、租赁的产生与发展（★★）

（一）租赁起源及其在国外的发展

1. 近代
租赁开始于 18 世纪的工业革命。此时期的租赁业一般被称为"近代设备租赁业"，具有以下特征：
（1）主要的租赁对象：工业机器设备，租赁逐渐成为了企业常用的设备销售方式；
（2）租赁期限：通常较长；
（3）从事租赁业务的主体：设备制造商；
（4）租赁对象：主要为自己生产的设备；
（5）租赁交易：在生产厂家（出租人）和用户（承租人）之间展开。

2. 现代
现代融资租赁的成立标志为：1952 年美国租赁公司的成立。
现代融资租赁与传统租赁的本质区别是：租金的计算。
（1）传统租赁：按承租人使用租赁设备的时间计算租金。
（2）融资租赁：按承租人占用融资资金的时间计算租金。
现代融资租赁的特征包括：
（1）重要标志：融资租赁。
（2）租赁公司的出现形式：租赁信用中介机构。
（3）租赁的功能完善、经济关系广泛，现代租赁具有信用和贸易功能。

（二）我国的融资租赁发展历程及现状

我国融资租赁业的创立标志：1981 年中国东方国际租赁公司和中国租赁有限公司的成立。我国融资租赁发展历程与现状为：
（1）法律制度建设方面日益完善。
（2）政策上不断加强对融资租赁业的引导与支持。
（3）2007 年，中国银行业监督管理委员会启动商业银行设立金融租赁公司试点，金融租赁行业的发展开始具备以下特征：
① 积极发挥"融资与融物"相结合的功能，通过以下 3 个方式助推相关产业转型发展：
a. 技术升级：推动企业加快先进设备技术升级；
b. 售后回租：帮助企业盘活存量资产；

c. 经营性租赁：降低企业资产负债率。
② 整个行业：积极响应国家重大战略。
③ 创新"中国制造+金融租赁"的模式，具体路径为：国内采购设备出租到国际市场，有效增加国内装备的出口，促进国际产能的合作，推动中国制造走向世界。

三、租金管理（★★）

（一）租金的构成要素和支付方式

1. 融资租赁

融资租赁的每期租金取决于以下3个因素之和：

（1）设备原价及预计残值：设备购买价、运输费、安装调试费、保险费以及设备租赁期满后出售得到的收入。

（2）资金成本：租赁公司为承租企业购置设备垫付资金应支付的利息。

（3）租赁手续费：租赁公司承办租赁设备所发生的业务费用和必要的利润。

2. 支付方式

租金的支付方式包括：

（1）按支付间隔期的长短：年付、半年付、季付和月付等。

（2）按支付在期初和期末：先付和后付。

（3）按每次支付额的大小：等额支付和不等额支付。

在实践中，承租企业与租赁公司对租金支付方式进行商定，常常采用后付等额年金支付。

（二）租金的计算方法

租金的计算方法包括：

（1）年金法：我国融资租赁实务中大多采用等额年金法。等额年金法，是以现值理论为基础，将一项租赁资产在未来各租期内的租金按一定的利率折算成现值，使其现值总和等于租赁资产成本的租金计算方法。

（2）附加率法。

（3）成本回收法。

（4）浮动利率租金计算法。

（5）不规则租金计算法等。

（三）租金的影响因素

租金的8个影响因素，如表13-3所示：

表13-3 租金的影响因素

影响因素	具体内容
租赁期限	租期越长，租金总额会越大：租期长→承租人占用出租人资金的时间长→出租人承受的利息多

续表

影响因素	具体内容
计算方法	不同的租金计算方法会对租金总额的大小产生直接影响
利率 （影响租金总额最重要的因素）	① 固定利率：利率高→租金总额高； ② 浮动利率：基准利率与利差之和高→当期的租金高
付租间隔期	租金支付的间隔期长→承租人应付利息多→租金总额高
保证金的支付数量和方式	支付的保证金多→租金总额小
营业费用	① 经营租赁：通常由出租人承担营业费用； ② 融资租赁：承租人也需要承担营业费用
付租方式	① 期初付租：承租人占用出租人资金的时间短→租金总额少； ② 期末付租：租金相对较高
计息日和起租日	计息日和起租日的确定方法存在差异→2者之间的时间间隔不同→利息累积将存在不同→租金总额不同

除以上 8 个影响因素外，税收、支付采用的币种，以及汇率的波动也会影响租金的计算。

四、融资租赁合同（★★）

（一）融资租赁合同及其特征

根据《中华人民共和国合同法》（以下简称《合同法》）的定义，融资租赁合同是指根据承租人对出卖人、租赁物的选择，出租人向出卖人购买租赁物，提供给承租人使用，承租人支付租金的合同。

融资租赁合同主要具有以下 3 个特征：

(1) 融资租赁合同是诺成、要式合同。

(2) 融资租赁合同是双务、有偿合同。

(3) 融资租赁合同是不可单方解除的合同，即使在不可抗力情况下。

（二）融资租赁合同的主要内容

融资租赁合同的主要内容包括：

(1) 租赁部分：租赁关系的当事人、租赁标的物、租赁标的物的出卖人及其制造厂家、租赁标的物的交付与验收、出租人购买标的物的成本、租赁期限、租金及支付方式、租赁物的保险等。

(2) 买卖部分：买卖关系的当事人、租赁合同中约定的物、标的物的交付、标的物的担保责任和索赔、标的物的价款及支付方式、承租人对买卖合同的确认等。

融资租赁合同涉及的三方当事人的权利与义务，如表 13-4 所示：

表 13-4　融资租赁的当事人权利与义务

当事人	权利与义务
出租人	① 购买租赁物的义务； ② 在租期内享有租赁物的所有权； ③ 按合同规定收取租金的权利； ④ 合同期满，若承租人不续租或留购，有收回租赁资产的权利； ⑤ 根据租赁合同及时支付货款； ⑥ 保证租期内承租人对租赁物的充分使用权
承租人	① 对租赁标的物及供货方有选择权； ② 在租期内享有租赁物的使用权； ③ 租赁期满取得租赁物所有权的权利； ④ 依合同规定支付租金的义务； ⑤ 按照正常方式使用并负责租赁物的维护与保养的义务
供应商 （出卖人）	① 收取货款； ② 出卖人在买卖合同项下的义务直接及于承租人； ③ 出卖人对租赁物的质量有保证责任； ④ 租赁物不符合合同约定条件，出卖人应按约定承担责任。

（三）融资租赁合同的签订、变更和解除

1. 合同的订立

合同订立的具体步骤包括：

（1）承租人选择租赁物的出卖人（供应商），并且与出卖人协商并约定**买卖合同的条款**；

（2）承租人选择出租人（租赁公司），并且与其**签订融资租赁合同**；

（3）承租人与出租人订立委托协议，并且委托出租人按照自己确定的出卖人和商定的条件与出卖人**订立买卖合同**；

（4）出租人**以自己的名义**与出卖人订立买卖合同，并且承租人必须在买卖合同上签名盖章。

2. 合同的变更和解除

关于融资租赁合同的变更和解除，具体规定包括：

（1）合同中的双方当事人经协商一致，**可以变更或解除合同**，但不得因此损害国家利益和社会公共利益；

（2）双方当事人协商变更合同，应征得**担保人的同意或事先通知担保人**。如果担保人表示不同意，若融资租赁合同双方仍然协商变更合同，则可免除担保人的担保责任；

（3）未经**出租人同意**，承租人擅自转租租赁物的，其转租合同无效，出租人有权解除融资租赁合同。因此造成出租人损失的，由承租人负责赔偿；

（4）变更或解除融资租赁合同，应采用**书面形式**；

（5）融资租赁合同订立后，不得因**承办人或法定代表人的变动**而变更或解除；

（6）融资租赁**合同解除**，不影响当事人因其所受损失向有过错的对方当事人要求赔偿的权利。

五、融资租赁市场及其体系（★★★）

（一）融资租赁市场的法律体系

关于融资租赁市场的法律体系的建立，重点内容包括：
（1）1996年，最高人民法院印发了《关于审理融资租赁合同纠纷案件若干问题的规定》（已失效）；
（2）1999年3月，全国人大通过的《合同法》中规定了"融资租赁合同"；
（3）2006年，财政部发布了《企业会计准则第21号——租赁》；
（4）2014年3月，中国银监会发布了《金融租赁公司管理办法》。

（二）融资租赁市场的监管体系

我国融资租赁市场的监管变化：由"多头监管"到"统一监管"。具体而言：
（1）"多头监管"：
① 金融租赁公司：由中国银行业监督管理机构审批、监管；
② 内资试点融资租赁公司：由商务部和国家税务总局共同审批、监管；
③ 外商融资租赁公司：由商务部审批、监管。
（2）"统一监管"：2018年5月8日，商务部下发《商务部办公厅关于融资租赁公司、商业保理公司和典当行管理职责调整有关事宜的通知》。从此，中国银行保险监督管理委员会负责行使制定融资租赁公司、商业保理公司、典当行业务经营和监管规则的职责。

（三）融资租赁市场的运行体系

1. 融资租赁市场的供给主体

我国融资租赁市场的供给主体为：融资租赁公司。

根据股东背景和运营主体的不同，可分为：银行系金融租赁公司、厂商系融资租赁公司以及第三方融资租赁公司。具体服务对象和优劣势，如表13-5所示：

表13-5 融资租赁市场的供给主体

主体	服务对象	优势	劣势
银行系金融租赁公司	特大型企业和项目	① 雄厚的资金实力； ② 低廉的融资成本； ③ 丰富的客户资源； ④ 大量企业信用信息	① 受监管制约较多； ② 灵活性少
厂商系融资租赁公司	母公司的特定销售对象	① 设备制造和维修的专业能力较高； ② 市场营销网络完善； ③ 客户群体广泛； ④ 对客户经营的能力更加了解	融资成本较高

续表

主体	服务对象	优势	劣势
第三方融资租赁公司	中小企业	① 监管约束少； ② 灵活性很高； ③ 创新能力强	① 融资成本较高； ② 关于企业信用的信息较少

2. 融资租赁市场的资金运用

融资租赁市场的重要资金运用者包括：

（1）政府部门：由政府主导的基础设施建设的重要融资渠道。

（2）工商企业。以下行业具有较高的融资租赁业务渗透率，即年租赁交易额占固定资产投资总额的比率较高：

① 航空；

② 船舶；

③ 工程机械；

④ 医疗设备。

> 融资租赁市场的监管属于重要考点，考生需要着重掌握监管主体：中国银行保险监督管理委员会。

例题 13.2（2018 年真题改编，单选题） 在我国，主要负责金融租赁公司审批和监管的部门是（　　）。

A. 证监会　　　　B. 人民银行　　　　C. 商务部　　　　D. 银保监会

【答案】D

【名师解析】中国银行保险监督管理委员会负责金融租赁公司的审批和监管。

任务 14 金融租赁

任务概述

本任务涉及"第六章 信托与租赁"中"第四节 金融租赁公司的经营与管理"。

此任务在中级经济师考试中约考查 2~3 分,分值占比约为 2%~3%。考试题型同时涉及单选题和多选题。

本任务整体难度适中,其中,重要考点为:金融租赁公司与融资租赁公司的区别、金融租赁公司的业务运营、金融租赁公司的风险与监管。

任务框架图

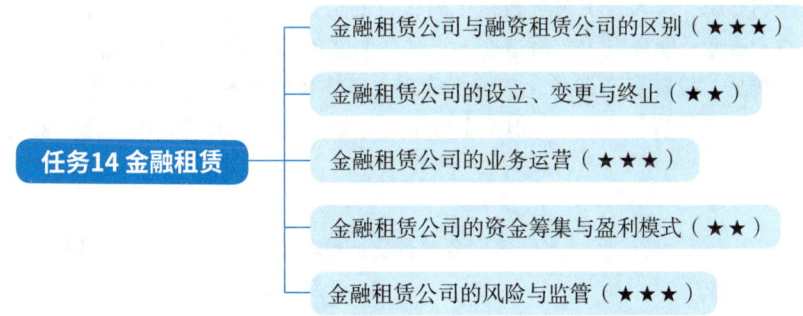

一、金融租赁公司与融资租赁公司的区别(★★★)

金融租赁公司与融资租赁公司的区别,如表 14-1 所示:

表 14-1 金融租赁公司与融资租赁公司的区别

区别	金融租赁公司	融资租赁公司
行业划分不同	非银行金融机构	非金融机构企业
业务内容不同	① 发行金融债券融资; ② 吸收非银行股东 3 个月(含)以上的定期存款; ③ 可进入同业拆借市场	① 只能从股东方借款; ② 不能吸收股东的存款; ③ 不可进入银行间同业拆借市场
租赁标的物范围不同	① 租赁物是固定资产; ② 面临监管中的窗口指导,应调整固定资产的经营范围	融资租赁业务的载体是具有以下特征的租赁物: ① 权属清晰; ② 真实存在; ③ 能够产生收益权

续表

区别	金融租赁公司	融资租赁公司
风险管理指标不同	金融机构的资本充足率：资本净额与风险加权资产的比例<u>不可低于银监会的最低监管要求</u>	风险资产不得超过净资产总额的 10 倍

> 金融租赁公司与融资租赁公司的区别属于重要考点，考生可利用表 14-1 从行业划分、业务内容、租赁标的物、风险管理 4 个方面进行对比掌握。

> 据 2019 年初中国银行业协会金融租赁专业委员会发布的数据显示，在所有金融租赁公司中，由银行控股或参股设立的银行系金融租赁公司达到 46 家，占比约 70%。其中，工银金融租赁总资产及净利润规模最大。工银金租是工商银行的全资子公司，实收资本 180 亿元人民币。主要经营航空、航运及能源电力、轨道交通、装备制造等重点领域大型设备的金融租赁业务，从事租赁资产交易、投资资产证券化、资产管理、经济咨询等多项金融与产业服务。2018 年 3 月 28 日，工银租赁全资子公司工银航空金融租赁有限公司在香港正式设立，主要负责航空租赁业务。

例题 14.1（2019 年真题改编，多选题）金融租赁公司与融资租赁公司的区别包括（　　）。

A. 行业划分不同　　　　　　　　B. 业务内容不同
C. 租赁标的物范围不同　　　　　D. 租赁业务的本质不同
E. 风险管理指标不同

【答案】ABCE

【名师解析】金融租赁公司与融资租赁公司的区别包括：行业划分不同；业务内容不同；租赁标的物范围不同；风险管理指标不同。

二、金融租赁公司的设立、变更与终止（★★）

（一）金融租赁公司的设立形式、条件和程序

1. 设立形式

金融租赁公司是指经银监会批准，以经营融资租赁业务为主的非银行金融机构。在公司名称中，此类公司应当标明"金融租赁"的字样。

2. 设立条件

在我国，金融租赁公司申请设立应具备的条件包括：

（1）公司章程符合《公司法》和银监会规定；
（2）发起人符合规定条件；
（3）注册资本应为一次性实缴货币资本，最低限额为 <u>1 亿元人民币</u>或等值的可自由兑换货币；

（4）具备符合任职资格条件的董事、高级管理人员，且拥有金融或融资租赁工作经历 3 年以上的从业人员不可低于总人数的 50%；

（5）存在有效的公司治理、内部控制和风险管理体系；

（6）存在与业务经营和监管要求相适应的信息科技架构，并具有支撑业务经营的必要、安全且合规的信息系统，且具备保障业务持续运营的技术与措施；

（7）营业场所与业务经营相适应、具备安全防范措施和其他设施等。

3. 公司发起人

（1）中国境内外注册的、具备独立法人资格的商业银行；

（2）中国境内注册的大型企业，其主营业务是制造适合融资租赁交易的产品；

（3）中国境外注册的融资租赁公司；

（5）银监会认可的其他发起人。

4. 业务区域

金融租赁公司可依照相关法律法规在以下区域为从事特定领域融资租赁业务而设立**专业化租赁子公司**：

（1）中国境内自由贸易区；

（2）保税地区及境外。

5. 设立阶段

金融租赁公司的设立需经过以下 2 个阶段：

（1）筹建；

（2）开业。

（二）金融租赁公司的变更与终止

1. 变更

金融租赁公司对公司名称、组织形式、注册资本、业务范围、股权结构的调整、公司住所或营业场所等的变更必须报经银监会或其派出机构批准。

2. 终止

金融公司终止主要分为：解散和破产 2 种情况。

（1）金融租赁公司解散的原因：

① 公司章程规定的营业期限届满或其他解散原因；

② 股东决定或股东会决议解散；

③ 公司合并或分立需要解散；

④ 依法被吊销营业执照、责令关闭或被撤销。

（2）金融租赁公司申请破产的原因：

① 无法支付到期债务，自愿或债权人要求申请破产；

② 解散或被撤销而清算，但财产不足以清偿债务，应当申请破产。

三、金融租赁公司的业务运营（★★★）

（一）业务范围

我国金融租赁公司可申请的业务范围包括：
（1）经营融资租赁业务；
（2）转让和受让融资租赁资产；
（3）固定收益类证券投资业务；
（4）接受承租人的租赁保证金；
（5）吸收非银行股东3个月（含）以上定期存款；
（6）同业拆借；
（7）向金融机构借款；
（8）境外借款；
（9）租赁物变卖及处理业务；
（10）经济咨询。

（二）业务种类

1. 公司自担风险的融资租赁业务

公司自担风险的融资租赁业务主要分为：

（1）融资租赁业务（直接租赁）。

直接租赁是指以收取租金为目标，按用户企业确认的具体要求，向该用户企业指定的出卖人购买固定资产，并出租给该用户企业使用的业务。直接租赁可进一步分为：直接购买式和委托购买式。

（2）转租式融资租赁业务（转租赁）：

转租赁是指将同一固定资产作为租赁物、多层次的融资租赁业务。在交易中，上一层次的融资租赁合同的承租人也扮演着下一层次的融资租赁合同的出租人，即在整个交易中称转租人。转租赁可进一步分为：直接购买和委托购买。

（3）售后回租式融资租赁业务（回租）：

回租是指出卖人和承租人是同一人的融资租赁。在交易中，金融租赁公司同时扮演买受人和出卖人，与用户企业订立以用户企业的自有固定资产为标的物的买卖合同或所有权转让协议。同时，金融租赁公司又以出租人的身份，与作为承租人的该用户企业订立融资租赁合同。

2. 公司同其他机构分担风险的融资租赁业务

公司同其他机构分担风险的融资租赁业务主要分为：

（1）联合租赁。

联合租赁是指多个有融资租赁资质的金融租赁公司对同一个融资租赁项目提供租赁融资，而其中一个租赁公司是牵头人。在租赁融资过程中，买卖合同和融资租赁合同均由牵头人出面订立，而各家租赁公司则按照所提供的租赁融资额的比例来承担该融资租赁项目的风险并享受该融资租赁项目的收益。

（2）杠杆租赁。

杠杆租赁是指融资租赁项目中大部分租赁融资来自其他金融机构（银团贷款的形式）。但是，这些金融机构对承办该融资租赁项目的租赁公司并没有追索权。这些金融机构最终按照其提供资金在该项目总租赁融资额中所占比例享有回收租金中所含的租赁收益。

3. 公司不担风险的融资租赁业务

公司不担风险的融资租赁业务主要是委托租赁。此类业务中，租赁物或用于购买租赁物的资金是由一个或多个法人机构所提供的信托财产。租赁公司作为受托人，与担任委托人的法人机构，订立由后者将自有财产作为信托财产委托给租赁公司，最终以融资租赁方式运用和处分的信托合同。该融资租赁项目的风险和收益全部归属于委托人，而租赁公司则根据该信托合同的约定获得由委托人支付的报酬。

> **名师说**
>
> 金融租赁公司的业务种类属于重要考点，考生需要掌握每一类业务中所包含的具体租赁类型及其含义。

> **记忆小窍门**
>
> 关于金融租赁公司的业务类型，可总结为：
> (1) 自担风险类：直租、转租、回租。
> (2) 共担风险类：联合租赁、杠杆租赁。
> (3) 不担风险类：委托租赁。

四、金融租赁公司的资金筹集与盈利模式（★★）

（一）金融租赁公司的资金筹集

金融租赁公司可以通过以下途径筹集资金：
(1) 自有资金；
(2) 银行信贷；
(3) 委托租赁资金；
(4) 信托资金；
(5) 发行债券；
(6) 上市；
(7) 发行金融债券；
(8) 吸收非银行股东 3 个月（含）以上的定期存款；
(9) 银行间同业拆借：融资成本较低，但拆入资金余额不得高于公司的资本净额。

最终，相较于其他融资租赁企业，金融租赁公司的融资成本较低。

（二）金融租赁公司的盈利模式

金融租赁公司的盈利模式，如表 14-2 所示：

表 14-2 金融租赁公司的盈利模式

盈利模式	含义
债权收益 （最主要）	（1）租金收益与资金成本之间利差收益。 （2）利差和租金收益与风险相关，控制风险方法： ① 对中小企业：提高利率或租赁费率； ② 对低风险的优质客户：适当降低利率
余值收益	（1）设备回收再出售或再次租赁获得的价差收入。 （2）获得余值收益：客户提前终止合同选择购买设备或金融租赁公司按照市场价格转卖或者再次租赁设备时，租赁公司获得的高于账面价值的交易价格。 （3）承担余值风险：限于少数市场透明度较高的大型通用设备，如飞机和铁路设备
服务收益	出租人为承租人提供租赁服务时收取的服务费，具体包括： （1）租赁手续费：出租人给承租人的报价中常有的一种费用，其大小取决于： ① 租赁业务的金额； ② 风险大小； ③ 期限长短； ④ 交易结构； ⑤ 出租人的风险偏好。 （2）财务咨询费：大型项目或设备融资中，金融租赁公司为客户提供全面的融资解决方案而收取的费用。 （3）贸易佣金：金融租赁公司可收取贸易环节中的各类型的佣金，如销售佣金和规模采购折扣
运营收益	（1）金融租赁公司通过统筹资金、运用财务杠杆、金融产品组合和规模经营等方式获得的收益。 （2）多种营运资金来源： ① 自有资金：获取高于同期贷款利率的收益率； ② 同时运用自有资金和银行借款——财务杠杆效应：自有资金获得略高于同期贷款的租息收益，借款部分获得息差收益。 （3）加强与其他金融机构合作，在资金筹措和风险管理方面创新不同的产品组合，最终得到合理收益

例题 14.2（2019 年真题改编，单选题）服务收益不包括承租人提供租赁服务收取的（　　）费用。

A. 财务咨询费　　　　　　　　　　B. 销售佣金
C. 利差收入　　　　　　　　　　　D. 规模采购折扣

【答案】C

【名师解析】利差收入属于金融租赁公司的债权收益。

五、金融租赁公司的风险与监管（★★★）

（一）风险管理

金融租赁公司面临的风险包括：信用风险、操作风险、市场风险、流动性风险、政策风险和技术风险等。其中最主要风险类型，如表 14-3 所示：

表 14-3　金融租赁公司面临的信用、操作、市场风险

风险类型	含义	防范措施
信用风险	一方不履行义务的可能性；交易对手违约而带来损失的风险	加强风险管理控制： ① 要求对手维持足够的抵押品； ② 支付保证金； ③ 规定净额结算条款
操作风险	交易或管理系统的操作不当导致损失的风险——内部失控： (1) 超过风险限额而未经察觉； (2) 越权交易； (3) 交易或后台部门的欺诈： ① 账簿和交易记录不完整； ② 缺乏基本内部会计控制	正确的管理程序： ① 账簿和交易记录完整； ② 基本的内部控制； ③ 风险管理和内部审计部门独立； ④ 人事限制和风险管理及控制政策清晰
市场风险	利率风险——资产负债双方利率变动不同步造成的风险： ① 资产方的利率定价：与中央银行确定的贷款基准利率挂钩； ② 负债方利率定价：由上海银行间同业拆放利率（Shibor）加点确定	(1) 加强经济判断： ① 宏观经济形势； ② 货币政策走向； ③ 利率汇率变化。 (2) 认真研究和应对： 利率、汇率市场化改革对风险管理的影响
	汇率风险：外币业务中，汇率波动带来的风险	

（二）监管要求

金融租赁公司的监管要求包括：

(1) 资本充足率：资本净额与风险加权资产的比例不得低于中国银行业监督管理机构的最低监管要求；

(2) 单一客户融资集中度：对**单一承租人**的全部融资租赁业务余额不得超过资本净额的 30%。

(3) 单一集团客户融资集中度：对**单一集团**的全部融资租赁业务余额不得超过资本净额的 50%。

(4) 单一客户关联度：对**一个关联方**的全部融资租赁业务余额不得超过资本净额的 30%。

(5) 全部关联度：对**全部关联方**的全部融资租赁业务余额不得超过资本净额的 50%。

(6) 单一股东关联度：对**单一股东及其全部关联方**的融资余额不得超过该股东在金融租赁公司的出资额，且应同时满足本办法对单一客户关联度的规定。

(7) 同业拆借比例：**同业拆入资金余额**不得超过资本净额的 100%。

名师说

金融租赁公司的风险与监管属于重要考点，考生需要着重理解不同风险类型的含义、风险防范措施，以及监管中涉及的重要比率限制。

 记忆小窍门

金融租赁公司的监管要求部分,重要比率限制可总结为:
(1) 30%:单一承租人;一个关联方。
(2) 50%:单一集团;全部关联方。
(3) 100%:同业拆入资金。

例题 11.3(2018 年真题改编,单选题) 进行风险管理和风险控制时,金融租赁公司主要使用的指标是( )。

A. 资产充足率　　　　B. 资本充足率　　　　C. 风险资产倍数　　　　D. 资产折算率

【答案】B

【名师解析】金融租赁公司按照金融机构的资本充足率进行风险控制,资本净额与风险加权资产的比例不得低于中国银行业监督管理委员会的监管要求。

任务 15　金融工程

任务概述

本任务涉及"第七章　金融工程与金融风险"中"第一节　金融工程"。

此任务在中级经济师考试中约考查 4~5 分,分值占比约为 3%~5%。考试题型同时涉及单选题和多选题。

本任务整体难度适中,其中,重要考点为:金融远期、金融期货、金融互换,以及金融期权。

任务框架图

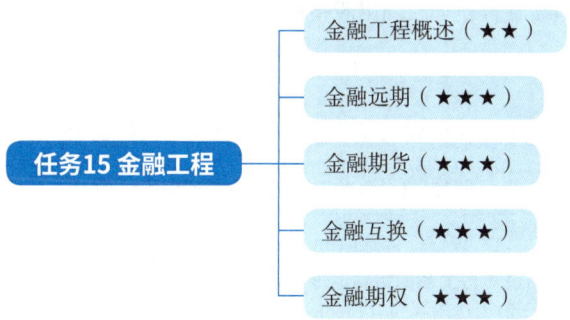

一、金融工程概述（★★）

（一）金融工程的含义

1. 狭义定义与广义定义

金融工程（狭义）是指金融风险管理所运用的技术与方法。

金融工程（广义）是指设计新型工具和金融手段；开发并实施新型工具和金融手段；创造性地解决金融问题。

2. 金融工程的内容

金融工程的内容包括：设计并创造新型的金融工具；设计并开发创新性的金融过程；提出针对企业整体金融问题的创新性解决方法。

（二）金融工程的常用概念

1. 买空

买空是指投资者借入资金买入标的资产。预测标的资产价格上升；执行买空操作，即借入资金以低价买入标的资产。待标的资产价格上升后，用卖出标的资产的资金进行平仓，最终实现盈利。

预测与实际结果相反：标的资产价格下降，则买空者会遭受亏损。

2. 卖空

卖空是指投资者借入标的资产卖出。预测标的资产价格下降：执行卖空操作，即借入标的资产的同时以现价卖出。待标的资产价格下降后，用低价买入标的资产进行平仓，最终实现盈利。预期与实际结果相反：标的资产价格上涨，则卖空者会遭受亏损。

（三）金融工程与风险管理

1. 金融工程管理风险的方式

金融工程的核心是：风险管理。具体而言，金融工程管理风险的方式主要有以下 2 种：

（1）分散风险：根据马克维茨的证券投资组合理论，运用数学模型建立相关性较低的资产组合，从而降低非系统性风险（个体风险）。通过分散化投资，投资者可以将总风险中的个体风险分散掉，但分散化投资不能消除总风险中的系统性风险。

（2）转移风险：对于无法分散的风险（系统性风险），金融工程通过设计新产品，将此类风险转移给那些愿意承担的投资者。例如，利用股指期货，投资者可将股市中的系统性风险转移到期货市场。

2. 风险管理的优势

相比于传统的风险管理手段，金融工程具有 3 个重要优势，如表 15-1 所示：

表 15-1　金融工程在风险管理中的优势

优势	含义
准确性和时效性高	通过对衍生品的精确定价和交易匹配，可抵销一部分非系统性风险： ① 信用违约互换（Credit Default Swap，CDS）可直接抵消掉公司债券的违约损失； ② 解决时滞问题：成熟的衍生品市场流动性强，可快速对市场价格的变化做出反应
成本低	① 风险管理成本低：衍生品交易多伴随杠杆，即付出少量资金就可控制大额交易； ② 信息成本低：场内交易的衍生品可对风险进行集中管理，且更容易寻找交易对手
灵活性	① 场内衍生品市场：买卖便利，无卖空限制； ② 场外衍生品市场：产品可以个性化定制

（四）金融工程的应用领域

金融工程的应用主体包括：金融机构、个人投资者，以及实体企业。金融工程的 5 个应用领域，如表 15-2 所示：

表 15-2　金融工程的应用领域

应用领域	含义
金融产品创新	① 货币互换：化解外汇管制导致的换汇困难。 ② 次级债：确保购并所需的资金。 ③ 期货：减少远期合约的交易成本

续表

应用领域	含义
资产定价 （核心任务）	(1) 对创新型金融产品进行估值。 (2) 探索金融产品价值变动的内部规律。 (3) 方法：① 套利定价法；② 风险中性定价法；③ 状态价格定价法
金融风险管理	① 开发风险识别方法。 ② 研究风险度量方法。 ③ 探究风险管理技术创新：套期保值
投融资策略设计	(1) 融资策略和资产管理策略。 (2) 策略规模化：发行各类金融产品。 (3) 小范围定制策略：① 组合期权策略；② 价差期权策略；③ 量化投资策略；④ 过渡性融资策略
套利	(1) 定义：借助定价模型、统计分析和数据挖掘技术，攫取市场套利机会，并利用市场短期非有效性采取套利行为，最终获得无风险利润。 (2) 套利方式：① 跨期套利；② 跨市场套利；③ 跨品种套利；④ 基差套利；⑤ 期现套利；⑥ 统计套利；⑦ 阿尔法（Alpha）套利；⑧ 高频套利

（五）金融工程的基本分析方法

金融工程的基本分析方法，如表 15-3 所示：

表 15-3　金融工程的基本分析方法

方法	含义
积木分析法	(1) 通过将金融产品以积木方式进行分解组合，解决金融问题并完成产品创新。 (2) 金融产品的构成：基础产品与衍生品
套利定价法	(1) 套利： ① 前提：金融市场允许无限制卖空； ② 过程：无需期初的投资支出，交易者获得无风险回报。 (2) 无套利定价：市场价格将会被调整，直到投资者无法通过套利获得超额利润
风险中性定价法	(1) 假设：所有投资者都是风险中性的，即对于风险：不偏好，也不厌恶。 (2) 结论： ① 所有的证券的预期收益率均等于无风险利率； ② 对于承担风险，投资者不要求额外的收益； ③ 现值：所有现金流都使用无风险利率进行贴现。
状态价格定价技术	确定证券当前的价格：本质是运用无套利分析方法

（六）金融产品定价的基本假设

金融产品定价的基本假设包括：
(1) 市场无摩擦：无交易费用、无税收；
(2) 市场参与者均可以用相等的无风险利率进行资金的借入或贷出；
(3) 无交易对手违约风险；
(4) 允许现货的卖空行为；

(5) 市场没有套利机会：计算的理论价格等于无套利均衡价格；
(6) 可以对任意数量的资产进行买卖。

二、金融远期（★★★）

（一）远期价格

1. 定义

远期价格是指令远期合约价值等于零的交割价格。远期价格的功能包括：
(1) 确定远期合约的交割价格；
(2) 计算远期合约的价值；
(3) 作为期货价格的参考。

2. 计算

通过持有成本模型，远期价格的计算包括：
(1) 无红利股票的远期价格，计算公式如下：

$$F_t = S_t e^{r(T-t)} \tag{15.1}$$

式（15.1）中，F_t 代表远期价格；S_t 代表股票当前的价格；r 代表无风险连续复利；T 代表到期时间。

假设一支无红利股票的当前股价是 50 元，无风险连续复利是 0.02，则该股票 1 年期的远期价格是：$F_t = S_t e^{r(T-t)} = 50 e^{0.02} \approx 51.01$（元）。

(2) 有现金收益资产的远期价格，计算公式如下：

$$F_t = (S_t - I_t) e^{r(T-t)} \tag{15.2}$$

式（15.2）中，I_t 代表在 $[t, T]$ 时间段内资产现金收益的现值，例如债券的票息的折现、股票的现金红利的折现。

(3) 有红利率资产的远期价格，计算公式如下：

$$F_t = S_t e^{(r-q)(T-t)} \tag{15.3}$$

式（15.3）中，q 代表标的资产的红利率，例如外汇远期中外币的存款利率、股票的股票红利率、股指的红利率等。值得注意的是，计算出的外汇远期价格被称为远期汇率。

（二）金融远期的价值

金融远期合约的价值即买卖双方在交易远期合约时买方应该向卖方支付的现金，即产品本身的价值。

远期合约签订时的价值等于零：买卖双方不需要交换任何现金流。

金融远期合约签约后的价值不为 0，在任意时点 t 的价值计算公式如下：

$$f_t = (F_t - K) e^{-r(T-t)} \tag{15.4}$$

式（15.4）中，f_t 代表远期合约在 t 时点的价值；F_t 代表标的资产在 $[t, T]$ 时间段的远期价格；K 代表远期合约的交割价格；T 代表远期合约的到期日。

结合式 (15.1) 和式 (15.4), 可得到以下规律:
(1) 标的资产价格上升, 远期价格上升, 远期合约价值上升;
(2) 标的资产价格下降, 远期价格下降, 远期合约价值下降, 甚至可能变为负值。

(三) 远期利率协议的交割与估值

1. 交割

远期利率协议 (FRA) 是指买卖双方同意从未来某时刻开始, 在接下来的一段时期内根据协议利率借贷几笔数额确定且以具体货币表示的名义本金的协议。

远期利率协议的买方 (名义借款人): 对冲利率上升风险。

远期利率协议的卖方 (名义贷款人): 对冲利率下跌风险。

FRA 中涉及 3 个时间点, 分别是:
(1) 协议生效日;
(2) 名义贷款起息日, 即交割日 (T_1);
(3) 名义贷款到期日, 即到期日 (T_2)。

远期利率协议通常用 "交割日×到期日" 表示, 例如 "3×10 的远期利率协议" 代表距离交割日为 3 个月, 距离到期日为 10 个月, 因此名义贷款的期限为 7 个月, 如图 15-1 所示:

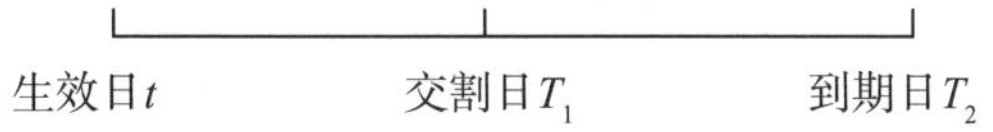

生效日 t 交割日 T_1 到期日 T_2

图 15-1 远期利率协议 (FRA) 的期限

(4) 交割金额的计算。

FRA 的交割日位于名义贷款的期初, 因此交割额的计算应将利息差进行贴现得到。站在 FRA 买方的角度, FRA 交割额的计算公式如下:

$$\text{交割额} = \frac{(\text{参考利率} - \text{协议利率}) \times \text{协议本金数额} \times \frac{\text{协议期限天数}}{\text{年基准天数}}}{1 + \left(\text{参考利率} \times \frac{\text{协议期限天数}}{\text{年基准天数}}\right)} \quad (15.5)$$

式 (15.5) 中, 年基准天数: 美元通常为 360 天, 英镑通常为 365 天。参考利率: 通常是广泛认可的市场利率, 如 LIBOR (美国) 和 SHIBOR (我国)。

根据式 (15.5), 交割额与参考利率的关系如下:
(1) 参考利率>协议利率: 交割额大于 0, 即卖方向买方支付交割额;
(2) 参考利率<协议利率: 交割额小于 0, 即买方向卖方支付交割额。

2. 估值

与其他远期合约相同, 远期利率协议在签订时的价值为 0。因此, 协议利率与远期利率 (i_F) 相等。具体计算公式如下:

$$i_F = \frac{i_L D_L - i_S D_S}{D_F \left(1 + \frac{i_S D_S}{\text{Basis}}\right)} \quad (15.6)$$

式 (15.6) 中, Basis 代表年基准天数; i_L 代表 D_L 期的即期利率; i_S 代表 D_S 期的即期利率; $D_L =$

T_2-t; $D_S=T_1-t$; $D_F=T_1-T_2$。

(四) 金融远期的套期保值

远期合约具有场外进行交易，合约不规范，流动性较差的特点。因此，远期合约往往用于套期保值中的静态套期保值。具体而言，投资者在期初签订远期合约，通过到期交割的方式达成套期保值，最终将套期保值期间内的价格波动风险完全消除。

根据买卖方向，套期保值可分为2类，如表15-1所示：

表15-1 套期保值的类型

类型	含义
多头（买入）套期保值	买入远期合约进行套期保值
空头（卖出）套期保值	卖出远期合约进行套期保值

1. 基于远期利率协议的套期保值

投资者可利用远期利率协议进行套期保值，具体方法如表15-2所示：

表15-2 利用远期利率协议的套期保值

情况	操作与功能	适用范围
利率上升可能造成损失	购买远期利率协议进行套期保值：锁定未来的借款利率	① 公司：计划未来融资的公司； ② 个人：计划未来出售债券
利率下降可能造成损失	卖出远期利率协议进行套期保值：锁定未来的投资收益	① 公司：计划未来进行投资； ② 金融机构：计划未来发行短期贷款

2. 基于远期外汇合约的套期保值

投资者可利用远期外汇合约进行套期保值，具体类型如表15-3所示：

表15-3 利用远期外汇合约的套期保值

类型	含义	适用范围
多头套期保值	买入远期外汇合约，避免汇率上升风险	未来将支出外汇的机构和个人： ① 进口商品； ② 出国旅游； ③ 到期偿还外债； ④ 计划进行外汇投资
空头套期保值	卖出远期外汇合约，避免汇率下降风险	未来将收到外汇的机构和个人： ① 出口商品； ② 提供劳务； ③ 现有的对外投资； ④ 到期收回贷款
交叉套期保值	利用第3种货币进行交叉套期保值	2种货币之间不存在适合的远期合约

例题15.1（2018年真题改编，单选题）某投资者欲买入一份6×9的远期利率协议，该协议表示的是（　　）。

A. 6个月之后开始的期限为9个月贷款的远期利率

B. 自生效日开始的以6个月后利率为交割额的9个月贷款的远期利率

C. 6个月之后开始的期限为3个月贷款的远期利率
D. 自生效日开始的以6个月后利率为交割额的6个月贷款的远期利率

【答案】C

【名师解析】远期利率协议是指买卖双方同意从未来某一时刻开始在后续的一定时期内按协议利率借贷一笔数额确定、以具体货币表示的名义本金的协议。远期利率协议的表示通常是交割日×到期日，6×9的远期利率协议表示6个月之后开始的期限为3个月（9-6）贷款的远期利率。

三、金融期货（★★★）

（一）金融期货的价格

金融期货主要包括：股指期货；货币期货；利率期货。

期货具有场内进行、标准化交易、每日盯市结算、每日结清浮动盈亏的特点。这些特点共同决定了：期货在任何时间点的理论价值均为零，即期货的报价相当于远期合约的协议价格。在理论上，期货的报价等于标的资产的远期价格。然而，根据交易制度的规定，理论报价需要在远期价格的基础上进行必要调整。

（二）金融期货的套期保值

1. 完全套期保值

与远期合约类似，若投资者希望套保的现货资产在种类和规模上与期货的标的资产种类和规模相匹配，则可进行完全套期保值。

实践中，套期保值的影响因素包括：

① 资产不匹配：需要避险的资产与期货标的资产不同。

② 未来交易时间不确定：套期保值者无法确定未来出售或购入资产的时间，因而无法找到时间完全匹配的期货。

③ 期限不匹配：需要避险的期限与避险工具的期限不相等。

2. 基差风险与套期保值工具的选择

（1）基差的含义。

基差是指待保值资产的现货价格与用于保值的期货价格之间的差异。计算公式如下：

$$\text{基差(basis)} = \text{待保值资产的现货价格} - \text{用于保值的期货价格} \tag{15.7}$$

若待保值资产与期货标的资产相同，则在期货到期日时，期货价格将收敛于现货价格，即基差会趋于0。然而，在到期日之前，基差取值可能大于0，也可能小于0。

（2）基差风险。

基差风险是指基差变动的风险。

即使期货到期，基差也有可能不会收敛于0，最终会降低套期保值的效果。

（3）降低基差风险的方法。

投资者可借助合适的期货合约降低基差风险，包括：

① 选择合适的期货标的资产：待保值资产与期货标的资产的相关性高。

② 选择合适的期货合约交割月份：尽量选择与套期保值到期日相一致的交割月份。若无法确定

套期保值的到期日，则应选择交割月份靠后的期货合约。

3. 最优套期保值比率的确定

(1) 套期保值比率的含义与计算。

套期保值比率是指期货合约的头寸规模与套期保值资产规模之间的比率。套期保值比率的计算公式如下：

$$套期保值比率(h) = N\frac{Q_F}{N_S} \tag{15.8}$$

式（15.8）中，Q_F 代表一份期货合约的价格；N 代表期货的份数；N_S 代表待保值资产的价值。

注意：

① 如果套期保值资产价格与标的资产的期货价格相关系数等于 1，为了达到套期保值后的风险最小，套期保值比率应等于 1。

② 如果套期保值资产价格与标的资产的期货价格相关系数不等于 1，则套期保值比率就可能不等于 1。

(2) 最优套期保值比率的理解。

1 单位现货空头用 N 单位期货多头进行套期保值：投资者的整个套期保值组合的价值变动（ΔH）表示为：

$$\Delta H = N\Delta Q_F - \Delta N_S \tag{15.9}$$

式（15.9）中：

① 对于现货：价格即价值，现货价格的变动（ΔN_S）等于现货头寸价值的变动。

② 对于期货：虽然价格不等于价值，但 1 单位期货价格的变动（ΔQ_F）也反映了 1 单位期货头寸价值的变动。

最优套期保值比率是指令套期保值组合的价值变动对被套期保值的资产价值的变化敏感度为 0 的套期保值比率。换而言之，最优套期保值比率将现货资产价值变动带来风险完全消除，即：

$$\frac{\partial(\Delta H)}{\partial(\Delta N_S)} = 0 \tag{15.10}$$

对于多头套期保值或空头套期保值，均存在：

$$N = \frac{\partial(\Delta N_S)}{\partial(\Delta Q_F)} \tag{15.11}$$

由式（15.11）可知：

最优套期保值比率的本质含义：到期时，期货价格每变动 1 单位，被套期保值的现货价格变动的量等于最优套期保值比率确定的期货份数。

同时意味着：为了达到最佳风险消除效果，1 单位的现货需要 N 单位的期货头寸对其进行套期保值。

(3) 货币期货的最优套期保值比率。

面临外币汇率上升带来的损失：投资者应买入外币期货；

面临外币汇率下跌带来的损失：投资者应卖出外币期货。

为了达到整个套期保值组合收益的波动最小化，货币期货的最优套期保值比率为：

$$h = \rho \frac{\sigma_S}{\sigma_F} \tag{15.12}$$

式（15.12）中，σ_S 代表 ΔS 的标准差；σ_F 代表 ΔF 的标准差；S 代表套期保值期内即期汇率的变化；F 代表套期保值期内外汇期货价格的变化；ρ 代表 ΔS 和 ΔF 之间的相关系数；当 ΔS 和 ΔF 完全相关：$h=1$；ΔS 和 ΔF 不完全相关：$h \neq 1$。

为了达到整个套期保值组合收益的波动最小化，期货的最佳数量为：

$$N = \rho \frac{\sigma_S N_S}{\sigma_F Q_F} \tag{15.13}$$

（4）股指期货最佳套期保值数量。

若利用股票指数期货为股票组合进行套期保值，会存在一个重要现象：股票组合中股票的数量和权重与股票指数不同。由于股票组合没有单位价格，因此很少使用套期保值比率，更多直接使用所需的期货量。实际上，最佳套期比率和 CAPM 模型中的 β 值有关，而最佳套期保值需要的期货数量为：

$$N = \beta \frac{V_S}{V_F} \tag{15.14}$$

式（15.14）中，V_S 代表股票组合的价值；V_F 代表单位股指期货合约的价值；β 代表该股票组合收益与期货标的股指收益之间的关系。

（5）利率期货与久期套期保值。

① 利率期货的套期保值方向。

利率期货套期保值方向与远期利率协议套期保值方向完全相反。原因在于，利率期货的标的是债券或者短期存款，而利率变动与债券价格或短期存款的价格变动的方向完全相反：利率上升，二者的价格下跌；利率下跌，二者的价格上升。

a. 为规避利率上升造成的损失，投资者需要卖出利率期货：利率上升，利率期货价格下跌，利率期货空头获益，用以弥补利率上升带来的损失。

b. 为规避利率下降造成的损失时，投资者要买入利率期货：利率下降，利率期货价格上升，利率期货多头获益，用以弥补利率下降带来的损失。

② 利率期货的套期保值比率。

债券价格的变动程度依赖于该债券的久期，而利率期货价格的变动程度也依赖于利率期货标的债券的久期。因此，套期保值比率可根据保值债券与标的债券的久期来进行计算。最终，为了对冲收益率变动对保值债券价值的影响，投资者所需期货合约数量（N）计算公式如下：

$$N = \frac{SD_S}{FD_F} \tag{15.15}$$

式（15.15）中，S 代表需进行套期保值资产的价格；D_S 代表需进行套期保值资产的久期；F 代表利率期货的价格；D_F 代表期货合约标的债券的久期。

4. 滚动套期保值

滚动的套期保值策略是指投资者建立一个期货头寸，在这个期货合约到期前将其平仓，同时再建立另一个到期日较晚的期货头寸直至套期保值期限届满。采取滚动套期保值策略的原因是：期货合约的有效期通常小于 1 年，而套期保值的期限却往往高于 1 年。值得注意的是，由于投资者需经过几次平仓才能实现最终的套期保值目的，因此不得不面临多个基差风险。

(三) 金融期货的套利

利用基差的变动规律,金融期货的套利方式,如表 15-4 所示:

表 15-4 金融期货的套利

类型	含义	适用性
期现套利	(1) 利用期货价格与标的资产现货价格的差异进行套利。 (2) 操作方式: ① 现货市场买入(卖出)现货; ② 按同一标的资产,以同样的规模在期货市场上卖出(买入)该资产的某种期货合约; ③ 未来一段时间后进行平仓	(1) 适用情况: ① $F_t > S_t e^{(r-q)(T-t)}$:购买成分股票,卖出指数期货,获得无风险套利利润; ② $F_t < S_t e^{(r-q)(T-t)}$:卖空成分股票,买入指数期货,获得无风险套利利润。 (2) 适用市场: ① 利率期货市场; ② 股指期货市场
跨期套利	(1) 相同期货品种、不同期限的期货间进行。 (2) 操作方法: ① 买入(卖出)某一较短期限的金融期货; ② 同时卖出(买入)另一相同标的资产的较长期限的金融期货; ③ 在较短期限的金融期货合约到期时或到期前同时将 2 个期货对冲平仓	(1) 运用范围广: ① 在同一市场进行; ② 期货市场没有卖空限制。 (2) 依赖的指标是基差:基于相同标的资产、不同期限的期货合约报价产生的基差差异超出正常范围,则可借助跨期套利获取无风险利润
跨市场套利	在不同交易所的相同期货合约之间进行的套利交易	多用于货币期货

金融期货的理论价格、最优套期保值比率和所需合约数量、金融期货套利(表 15-4)均属于重要考点。考生需要将概念与计算相结合,同时进行定性和定量的掌握。

例题 15.2(2019 年真题改编,单选题) A 公司打算运用 3 个月期的 S&P500 股价指数期货为价值 300 万美元的股票组合套期保值。已知该股票组合的 β 值为 1.5,单位期货合约的价值是 10 万美元。请问该公司应卖出的期货合约数量是(   )。

A. 15   B. 20   C. 35   D. 45

【答案】D

【名师解析】根据股指期货最佳套期保值数量的计算公式,该公司应卖出的期货合约的数量为:
$N = \beta \dfrac{V_s}{V_F} = 1.5 \times \dfrac{300}{10} = 45$(份)。

四、金融互换(★★★)

(一) 利率互换的定价

利率互换(interest rate swap)是指买卖双方同意在未来的一定期限内根据相同币种、同样的名义本金交换现金流。其中,一方现金流根据浮动利率计算,另一方的现金流根据固定利率计算。值得注意的是，利率互换的交易双方只交换利息差，不交换本金。

普通利率互换可以通过以下 2 个方式进行复制：

（1）由一组远期利率协议复制；

（2）由固定利率债券和浮动利率债券的组合复制：利率互换的价值等于债券组合的价值。利率互换的买方：支付固定利率，获得浮动利率。

因此，利率互换买方的收益等于：发行一个固定利率的债券，同时购买一个浮动利率的债券。具体价值计算公式如下：

$$V_{互换} = V_{fl} - V_{fix} \tag{15.16}$$

$$V_{fix} = \sum_{i=1}^{n} k e^{-r_i t_i} + L e^{-r_n t_n} \tag{15.17}$$

$$V_{fl} = (L + k^*) e^{-r_1 t_1} \tag{15.18}$$

式（15.16）（15.17）（15.18）中，V_{fix} 代表固定利率债券的价值；V_{fl} 代表浮动利率债券的价值；t_i 代表距第 i 次现金流交换的时间（$1 \leq i \leq n$）；L 代表利率互换合约中的名义本金；r_i 代表到期日是 t_i 的零息债券利率；k 代表固定票息额；k^* 代表下一支付日应付的浮动票息额。

（二）货币互换的定价

货币互换（currency swap）是指买卖双方将一种货币的本金和固定利息与另一货币的等价本金和固定利息进行交换。

对于货币互换的买方：

（1）在合约期初：获得外币，并将等值的本币借给卖方；

（2）在合约期限内：买方支付外币利息，获取本币利息；

（3）合约到期时：买方向卖方偿还外币本金，同时获得本币的本金。

该过程可看作：买方发行了一份外币债券，同时购买了一份本币债券。因此，站在买方（收入本币，支付外币）角度，货币互换定价的计算公式如下：

$$V_{互换} = B_D - S_0 B_F \tag{15.19}$$

式（15.19）中，B_F 代表用外币表示的、从互换中分解出来的外币债券的价值；B_D 代表从互换中分解出来的、本币债券的价值；S_0 代表即期汇率。

（三）金融互换的套利

金融互换的套利运用比较优势理论。

比较优势理论的前提条件：

（1）2 个国均可生产 2 种产品；

（2）一国：这 2 种产品的生产上都处在有利地位；

（3）另一国：这 2 种产品的生产上都处在不利地位。

比较优势理论的结论：

（1）前者应专门生产优势较大的产品；

（2）后者应专门生产劣势较小，即具有比较优势的产品；

（3）最终，二者通过专业化分工和国际贸易，均能从生产中获益。

比较优势理论在金融领域最生动的运用是互换。根据比较优势理论，若满足以下 2 个条件，则可通过互换进行套利：

（1）双方对于对方的资产（或负债）都有需求；

（2）双方在 2 种资产（或负债）上存在比较优势。

1. 利率互换的套利

假设 A、B 公司都想借入 5 年期的 100 万美元借款，A 公司想借入与 3 个月期相关的浮动利率借款，B 公司想借入固定利率借款。但两家公司信用等级不同，故市场向它们提供的利率也不同，如表 15-5 所示。

表 15-5 市场提供给 A、B 两家公司的借款利率

公司	固定利率	浮动利率
A	6.3%	3 个月期 Libor+0.4%
B	7.5%	3 个月期 Libor+1%

经过分析 A 公司在固定利率借款上有比较优势，因为 A 公司在固定利率市场上比 B 公司的融资成本低 1.2%，而在浮动利率市场上比 B 公司的融资成本低 0.6%，因此 A 公司在固定利率市场上比在浮动利率市场上相对于 B 公司的融资成本优势更大，这里存在 0.6%（1.2%～0.6%）的套利利润。A 公司和 B 公司可以通过如下互换分享无风险利润，降低双方的融资成本，如图 15-2 所示。

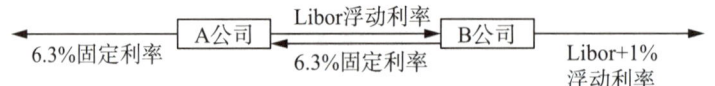

图 15-2 A、B 两公司通过利率互换套利

① A 公司作为利率互换的卖方，支付浮动利率，获得固定利率，同时在市场上借入固定利率的借款。

② B 公司作为利率互换的买方，支付固定利率，获得浮动利率，同时在市场上借入浮动利率的借款。

因此可得：

① A 的实际融资成本：Libor+6.3%-6.3%=Libor，即以浮动利率借款。相较于在市场上进行直接融资，A 公司节约成本：Libor+0.4%-Libor=0.4%。

② B 的实际融资成本：6.3%+Libor+1%-Libor=7.3%，即以固定利率借款。相较于在市场上进行直接融资，B 公司节约成本：7.5%-7.3%=0.2%。

2. 货币互换的套利

假设英镑和美元汇率为 1 英镑=1.4 美元。A 公司想借入 5 年期的 100 万英镑借款，B 公司想借入 5 年期的 140 万美元借款。市场向它们提供的固定利率，如表 15-6 所示。

表 15-6 市场向 A、B 两家公司提供的借款利率

公司	美元	英镑
A	7.5%	11.5%
B	10%	12%
A-B	-2.5%	-0.5%

经过分析 A 公司在美元借款上有比较优势，因为 A 公司在美元市场上比 B 公司的融资成本低

2.5%，而在英镑市场上比 B 公司的融资成本低 0.5%，因此 A 公司在美元市场上比在英镑市场上相对 B 公司融资成本优势更大，这里存在 2%（2.5%-0.5%）的套利利润。

A 公司和 B 公司可以通过如下货币互换分享无风险利润，降低双方的融资成本，如图 15-3 所示。

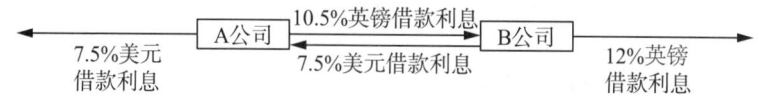

图 15-3　A、B 两家公司通过货币互换套利

① A 公司：在货币互换中，支付英镑利息，获得美元利息；同时，在市场上借入美元借款。

② B 公司：在货币互换中支付美元利息，获得英镑利息，同时，在市场上借入英镑借款。

因此可得：A 的实际融资成本：7.5%+10.5%-7.5%=10.5%。相较于在市场上进行直接融资，A 公司节约成本：11.5%-10.5%=1%。B 的实际融资成本：7.5%+12%-10.5%=9%。相较于在市场上进行直接融资，B 公司节约成本：10%-9%=1%。

（四）运用利率互换管理利率风险

运用利率互换管理利率风险的原理包括：

（1）利用利率互换管理资产或负债中利率风险，具体方式为：转换资产或者负债的利率性质。例如，通过互换，固定利率的资产（或者负债）可转换为浮动利率的资产（或者负债）。

（2）利用互换来调整债务：通常目的为令债务与利率敏感性资产相匹配，减少筹资成本或提高负债能力。

（3）利用互换来调整资产：通常目的为提高收益率。

1. 匹配资产和负债的利率风险

2005 年 2 月 10 日，国家开发银行（简称国开行）与中国光大银行进行了首笔人民币利率互换交易。该利率互换的具体包括：

（1）名义本金为 50 亿元人民币；

（2）期限为 10 年；

（3）中国光大银行支付 2.95% 的固定利率；

（4）国开行支付浮动利率——1 年期定期存款利率。

签订此互换的目的：

（1）国开行：资产和债务的期限结构不匹配，造成了利率风险敞口。通过互换，国开行填平了利率风险敞口，可以赚取稳定的利息差。

① 资产主要为：长期浮动利率贷款。

② 负债主要为：固定利率长期债券。

（2）中国光大银行：通过利率互换，中国光大银行支付固定利率就可以与固定利率贷款相匹配，填平利率风险敞口。

① 资产主要为：长期固定利率按揭贷款。

② 负债主要为：短期存款。

2. 降低负债成本或提高资产收益

借助利率环境的变化，公司通过利率互换降低负债成本。

假设某公司于2年前发行了8年期的固定利率债券，每年支付10%的利息。但由于市场利率已经大幅下跌，公司现转换成浮动利率负债。

根据当前市场报价，公司签订6年期每年以Libor交换7%利率的年度互换协议。

通过互换，公司的融资成本变为：Libor+3%（即10%-7%）的浮动利率。若Libor为4.5%，则当年支付的息票率为7.5%（即4.5%+3%），比原本的票息率（10%）减少了2.5%。

（五）运用货币互换管理汇率风险

货币互换产生的起因：外汇管制。

货币互换的应用：

(1) 利用货币互换对资产或债务组合的货币构成进行转换；
(2) 在全球各市场之间进行套利；
(3) 降低筹资者的融资成本；
(4) 提高投资者的资产收益；
(5) 促进全球金融市场的一体化。

例题15.3（2019年真题改编，单选题）假设B公司在5年前发行了8年期的浮动利率债券。当前利率上涨，公司为了避免高昂的利息，可以采用（　　）。
  A. 跨市场套利　　　B. 利率互换　　　C. 货币互换　　　D. 跨期套利

【答案】B

【名师解析】利率互换是指买卖双方同意在未来的一定期限内根据同种货币的同样的名义本金交换现金流，其中一方的现金流根据浮动利率计算，而另一方的现金流根据固定利率计算，通常双方只交换利息差，不交换本金。该公司可采用利率交换减少利息支出。

五、金融期权（★★★）

（一）金融期权的价值结构

期权费，又称为期权的权利金，是指期权交易中的价格。期权买方以固定价格（敲定价格）拥有买入（卖出）标的资产的权利，因而期权买方必须预先支付给期权卖方一笔费用，即期权费。

期权费被分为两部分：内在价值和时间价值。

1. 内在价值

内在价值是指期权按敲定价格立即行权所具有的价值，通常内在价值大于零。

(1) 看涨期权：内在价值等于标的资产现价与敲定价格的差。
(2) 看跌期权：内在价值等于敲定价格与标的资产现价的差。

2. 时间价值

时间价值是指期权费与内在价值的差额。在实际交易中，所有期权的卖方都会要求买方支付内在价值与时间价值的总和。

(1) 期权费高于内在价值的原因：期权的非对称性代表期权卖出方具有亏损的无限性和盈利的有限性特征。该特征导致卖方要求对其所承担的风险予以补偿。
(2) 敲定价格固定，期权费与期权的期限长短成正比：时间价值受到期权期限的影响，期权的期限越长，基础资产价格发生变化的概率越大，进而导致期权的时间价值越大。最终，随着期权临近到期，时间价值以加速下降，不断趋近于 0，即"时间价值衰减"。到期时，期权的时间价值下降为 0。

（二）金融期权价值的合理范围

根据欧式期权与美式期权、看涨与看跌期权的差异，不同的期权具有不同的价值范围，如表 15-7 所示。

表 15-7 金融期权价值的合理范围

期权类型	含义	价值范围
欧式看涨期权（不考虑资产支付红利、利息或外币资产）	赋予期权买方在未来某时间点以固定价格（敲定价格 X）买入标的资产的权利，非义务	由于期权时间价值大于 0，因此其价值也不会低于内在价值：$$\max[S_t - Xe^{-r(T-t)}, 0] \leq c \leq S_t$$ 上式中，S_t 代表标资产的现价；X 代表期权的执行价格；r 代表无风险利率；t 代表当前时间；T 代表期权到期时间；c 代表欧式看涨期权的期权费
欧式看跌期权	赋予期权买方在未来某时间点以固定价格（敲定价格 X）卖出标的资产的权利，非义务	由于：① 价值应低于执行价格；② 无法提前执行：价值要低于最高收益的折现值；③ 期权费不低于内在价值：时间价值非负；因此：$$\max[Xe^{-r(T-t)} - S_t, 0] \leq p \leq Xe^{-r(T-t)}$$ 上式中，p 代表看跌期权的期权费
美式看涨期权	赋予期权买方在未来一段时间内以固定价格（敲定价格 X）买入标的资产的权利，非义务	① 在标的资产没有红利支付时，美式看涨期权不会提前行权：价值范围与欧式看涨期权相同。② 标的资产支付红利或者利息：美式看涨期权可能提前执行
美式看跌期权（不考虑资产支付红利、利息或外币资产）	赋予期权买方在未来一段时间内以固定价格（敲定价格 X）卖出标的资产的权利，非义务	美式看跌期权可能提前执行，故美式看跌期权的价值通常大于欧式看跌期权：$$\max[X - S_t, 0] \leq p \leq X$$

记忆小窍门

关于不同类型期权的价值范围，考生可根据表 15-7 进行记忆。

接下来，考生应考虑美式期权与欧式期权的差异，即是否可提前行权的问题。值得注意的是，只有美式看跌期权可能提前行权。最终判断美式期权价值的合理范围。

（三）金融期权的套期保值

1. 利用期权为现货资产套期保值

利用期权为现货资产套期保值的方法为：

（1）未来需要买入现货资产，担心未来价格上涨：买入看涨期权进行套期保值。

(2) 未来需要卖出现货资产，担心未来价格下跌：买入看跌期权进行套期保值。

2. 期权的动态套期保值

(1) 影响期权价值的因素。

影响期权价值的 5 个因素分别是：① 标的资产价格；② 标的资产的波动率；③ 无风险利率；④ 到期期限；⑤ 执行价格。

(2) 各个因素的影响程度。

各个因素的影响程度可通过期权价值关于各因素的偏导数来体现。由于使用希腊字母表示偏导数，因此期权的套期保值又被称为"希腊字母套期保值"。

（四）金融期权的套利

1. 看涨期权与看跌期权之间的套利

如果看涨期权和看跌期权价值在表 15-7 的价值范围之外时，则存在套利机会。投资者可通过买卖标的资产和期权进行套利，最终赚取无风险利润。

与此同时，相同标的资产、到期日以及相同执行价格的欧式看涨期权和欧式看跌期权之间存在以下平价关系：

$$c + Xe^{-r(T-t)} = S_t + p \tag{15.20}$$

式（15.20）中，c 代表欧式看涨期权的价值；p 代表欧式看跌期权的价值。

若平价关系不成立，则投资者可通过买低卖高的方式进行套利。

例如，$c + Xe^{-r(T-t)} > S_t + p$，则套利策略为：期初卖出 1 单位看涨期权、借入 $Xe^{-r(T-t)}$ 的资金、买入 1 单位看跌期权和 1 单位标的资产。最终，投资者可获得净利润：$[c + Xe^{-r(T-t)}] - (S_t + p)$。

2. 垂直价差套利

垂直价差套利是指相同标的资产、相同期限、不同协议价格的看涨期权的价格或看跌期权的价格之间存在一定的不等关系，当该不等关系被打破，则存在套利机会。

垂直价差套利包括：

(1) 蝶式价差套利。

3 种协议价格 X_1、X_2、X_3，相同标的资产，相同到期日的看涨期权，$X_2 = (X_1 + X_3)/2$，利用套利定价原理，推导出 3 个期权价值的关系：$2c_2 < c_1 + c_3$。当此关系被破坏时，投资者通过以下方式进行套利：买入执行价格为 X_1 和 X_3 的期权，卖出执行价格为 X_2 的期权。

(2) 盒式价差套利；

(3) 鹰式价差套利。

3. 水平价差套利

水平价差套利是指利用相同标的资产、相同协议价格、不同期限的看涨期权或看跌期权价格之间的不同赚取无风险利润。

通常来讲，欧式期权只可在有效期结束时执行，但期限较长的期权价格仍会高于期限较短的期权。否则，存在无风险套利机会。例如，日历价差交易策略中，具有相同标的资产、相同行权价格的 2 个期权，投资者通过买入期限较长的期权，同时卖出期限较短的期权进行套利。

4. 波动率交易套利

标的资产的波动率是期权定价中最难以确定的因素。隐含波动率是指通过期权定价公式，给定期权的市场价格，反向求得的标的资产波动率。

值得注意的是：

(1) 隐含波动率过高，说明期权相对昂贵；

(2) 隐含波动率过低，说明期权相对便宜。

波动率具有可预测性，因此投资者可通过比较预测波动率与隐含波动率来预测期权价值的涨跌：

(1) 预测波动率高于隐含波动率，未来期权价值应上升；

(2) 预测波动率低于隐含波动率，未来期权价值应下跌。

例题 15.4（2018 年真题改编，单选题）其他条件相同，以下期权中，价值最大的是（　　）。

A. 2 个月到期的期权　　　　　　　　B. 6 个月到期的期权

C. 8 个月到期的期权　　　　　　　　D. 2 年到期的期权

【答案】D

【名师解析】其他条件恒定，期限越长的期权基础资产价格发生变化的可能性越大，因而期权的时间价值越大。

任务 16　金融风险

任务概述

本任务涉及"第七章　金融工程与金融风险"中"第二节　金融风险及其管理"。

此任务在中级经济师考试中约考查 4~5 分，分值占比约为 3%~5%。考试题型同时涉及单选题和多选题。

本任务整体难度适中，其中，重要考点为：金融风险概述、金融风险管理的国际规则。

任务框架图

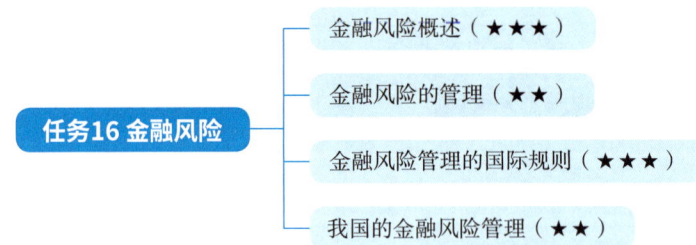

一、金融风险概述（★★★）

（一）金融风险的理论解释

1. 金融不稳定理论

对于金融风险定义，不同理论的理解不同，如表 16-1 所示：

表 16-1　金融风险的理论解释

理论	含义
金融不稳定理论	① 金融体系具有天然的内在不稳定性（现代金融制度的基本特征）； ② 海曼·明斯基和查尔斯·金德尔伯格：从周期性角度，解释金融体系不稳定的孕育和发展； ③ 弗里德曼和施瓦茨：货币政策的失误（货币的过度供给）造成金融体系的不稳定
信息不对称理论	含义：市场经济活动中的各类人对相关信息的了解具有差异性：① 信息渠道的不同；② 信息量的多寡；③ 承担不同的风险和收益
	信息不对称导致的后果： （1）逆向选择（交易前的信息不对称）：① 1970 年阿克洛夫提出的旧车市场模型；② 斯蒂格利茨和韦斯将这一模型引入金融市场。 （2）道德风险（交易后的信息不对称）：① 违反借款协议，擅自变更资金用途；② 通过谎报投资收益，投资人不履行偿付义务；③ 借款人对融入资金的使用效益无责任心，导致亏损

续表

理论	含义
金融资产价格的剧烈波动理论	（1）金融资产价格的过度波动：金融风险的重要来源。 （2）金融资产价格波动的原因：① 存在过度投机；② 大规模的信用和杠杆交易；③ 不稳定的宏观经济；④ 市场操纵机制
金融风险的国际传播理论	（1）重要载体：金融全球化使得大规模的资本可全球范围内无限制地自由流动。 （2）技术支持：金融交易电子化、网络化使得国际巨额投机资本能够迅速在国家之间转移。 （3）金融工具：① 金融衍生品的高速发展；② 利用杠杆放大了国际投机资本的冲击效应。 （4）宏观经济政策出现"溢入溢出效应"：① 外国的货币政策会影响本国；② 本国货币政策对国内经济变量的作用有限，弱化了对本国金融风险的作用；③ 国际金融风险：金融风险在不同国家之间传导

（二）金融风险的类型

按照不同的方法，金融风险可分为不同的类型。如表 16–2 所示：

表 16–2　金融风险的类型

分类标准	类型			
成因	信用风险（credit risk）			
	市场风险 （market risk）	汇率风险 （exchange risk）	交易风险	
			折算风险	
			经济风险	
		利率风险（interest rate risk）		
		投资风险（investment risk）		
	流动性风险（liquid risk）			
	操作风险	操作性杠杆风险		
		操作性失误风险		
	法律风险和合规风险（compliance risk）			
	国家风险			
	声誉风险			
市场主体对风险的认知	主观风险			
	客观风险			
金融风险能否分散	系统性风险			
	非系统性风险			

1. 信用风险

信用风险是指因以下 2 个原因之一导致的债权人或金融商品持有人遭受经济损失的风险：

（1）债务人或交易对手：没有履行合约中规定的义务；

（2）金融商品的信用质量变化导致的金融产品价值波动。

信用风险分为广义与狭义之分：

（1）广义信用风险：由于信用因素，金融机构在经营活动中的实际收益结果与预期目标产生偏差，最终遭受损失或获取额外收益的可能性。

（2）狭义信用风险：交易对手未能履行合约而导致经济损失的风险（违约风险）。

2. 市场风险

市场风险有狭义和广义之分：

（1）广义的市场风险：由于市场价格因素的变动，金融机构因其在金融市场上的交易头寸所导致收益或损失的可能性。

（2）狭义的市场风险：由于市场价格因素的不利变动，金融机构因其在金融市场上的交易头寸所导致损失的可能性。

市场风险包括汇率风险、利率风险和投资风险，如表16-3所示：

表16-3 市场风险的类型

类型	定义	分类	含义
汇率风险	由于汇率在一定时间内发生意外变动，相关主体在不同货币的相互兑换和折算中蒙受经济损失的可能性	交易风险	因实质性经济交易和汇率在一定时间内发生意外变动，相关主体在不同货币的相互兑换中蒙受实际经济损失的可能性
		折算风险（会计风险）	因合并报表和汇率在一定时间内发生意外变动，跨国公司进行的不同货币的相互折算中蒙受账面经济损失的可能性
		经济风险	因汇率的意外变化，未来现金流入和流出在货币上的错配所导致经济损失的可能性
利率风险	因利率在借贷有效期中发生意外变动，有关主体在货币资金借贷中蒙受经济损失的可能性	借方的利率风险	①以固定利率借入长期资金：若利率下降，借方蒙受经济损失——对比下降后的利率水平，借方多付了利息；②以浮动利率借入长期资金：若利率上升，借方蒙受经济损失——相比期初的利率水平，借方多付了利息；③连续不断地借入短期资金：若利率不断上升，借方蒙受经济损失——不断支付更多利息
		贷方的利率风险	①以固定利率贷出长期资金：若利率上升，贷方蒙受经济损失——相比上升后的利率水平，贷方少收的利息；②以浮动利率贷出长期资金：若利率下降，贷方蒙受经济损失——相比期初的利率水平而少收的利息；③连续不断地贷出短期资金，而利率不断下降，贷方蒙受不断少收利息的经济损失
		借贷双方组合体（商业银行的利率风险）	利率不匹配的组合利率风险：有关主体的利差收益不断减少，甚至可能出现利息倒挂的亏损； (1) 若利率不断上升时： ① 贷出资金：固定利率； ② 借入资金：浮动利率。 (2) 利率不断下降： ① 贷出资金：浮动利率； ② 借入资金：固定利率
			期限不匹配的组合利率风险：有关主体的利差收益减少，甚至出现利息倒挂的亏损。 ① 利率上升时，借短放长：借入短期资金（浮动利率）支撑贷出长期资金（固定利率）。 ② 利率下降时，借长放短：借入长期资金（固定利率）支撑贷出短期资金（浮动利率）

续表

类型	定义	分类	含义
投资风险	有关主体因股票价格、金融衍生产品价格发生非预期变动所导致的经济损失的可能性	股票投资风险	投资期内股价下跌，投资者遭受资本损失
		金融期货投资风险	① 做多金融期货，金融期货价格下跌，投资者遭受资本损失； ② 做空金融期货，金融期货价格上升，投资者遭受资本损失
		金融期权投资风险	(1) 期权买方： ① 看涨期权：投资期内标的资产价格下跌，则遭受资本损失（以期权费为上限）； ② 看跌期权：投资期内标的资产价格上涨，则遭受资本损失（以期权费为上限）。 (2) 期权卖方： ① 看涨期权：投资期内标的资产价格上涨，则遭受资本损失； ② 看跌期权：投资期内标的资产价格下跌，则遭受资本损失

3. 流动性风险

流动性风险是指商业银行担负偿付到期债务、履行其他支付义务和满足正常业务开展的其他资金需求，然而却无法以合理的成本及时获取足够资金的风险。

流动性风险表现为：流动性短缺，即金融机构所拥有的现金资产缺乏，而其他资产则无法以公允价值迅速变现或无法以合理成本快速融资。

4. 操作风险

狭义的操作风险是指金融机构在运营的过程中，因以下 2 个原因遭受经济损失的可能性：① 内部控制的缺失或疏忽；② 系统的错误。

广义的操作风险是指除信用风险和市场风险以外，金融各机构面临的其他所有风险。

"巴塞尔新资本协议"中定义操作风险涵盖法律风险，但不涵盖策略风险和声誉风险。具体来讲，操作风险包括：① 发生频率高，损失较低的日常业务中的小错误；② 发生频率低，损失相对高的自然灾害、大规模舞弊。

操作性风险的类型，如表 16-4 所示：

表 16-4 操作性风险的类型

类型	含义
操作性杠杆风险	金融机构**外部因素变化**导致的操作风险，外部冲击造成： ① 收入降低； ② 税制变革； ③ 政治变动； ④ 法律和监管环境的变化； ⑤ 竞争者的行为和特性转变
操作性失误风险	金融机构**内部因素变化**所导致的操作风险，失误来源于： ① 处理流程； ② 信息系统； ③ 人事

5. 法律风险与合规风险

（1）法律风险（特殊的操作风险）。

法律风险是指金融机构因以下原因遭受经济损失的可能性：
① 与雇员或客户签署的合同等文件，违反有关法律法规；
② 合同文件有关条款在法律上不具备可实施性；
③ 未能适当地对客户履行法律或法规上的职责。
（2）合规风险。

合规风险是指金融机构遭到法律制裁或监管处罚、重大财务损失或声誉损失的风险，具体包括：银行没有遵循法律、监管规定、规则、自律性组织制定的有关准则、适用于银行自身业务活动的行为准则。

2017年1月9日，中国银行业监督管理委员会发布《关于规范银行业服务企业走出去加强风险防控的指导意见》。该文件要求银行业金融机构：
① 高度重视合规体系建设；
② 加强日常合规管理；
③ 强化合规资源配置；
④ 做好客户准入把关；
⑤ 强化反洗钱、反恐融资合规管理；
⑥ 提升监管沟通效率。

6. 国家风险

国家风险是指由于外国经济、政治和社会变化导致经济主体进行国际经贸与金融往来时蒙受损失的风险。

国家风险具备2个特征：
① 发生在国际经济金融活动中，即一国之内不存在国家风险；
② 全球经济中，每一个主体都可能面临国家风险。

国家风险的类型，如表16-5所示：

表16-5 国家风险的类型

分类依据	类别
按风险发生范围	狭义的国家风险
	广义的国家风险
按风险主体	主权风险：政府或货币当局作为债务人，不能按时足额清偿债务，致使债权国居民蒙受经济损失的风险
	转移风险：国家通过外汇管制、罚没或国有化等政策法规限制民间主体（债务人）的资金转移，使之不能正常履行其偿付义务，导致债权国居民蒙受经济损失的风险
按风险事件	经济风险：一国由于如下情况出现外汇短缺，进而实行外汇管制，限制对外支付： ① 经济状况恶化； ② 国际收支状况恶化； ③ 国际储备状况恶化； ④ 外债状况恶化
	政治风险：一国因政治恶化（政权更迭、政局动荡、战争）拒绝或无法对外支付
	社会风险：一国因社会环境恶化（社会矛盾、民族矛盾、宗教矛盾）等，而不能正常实施经济政策，导致无力或拒绝对外支付等

7. 声誉风险

声誉风险是指因受公众的负面评价，金融机构出现以下情况而遭受经济损失的可能性：

（1）客户流失；

（2）股东流失；

（3）业务机遇丧失；

（4）业务成本升高。

根据 2009 年 1 月，巴塞尔委员会颁布的《新资本协议（征求意见稿）》中明确：将声誉风险列入**第二支柱**。同时指出：银行应将声誉风险放入风险管理程序中，并在**内部资本充足评估程序和流动性应急预案中涵盖声誉风险**。

8. 系统风险

系统风险是指若金融机构从事金融活动或交易所在的**整个系统**发生**剧烈波动、危机或瘫痪**使得单独金融机构无法幸免，进而遭受经济损失的可能性。

系统风险的表现包括：

（1）本国政府政策、法律或法规变更；

（2）本国经济危机或金融危机；

（3）本国个别金融机构出现违约破产引发多米诺骨牌效应和连锁反应；

（4）外国的经济（金融）危机传递到本国。

> **记忆小窍门**
>
> 考生可先根据表 16-2 掌握金融风险的大类和子类。在了解各类金融风险之间的从属关系后，再根据表 16-3、表 16-4，和表 16-5 掌握各类金融风险的具体概念。

例题 16.1（2019 年真题改编，多选题）市场风险包括（　　）。

A. 汇率风险　　　　B. 利率风险　　　　C. 操作风险　　　　D. 投资风险

E. 信用风险

【答案】ABD

【名师解析】市场风险包括：汇率风险、利率风险，以及投资风险。

二、金融风险的管理（★★）

（一）内部控制与全面风险管理

1. 内部控制及其要素

（1）COSO 关于内部控制。

根据 1992 年 COSO（The Committee of Sponsoring Organizations of Treadway Commission）发布《内部控制—整合框架》，内部控制是指由一个企业董事会、管理人员和其他职员实施的一个过程。

内部控制的目的是为以下目标提供合理保证：

① 提高经营活动的效果和效率；

② 确保财务报告的可靠性；

③ 与可适用的法律相符。

《内部控制—整合框架》提出内部控制包括 5 个要素：

① 控制环境；

② 风险评估；

③ 控制活动；

④ 信息与沟通；

⑤ 监督。

(2) 巴塞尔关于内部控制的定义。

巴塞尔银行监管委员会颁布的《有效银行监管的核心原则》中，提出内部控制目的是确保一家银行的业务可以根据董事会指定的政策以谨慎的方式经营。

巴塞尔银行监管委员会在《银行内部控制系统的框架》中提出内部控制五项要素构成：

① 管理监督与控制文化；

② 风险识别与评估；

③ 控制活动与职责划分；

④ 信息与沟通；

⑤ 监管活动与错误纠正。

(3) 银监会关于内部控制的定义。

根据银监会颁布的《商业银行内部控制指引》，商业银行内部控制的目标包括：

① 保证国家有关法律法规及规章的贯彻执行；

② 保证商业银行发展战略和经营目标的实现；

③ 保证商业银行风险管理的有效性；

④ 保证商业银行业务记录、会计信息、财务信息和其他管理信息的真实、准确、完整和及时。

商业银行内部控制应当遵循的原则包括：

① 全覆盖；

② 制衡性；

③ 审慎性；

④ 相匹配。

2. 全面风险管理及其架构

(1) 全面风险管理的含义。

根据《企业风险管理——整合框架》，全面风险管理是由一个主体的董事会、管理层和其他人员实施，并运用到战略制定且贯穿于企业之中的过程，最终目标包括：

① 识别可能影响主体的潜在事件；

② 管理风险使其在该主体的风险偏好之内；

③ 提供合理的保证以实现主体目标。

(2) COSO 关于全面风险管理的架构的内容。

根据《企业风险管理——整合框架》，全面风险管理是 1 个 3 维度的立体系统。如表 16-6 所示：

表16-6　全面风险管理的架构

架构	内容
企业目标	战略目标
	经营目标
	报告目标
	合规目标
风险管理的要素	内部环境
	目标设定
	事件识别
	风险评估
	风险对策
	控制活动
	信息与沟通
	监控
企业层级	整个企业
	各职能部门
	各条业务线
	下属子公司

（3）银监会关于全面风险管理的内容。

根据2016年中国银行业监督管理委员会颁布的《银行业金融机构全面风险管理指引》（简称《指引》）银行业金融机构全面风险管理必须遵循4个管理原则和5个要素。如表16-7所示：

表16-7　全面风险管理的原则与要素

原则与要素	内容
4个原则	匹配性原则
	全覆盖原则
	独立性原则
	有效性原则
5个要素	风险治理架构
	风险管理策略、风险偏好和风险限额
	风险管理政策和程序
	管理信息系统和数据质量控制
	内部控制和审计体系

(二) 金融风险管理的流程

风险管理的流程为：风险识别→风险评估→风险分类→风险控制→风险监控→风险报告。具体如表16-8所示：

表16-8 金融风险管理的流程

流程			含义
风险识别		辨明风险的类型	① "筛选—监测—诊断法"； ② 风险树搜寻法
风险评估	估计经济损失发生的频率并测算经济损失的严重程度	信用风险评估	① Zeta法； ② 信用计量（Credit metrics）模型； ③ KMV模型； ④ Credit Risk+模型； ⑤ Credit Portfolio View模型
		市场风险评估	① 风险累积与聚集法； ② 概率法； ③ 灵敏度法； ④ 波动性法； ⑤ 风险价值法（VaR法）； ⑥ 极限测试法； ⑦ 情景分析法
		操作风险评估	(1) 初级计量法： ① 基本指标法； ② 标准化法。 (2) 高级计量法： ① 内部测算法； ② 损失分布法
风险分类		根据风险识别和评估的结果，按照每类风险发生的频率和严重性，将风险归入不同的"风险级别"	（图：损失的严重性/风险发生的概率 四象限图：严重不经常发生、严重经常发生、不严重不经常发生、不严重经常发生）
风险控制		针对需管理的风险，在风险管理的众多政策措施中选择并实施与之相应的管理方法	
风险监控		根据风险政策和程序，对风险控制的运作进行监督和控制	
风险报告		通过管理信息系统，定期向董事会、股东和监管当局提供风险及其管理情况报告	

(三) 信用风险的管理

1. 机制管理

机制管理是指建立针对信用风险的管理机制，具体包括：

（1）审贷分离机制。
（2）授权管理机制。
（3）额度管理机制。

2. 过程管理

过程管理是指信用由提供到收回的全过程中，不同阶段采取不同的管理方法。对商业银行而言，主要包括3个方面：事前管理（信用管理"5C""3C"分析）、事中管理（贷款五级分类方法），以及事后管理。具体如表16-9所示：

表16-9 信用风险管理

类型	含义
事前管理	商业银行审查的核心：借款人信用状况
	决策的核心：贷与不贷、以什么利率贷
	分析信用借款人的信用状况方法： （1）采用独立评级机构对借款人的信用评级结果。 （2）银行独立对借款人进行信用分析： ①"3C"分析：现金流（Cash）、管理（Control）、事业的连续性（Continuity）； ②"5C"分析：偿还能力（Capacity）、资本（Capital）、品格（Character）、担保品（Collateral）、经营环境（Conditions）
事中管理	（1）商业银行针对贷款的发放与回收阶段的管理。 （2）关注的重点： ① 贷款是否被挪用； ② 贷款是否被有效使用； ③ 借款人信用状况变化追踪； ④ 异常时采取的应对措施。 （3）管理方法是将发放的贷款分为5个级别：正常、关注、次级、可疑和损失
事后管理	① 回顾并反思贷款管理中的经验与教训，固定为经验； ② 将经验融入制度，形成长效机制； ③ 吸取前车之鉴，补充并加强制度的空白和薄弱点

3. 风险控制方法

（1）信用风险缓释。

信用风险缓释是指商业银行通过以下方式转移或降低信用风险：① 合格的抵质押品；② 净额结算；③ 保证；④ 信用衍生工具。

商业银行计量信用风险监管资本的方法是内部评级法。信用风险缓释功能体现在：① 违约概率下降；② 违约损失率下降；③ 违约风险敞口下降。

巴塞尔协议Ⅱ之后，迄今为止最初级内评法下认可的风险缓释工具包括：① 抵质押交易；② 表内净额结算；③ 保证与担保；④ 信用衍生工具。

（2）信用风险转移。

信用风险转移是指金融机构（通常是商业银行）通过利用各种金融工具把信用风险转移到其他金融机构（或银行）。

信用风险转移市场出现以前，信用风险管理方式主要包括：① 贷前审查；② 贷后监督；③ 减少信贷集中度。

信用风险转移市场出现后，根据自身资产组合管理的需要，商业银行可对信用风险进行转移，信用风险管理变得更加主动灵活。

(四) 市场风险的管理

市场风险控制的基本方法包括：限额管理、市场风险对冲，以及经济资本配置。具体如表 16-10 所示：

表 16-10　市场风险管理方法

方法		含义
限额管理	交易限额	对总交易头寸或净交易头寸设置限额
	风险限额	对按照一定的计量方法所计量的市场风险设置限额
	止损限额	设置允许的最大损失额
	敏感度限额	(1) 其他条件恒定，根据单个市场风险要素的微小变化对金融工具和资产组合收益或经济价值影响程度而设置的限额。 (2) 市场风险要素包括： ① 利率； ② 汇率； ③ 股票价格； ④ 商品价格
市场风险对冲	新风险敞口能够在原风险亏损时盈利，且盈利能够弥补全部的亏损，最终令金融机构处于一种免疫状态	
	表内对冲	有效搭配资产负债结构使得金融机构风险免疫
	表外对冲	借助金融衍生品进行市场对冲
经济资本配置	自上而下法	进行市场风险管理的战略规划
	自下而上法	进行当期绩效考核

1. 利率风险的管理

利率风险的管理方法，如表 16-11 所示：

表 16-11　利率风险的管理方法

方法	含义
选择有利的利率	预测未来利率走势，债权人和债务人选择有利的固定或浮动利率
调整借贷期限	预测未来利率变动方向不利时，债权人或债务人可选择提前收回债权或偿还债务
缺口管理	① 资产与负债中，商业银行区别利率敏感性资产（负债），并计算利率敏感性资产与利率敏感性负债后的差额（缺口）； ② 在预测到利率上升（下降）时，调整缺口为正（负）值，并提高或稳定银行的净利息收益
久期管理	① 计算并预测利率性资产（负债）的久期； ② 计算出利率性资产的久期与利率性负债的久期的差值（久期缺口）； ③ 当利率上升（下降）时，将久期缺口调为负（正）值，以增加或稳定银行净值

续表

方法	含义
利用利率衍生品交易	通过衍生品进行套期保值： ① 利率互换：把不利的固定（浮动）利率转换为对自己有利的浮动（固定）利率； ② 利率远期：买入（卖出）远期利率提前将借款利率水平或未来投资收益锁定

2. 汇率风险的管理

汇率风险的管理方法，如表 16－12 所示：

表 16－12　汇率风险的管理方法

方法	含义
选择有利的货币	预测未来汇率走势，外币债权人（债务人）选择利于自己的硬币、软币或软硬币组合
提前或推迟收付外币	预测未来汇率变动方向不利（有利），外币债权人提前（推迟）外币收入，外币债务人提前（推迟）外币偿付
结构性套期保值	对方向相反的风险敞口进行货币的匹配和对冲： ① 交易风险：同种货币的收入与支出相抵。 ② 折算风险：同种货币的资产和负债相抵。 ③ 经济风险：长期匹配收入货币和支出货币
远期外汇交易	提前锁定： ① 外币兑换为本币的收入。 ② 本币兑换为外币的成本
货币衍生产品交易	① 货币期货（期权）交易：套期保值。 ② 货币互换交易：将不利的软（硬）币转换为有利的硬（软）币

3. 投资风险的管理

（1）股票投资风险的管理方法。

① 预测股票价格未来走势，买入未来价格上涨的股票或卖出未来价格下跌的股票。

② 依据风险分散原理：

a. 按照行业分散、地区分散、市场分散、币种分散等因素，建立分散化的投资组合，并根据各经济因素走势，对投资组合进行不断调整；

b. 若存在知识、经验、时间或资金限制，则购买股票型投资基金而非进行个股投资；

c. 做股指期货（期权）交易，规避个股投资带来的集中风险。

（2）金融衍生产品投资风险的管理方法。

① 强化制度建设。

② 限额管理：风险资本限额；交易限额；止损限额。

③ 风险敞口的对冲与套期保值。

（五）操作风险的管理

1. 巴塞尔委员会关于操作风险的管理规定

2010 年，巴塞尔委员会发布《操作风险管理和监管的良好做法》，该文指出：监管机构应建立适当的机制，直接或间接地定期独立评估银行涉及操作风险的政策、程序和系统并掌握银行的发展情况。

2. 银监会关于操作风险的管理规定

（1）操作风险管理框架。

中国银行业监督管理委员会于 2007 年印发《商业银行操作风险管理指引》，要求操作风险管理框架至少包括以下基本要素：① 董事会的监督控制；② 高级管理层的职责；③ 适当的组织架构；④ 操作风险管理政策、方法和程序；⑤ 计提操作风险所需资本的规定。

（2）银行的操作风险管理战略。

操作风险管理应当在风险管理战略的指引下进行，风险管理战略为银行设定了包括：① 业务目标：银行的风险管理战略与业务目标一致；② 风险容忍度（风险战略的核心内容）：银行的风险承受水平；③ 操作风险管理政策：遵循商业银行总体目标的前提下，具体规定操作风险管理过程中各相关部门所负有的职责、所采用的技术和方法。

（3）操作风险管理政策。

作为商业银行操作风险管理的总纲领，操作风险管理政策的主要内容应包括：① 操作风险定义；② 操作风险管理组织架构、权限和责任；③ 操作风险：识别、评估、监测控制或缓释的流程；④ 操作风险报告程序，其中包括：报告责任、路径、频率，以及对各部门的其余要求；⑤ 及时评估操作风险，对象包括：现有和新出的产品、业务活动、业务创新、信息科技系统、人员管理、外部因素及其变动。

（六）其它风险的管理

1. 流动性风险的管理

流动性风险管理的主要着眼点，如表 16－13 所示：

表 16－13　流动性风险的管理方法

方法	含义
维持资产流动性	（1）建立现金资产的一级准备。 （2）建立短期证券的二级准备。 （3）提高存量资产的流动性： ① 对抵押贷款、应收信用卡账款等进行资产证券化； ② 出售并回租固定资产
维持负债流动性	① 增加主动型负债：大额存单、债券、拆借、回购、转贴现、再贴现。 ② 拉动存款：创新存款品种等业务
资产和负债流动性综合管理	在期限或流动性上，资产与负债匹配

2. 法律风险与合规风险的管理

（1）管理体系。

在全面风险管理体系下，完整的合规风险管理体系应包括互相关联的 8 个要素：① 合规风险管理环境；② 合规风险管理目标与政策制定；③ 合规风险监测与识别；④ 合规风险评估；⑤ 合规风险应对；⑥ 内部控制与管理；⑦ 合规风险信息处理与报告；⑧ 评价与持续改进等。

（2）管理方法。

① 确立合规基调；② 建立合规文化；③ 识别、评估、报告合规风险；④ 建立预警与整改机制；⑤ 将合规纳入考核范畴并实行问责制。

3. 国家风险的管理

(1) 国家层面的管理方法。

① 与他国签订双边协定：促进并保护投资；② 设立保险：对国家风险提供保险或担保；③ 参与各国际组织、区域性组织的多边投资保护协定的谈判；④ 国际保护体系中纳入对外投资保护工作；⑤ 加强外交对涉外经贸活动的支持；⑥ 金融监管中要求商业银行对有关国家的债权保持最低准备金等。

(2) 企业层面的管理方法。

① 在全面风险管理体系中纳入国家风险；② 建立国家风险评级与报告制度；③ 建立国家风险预警机制；④ 设定科学的国际贷款的审贷程序，并在贷款决策中对借款人的国家风险进行评估；⑤ 对国际贷款实行国别限额管理、国别差异化的信贷政策、辛迪加形式联合贷款，并寻求第三者保证；⑥ 在二级市场上转让国际债权；⑦ 经济金融交易的国别多样化；⑧ 和东道国政府签订特许协定；⑨ 投保国家风险保险；⑩ 进行跨国联合的股份化投资，发展当地战略投资者或合作伙伴。

4. 声誉风险的管理

(1) 声誉风险管理的最佳实践操作：① 推动全面风险管理理念、改善公司治理结构；② 提前防范危机；③ 正确识别、有效排序，并有效管理各类风险。

(2) 声誉风险管理的具体措施：① 强化声誉风险管理培训；② 加强操作风险与合规风险管理：增强对客户与公众的透明度；减少操作失误及违规违纪行为；③ 制定危机管理规划，与媒体保持良好接触，确保及时处理投诉和批评；④ 金融机构社会责任感和经营目标相结合：保持大多数利益持有者的期望与金融机构的发展战略一致。

三、金融风险管理的国际规则（★★★）

（一）巴塞尔协议Ⅱ

2004 年 6 月，巴塞尔新资本协议（巴塞尔协议Ⅱ）颁布。其核心在于：全面提高商业银行的风险管理水平，准确识别、计量和控制风险。

(1) 巴塞尔新资本协议的目标。

① 促进银行经营的安全稳健性：紧密连接评估资本充足率与银行面对的主要风险；

② 促进各国银行的公平竞争：充分强调银行内部风险评估体系；

③ 激励银行增强风险计量与管理水平；

④ 资本可敏感反映银行头寸和业务的风险程度；

⑤ 重点关注国际活跃银行：基本原则适用于所有银行。

(2) 巴塞尔协议Ⅱ的 3 大支柱，如表 16 - 14 所示：

表 16 - 14 巴塞尔协议Ⅱ的 3 大支柱

3 大支柱	含义
最低资本要求	(1) 最低资本充足率要达到 8%。 (2) 将最低资本要求由仅涵盖信用风险扩展到：① 信用风险；② 市场风险；③ 操作风险

续表

3大支柱	含义
监管方式与监管重点	（1）明确和强化了各国金融监管当局的三大职责：① 全面监管银行资本充足状况；② 培养银行的内部信用评估体系；③ 加快制度化。 （2）监管方法：① 现场检查；② 非现场检查
市场约束	银行增强信息披露，接受更有效的外部监督，具体披露内容包括：① 资本结构；② 资本充足率；③ 信用风险；④ 市场风险；⑤ 操作风险

（二）巴塞尔协议Ⅲ

2010年12月颁布的巴塞尔协议Ⅲ，新增内容包括：
（1）重新界定监管资本，分为：核心一级资本、其他一级资本和二级资本；
（2）强调对资本的计量；
（3）提高资本充足率：一级资本充足率下限由4%提高到6%；
（4）设立"资本防护缓冲资金"，其总额不得低于银行风险资产的2.5%；
（5）引入杠杆率监管标准；
（6）增加流动性要求：引入流动性覆盖比率（LCR）和净稳定融资比率（NSPR）；
（7）安排充裕的过渡期：各项要求最终达成一致的落实期限最晚至2019年1月1日。

名师说

巴塞尔协议Ⅱ和巴塞尔协议Ⅲ的内容属于重要考点，考生需特别关注3个重要比率：
（1）最低资本充足率要达到8%；
（2）一级资本充足率下限由4%提高到6%；
（3）"资本防护缓冲资金"总额不得低于银行风险资产的2.5%。

例题16.2（2019年真题改编，单选题）根据巴塞尔协议Ⅲ，"资本防护缓冲资金"的总额不得低于银行风险资产的（　　）。

A. 1.5%　　　　B. 2.5%　　　　C. 4%　　　　D. 8%

【答案】B

【名师解析】巴塞尔协议Ⅲ要求商业银行设立"资本防护缓冲资金"，其总额不得低于银行风险资产的2.5%。

四、我国的金融风险管理（★★）

（一）我国金融风险管理的演进与阶段性特征

（1）20世纪80年代中期：开始关注和研究金融风险管理问题；
（2）20世纪90年代中期：逐步建立和强化了金融风险管理意识，开始着手建立金融风险管理的基本框架。
（3）21世纪：
① 不同层面、不同部门共同跟踪国际上金融风险管理的最新进展；

② 共同推进金融风险的定性分析和定量分析；
③ 将巴塞尔协议 II 和巴塞尔协议 III 的要求导入至银行业和国有大中型企业全面风险管理体系的建设；
④ 按照全面风险管理理念建立新的风险监管法规。
（4）2017 年：
金融工作的永恒主题：防止发生系统性金融风险。强调内容包括：
① 主动防范化解系统性金融风险：科学防范、早识别、早预警、早发现、早处置；
② 重点防范化解重点领域风险；
③ 不断完善金融安全防线和风险应急处置机制。

（二）我国金融风险管理的主要举措

1. 金融风险管理的制度
（1）公司治理：在金融机构和一般企业中建立科学的公司治理结构。
（2）风险管理组织体系：要求在金融机构和一般企业组织结构的再造中有机地融入风险管理组织体系的构建。
（3）内控制度：在金融机构和一般企业中建立内部控制制度。
2. 金融风险管理的技术
（1）信用风险管理。
① 建立贷款五级分类和相应的不良资产管理机制；
② 建立综合授信制度；
③ 建立贷前、贷中和贷后管理的信用风险管理流程；
④ 建立审贷分离的内部控制机制；
⑤ 进行国有商业银行不良资产的剥离和集中处置。
（2）市场风险管理。
① 加强管理汇率风险和投资风险；
② 推出了远期外汇交易、掉期和互换交易，以及股指期货交易；
③ 监管当局对金融机构的市场风险敞口提出了若干指标、比例性要求。
（3）操作风险管理：集中推出了系统的内部控制措施。
（4）其他风险管理：
① 推出针对合规风险的管理要求；
② 关注国家风险管理技术的研究和应用。
3. 金融风险的量化管理
（1）引进西方国家先进的风险量化模型，并将模型本土化；
（2）独立开发适合我国国情的风险量化模型；
（3）巴塞尔协议 II 颁布后，积极研究和推进有关信用风险、市场风险和操作风险量化模型在我国的应用。
4. 金融风险的监管
（1）2009 年央行逐步建立宏观审慎管理。
将宏观审慎管理纳入宏观调控政策，核心是从宏观的、逆周期的视角采取措施，防范由金融体系顺周期波动和跨部门传染导致的系统性风险，维护货币和金融体系的稳定。

（2）央行研究构建金融机构宏观审慎评估体系（MPA）。

从 2016 年开始实施的 MPA 从 7 个方面对金融机构的行为进行多维度引导：

① 资本和杠杆：通过资本约束金融机构的资产扩张行为，加强风险防范。重点关注：

a. 宏观审慎资本充足率：主要取决于广义信贷增速和目标 GDP、CPI 增幅；

b. 杠杆率指标参照监管要求不低于 4%。

② 资产负债：适应金融发展和资产多元化的趋势，从以往盯住狭义贷款转为：

a. 考察广义信贷：贷款、证券及投资、回购；

b. 在关注表内外资产的变化的同时纳入对金融机构负债结构的稳健性要求。

③ 流动性：

a. 鼓励金融机构加强流动性管理；

b. 使用稳定的资金来源发展资产业务；

c. 提高准备金管理水平；

d. 参照监管标准提出了流动性覆盖率的要求。

④ 定价行为：评估机构利率定价行为是否符合市场竞争秩序，甄别对非理性利率定价行为。

⑤ 资产质量：鼓励金融机构提升资产质量，增强风险防范。

⑥ 跨境融资风险：

a. 综合评估跨境融资风险加权余额、跨境融资的币种结构和期限结构；

b. 适应资金跨境流动频繁和跨境借贷增长的趋势；

c. 加强风险监测和防范。

⑦ 信贷政策执行：

a. 坚持有扶有控的原则；

b. 鼓励金融机构支持国民经济的重点领域和薄弱环节；

c. 不断优化信贷结构。

任务 17　货币供求

任务概述

本任务涉及："第八章　货币供求及其均衡"中"第一节　货币需求"和"第二节　货币供给"。

此任务在中级经济师考试中约考查 6~7 分，分值占比约为 4%~5%。考试题型同时涉及单选题和多选题。

本任务整体难度适中，其中，重要考点为：货币需求理论、货币层次、以及货币乘数。

任务框架图

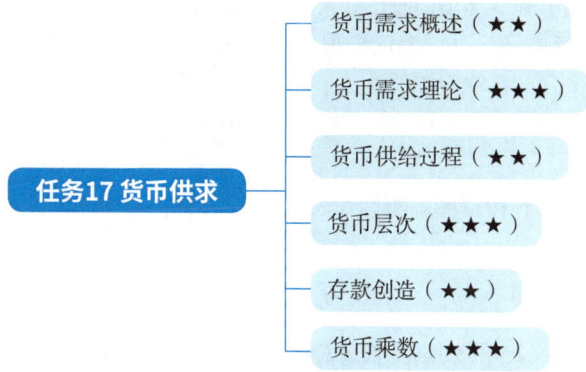

一、货币需求概述（★★）

货币需求是指一定时间内，为满足各种经济活动需要，社会各经济主体保留或占有一定货币的动机或行为。

二、货币需求理论（★★★）

（一）货币数量论的货币需求理论

1. 费雪方程式

费雪的现金交易数量说来自于 1911 年美国经济学家费雪撰写的《货币的购买力》。书中提到的著名的费雪方程式（又被称为"交易方程式"），如下：

$$P = \frac{MV}{T} \tag{17.1}$$

式（17.1）中，M 代表货币量，是最活跃的因素，会频繁地主动变动；V 代表货币流通速度，由制度因素决定，在短期内难以改变，视为常数，长期不受 M 变动影响；P 代表物价水平，随着 M 的变动而被动地变动；T 代表商品和劳务的交易量，取决于资本、劳动和自然资源供给状况，以及生产技术水平等非货币因素，大体上是稳定的，长期不受 M 变动影响。

费雪的现金交易数量说的**结论**是：物价水平由货币量决定。

> 欧文·费雪是美国公认的最杰出的经济学家之一，是货币主义和计量经济学的创始人，美国第一位数理经济学家。由于对货币数量论和宏观经济学的贡献，他被称为"第一代货币主义者"。
>
> 费雪通过发明可显示卡片指数系统取得专利，创办了一家获利颇丰的可显示指数公司，后来该公司与竞争对手合并为斯佩里·兰德公司。乐观的费雪在 20 世纪 30 年代大危机前通过借款购买兰德公司股份，以及大量小盘成长性股票，他的股票市值曾一度超过 1 000 万美元，使其成为历史上最富有的经济学家，远远超过了大名鼎鼎的约翰·梅纳德·凯恩斯，甚至被誉为"华尔街的先知"。当时，他认为美国股市并未被完全高估，并把股票市场的兴旺视为美国长期繁荣的"新时代"的反映。但是，大危机爆发后，他的股票成为废纸，据说，损失为 800 ~ 1 000 万美元。

2. 剑桥方程式

剑桥学派的代表人庇古于 1917 年在英国发表了《货币的价值》一文。该文提出并详细论述了剑桥方程式，如下：

$$M_d = kPY \qquad (17.2)$$

式（17.2）中，M_d 代表名义货币需求；Y 代表总收入；k 代表总资源中愿意以货币形式持有的比重；Y 代表价格水平。

剑桥学派的现金余额说的**结论**包括：

（1）货币供求的数量关系决定货币的价值；

（2）其他因素不变，货币量与物价水平成正比，与货币价值成反比。

3. 费雪方程式 vs 剑桥方程式

费雪方程式与剑桥方程式的差异，如表 17-1 所示：

表 17-1　费雪方程式与剑桥方程式的差异

差异	学说	内容
对货币需求分析的侧重点不同	费雪方程式	商品交易量对货币的需求；强调货币的交易手段功能
	剑桥方程式	收入的需求；强调货币作为一种资产的功能
流量 vs 存量	费雪方程式	强调货币流量分析（"**现金交易说**"）：① 把货币需求和支出流量联系在一起；② 重视货币支出的数量和速度
	剑桥方程式	强调存量占收入的比例（"**现金余额说**"）：从用货币形式保有资产存量的角度考虑货币需求

续表

差异	学说	内容
货币需求的分析角度和所强调的决定货币需求因素有所不同	费雪方程式	对货币需求的宏观分析：从宏观角度用货币数量的变动来解释价格
	剑桥方程式	从微观角度进行分析，认为人们对保有货币具有满足程度

名师说

对于费雪方程式和剑桥方程式，题目常考查 2 个理论的结论、公式，以及二者的差异，考生需要重点掌握。

20 世纪上半叶，英国经济学家庇古曾经讲过一个著名的火车与庄稼的故事：在一片肥沃的农田里，绿油油的麦苗仿佛厚实的地毯，农民丰收在望。一条铁路刚好穿越这片农田，每当火车飞驰而过时，以煤和木柴为燃料的蒸汽机车喷出的火星溅落到铁路两旁的庄稼上，给农民造成了损失。但是铁路公司并不用向农民赔偿，因为法律规定铁路公司可以使用蒸汽机。农民不能分享铁路公司赚取的利润，却要承担火车带来的稻谷损失。因此庇古得出结论：在这个故事中，市场机制并没有实现资源配置最优，这就是市场失灵。他主张由政府干预来解决市场失灵，比如向铁路公司收税，补贴给农民。庇古的学说在经济学界有很大影响，他的这个故事也被后来的经济学家们广泛引用。然而后来人们发现，火车造成农田损失的故事根本不存在。事实上，铁路两旁的禾田非但没有因为火车经过而受到损失，反而地价上涨，因为火车将吃稻的飞鸟都吓跑了。

（二）凯恩斯的货币需求函数

1936 年出版的经济学经典著作《就业、利息和货币通论》中，凯恩斯提出了自己的货币需求理论。

凯恩斯认为：经济主体需要货币是源于"流动性偏好"。流动性偏好是指人们更愿意持有具有完全流动性的货币，而非其他缺乏流动性的资产。这种思想源于货币可以用于应付日常的、临时的或投机的需要。

1. 影响流动性偏好的 3 种动机

影响流动性偏好的动机有 3 种，分别为：交易动机、预防动机，以及投机动机，如表 17-2 所示：

表 17-2　影响流动性偏好的 3 种动机

动机	含义
交易动机	人们为进行日常交易而产生的持有货币的愿望；此种动机源于收入和支出的时间上的错配

续表

动机	含义
预防动机	人们为应付各种紧急情况而产生的持有货币的愿望； 例如，应付失业、疾病、企业周转等意外的需要
投机动机	人们根据市场利率变化的预期持有货币，目标在于从利率的不确定性中获利

2. 凯恩斯货币需求函数

凯恩斯货币需求函数建立在 2 个假设之上：

（1）未来具有不确定性；

（2）收入是短期资产。

凯恩斯的货币需求函数：

$$M_d = M_1 + M_2 = L_1(\overset{+}{Y}) + L_2(\overset{-}{r}) \tag{17.3}$$

式（17.3）中，$M_1 = L_1(\overset{+}{Y})$ 代表交易动机和预防动机所构成的交易性需求；此类需求由获得收入的高低决定，是国民收入的增函数。$M_2 = L_2(\overset{-}{r})$ 代表投机动机所构成的投机需求；投机需求由利率的高低决定，此类需求是利率的减函数。+、-分别代表正相关和负相关。

3. 流动性陷阱

凯恩斯货币需求理论另一重要概念是"流动性陷阱"。流动性陷阱是指当利率水平降到足够低时，货币需求会无限地增大，原因在于人们的流动性偏好。如图 17-1 所示：

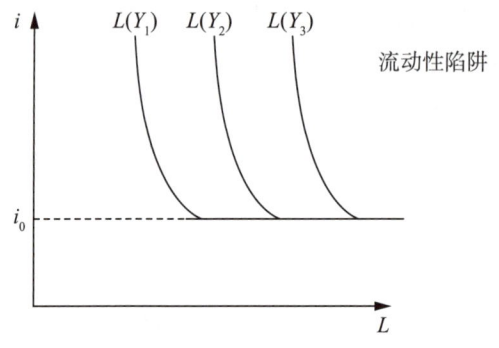

图 17-1 流动性陷阱

 趣味说

> 杜克大学的胡佛教授曾经这样回忆凯恩斯："1934 年在华盛顿的一家酒店的房间中，当我正准备与凯恩斯共进晚餐时，他善意地讽刺了我在搁架上挑选毛巾而避免弄乱其他毛巾时的小心谨慎。他用胳膊一扫，一下就将两三条毛巾扫到了地板上。他开玩笑地说道：与你非常谨慎地避免浪费相比，我对于美国经济更加有用，因为通过弄乱这些毛巾可以刺激就业。"这个故事符合凯恩斯的一贯观点：弄乱毛巾，酒店就需要雇更多服务员来整理，进而可以促进更多人就业。

名师说

> 关于凯恩斯货币需求理论，题目经常考查该理论的别名（流动性偏好理论）、结论、3 种动机、需求函数的解读，考生需要重点掌握。

(三) 弗里德曼的货币需求函数

1. 基本思想

延续剑桥学派的理论,弗里德曼认为人们持有货币的原因有 2 个:
(1) 交换的需求;
(2) 货币代表财富。

他的学术思想为:货币数量说是**货币需求理论**,而不是关于产出、货币收入或物价水平的理论。

2. 货币需求函数

$$M_d = f\left(y,\ w,\ r_m,\ r_b,\ r_e,\ \frac{1}{P}\cdot\frac{dp}{dt},\ u\right)P \qquad (17.4)$$

式 (17.4) 中,M_d 代表名义货币需求量;P 代表物价水平;y 代表恒久性收入;w 代表非人力财富占总财富的比例;r_m、r_b、r_e 分别代表存款、债券和股票的预期名义收益率;$\frac{1}{P}\cdot\frac{dp}{dt}$ 代表物价水平的预期变动率;u 代表随机因素的影响总和。

$$\frac{M_d}{P} = f\left(y,\ w,\ r_m,\ r_b,\ r_e,\ \frac{1}{P}\cdot\frac{dp}{dt},\ u\right) \qquad (17.5)$$

式 (17.5) 中,$\frac{M_d}{P}$ 代表实际货币需求量。

> **记忆小窍门**
>
> 式 (17.4) 中,7 个自变量按照从左至右的顺序可分为 3 组,分别对应影响货币需求的 3 个因素。
>
> 第 1 组:y 与 w 均属于影响货币需求的因素 (1) 财富总额与其构成。
>
> 第 2 组:r_m、r_b、r_e、$\frac{1}{P}\cdot\frac{dp}{dt}$ 均属于影响货币需求的因素 (2) 各类资产的预期收益率及其机会成本。其中,m 代表货币 (money)、b 代表债券 (bond)、e 代表股票 (equity)。
>
> 第 3 组:u 属于影响货币需求的因素 (3) 其他因素。

3. 影响货币需求的因素

弗里德曼的现代货币数量说中,影响货币需求的因素有 3 个:

(1) 财富总额与其构成。

① 财富总额 (y):恒久性收入与货币需求成**正比**。恒久性收入是指将当前收入和过往收入加权计算出来的收入。

② 财富构成 (w):非人力财富在总财富中的占比,该比例与货币需求成**反比**。财富包括人力财富与非人力财富。人力财富是指未来的收入能力。非人力财富是指物质财富。人力财富会不断转化为非人力财富,其转化过程造就货币需求。

(2) 各类资产的预期收益率及其机会成本。

① 非货币资产的预期收益率 (r_m、r_b、r_e) 与货币需求成**反比**。非货币资产的预期收益率越高,持有货币的机会成本越大,人们对货币的需求越少。

② 物价水平 $\left(\dfrac{1}{P} \cdot \dfrac{\mathrm{d}p}{\mathrm{d}t}\right)$ 与货币需求成<u>反比</u>。通货膨胀导致货币实际价值下跌，人们会减少持有货币。

(3) 其他因素（u）。

不属于前 2 个因素，但影响货币需求的随机因素。

(四) 弗里德曼 vs 凯恩斯

弗里德曼的货币需求函数与凯恩斯的货币需求函数主要差异，如表 17-3 所示：

表 17-3　弗里德曼 vs 凯恩斯

差异	学说	内容
强调侧重点不同	弗里德曼	① 利率对货币需求量的影响是微不足道的； ② 强调恒久性收入对货币需求量的重要影响
	凯恩斯	① 非常重视利率的主导作用； ② 利率的变动直接影响就业和国民收入的变动，最终必然影响货币需求量
货币传导变量的选择	弗里德曼	货币传导变量：货币供应量
	凯恩斯	货币传导变量：利率
单一政策 vs 相机行事	弗里德曼	货币政策应采用"单一货币政策规则"： ① 货币需求量是稳定且可预测的； ② 货币供给量作为货币政策的唯一控制指标：排除利率、信贷流量、准备金等因素
	凯恩斯	货币政策应采用"相机行事"： 受未来利率不确定性的影响，货币需求量因而不稳定

名师说

弗里德曼的现代货币数量说中，影响货币需求的因素，特别是恒久性收入与货币数量之间的关系，以及货币需求函数的解读属于常考点，考生需要进行重点掌握。

"天下没有免费的午餐"这句话最早由经济学大师弗里德曼提出来。它原本的含义是，即使不用付钱吃饭，人们还是要为吃饭这一行为付出代价的。这是因为，这顿饭的时间原本可以用来做其他事情，比如谈一笔不错的生意。然而，由于时间花费在了吃饭这件事上，也就失去了做生意带来的财富。实际上，此处讲的是机会成本的概念，即人们为了得到某种东西而所要放弃的一些东西的最大价值。

例题 17.1（2018 年真题改编，单选题） 从货币流量角度分析货币需求，重视货币支出的数量和速度的理论是（　　）。

A. 剑桥方程式　　　　　　　　　　　B. 费雪方程式
C. 现金余额说　　　　　　　　　　　D. 凯恩斯的货币需求函数

【答案】B

【名师解析】费雪方程式（"现金交易说"）强调货币流量分析，把货币需求和支出流量联系在一起，重视货币支出的数量和速度。

三、货币供给过程（★★）

（一）货币供给的概念

1. 含义

货币供给是指国家或货币区的银行体系向经济体中投入、创造、扩张（收缩）货币的金融过程。

2. 构成

货币供给包括 2 个方面：

（1）货币供给行为。

货币供给行为是指银行体系通过自己的业务活动向社会生产生活领域提供货币的全过程。具体包括：

① 商业银行通过派生存款机制向流通领域供给货币的过程；

② 中央银行通过调节基础货币量而影响货币供给的过程。

（2）货币供应量。

货币供应量是指金融系统根据货币需求量，通过其资金运用，注入流通中的货币量。主要研究：

① 金融系统向流通中供应了多少货币；

② 货币流通与商品流通是否相适应。

3. 决定货币供给的因素

决定货币供给的因素包括：

（1）中央银行增加货币发行量；

（2）中央银行调节商业银行的可运用资金量；

（3）商业银行派生资金能力以及经济发展状况；

（4）企业和居民的货币需求状况。

4. 货币供给过程中的参与者

货币供给过程中的参与者包括：

（1）中央银行（作用最重要）：负责发行货币、实施货币政策。

（2）存款机构：从个人和机构手中吸收存款并发放贷款的金融中介机构，包括商业银行、储蓄机构、信用合作社。

（3）储户：持有存款的机构和个人。

5. 央行调控基础货币的途径

中央银行调控基础货币主要有 3 种途径：

（1）变动其储备资产：在外汇市场买卖外汇或贵金属。

(2) 变动对政府的债权：
① 进行公开市场操作；
② 买卖政府债券。
(3) 变动对商业银行的债权：对商业银行办理再贴现业务或发放再贷款。

（二）基础货币

1. 含义

基础货币（高能货币、强力货币或储备货币）是指非银行公众所持有的通货与银行的准备金之和。其中，准备金包括：

(1) 法定存款准备金：中央银行要求银行必须持有的准备金；
(2) 超额存款准备金：银行自愿持有的额外的准备金。

基础货币是：

(1) 整个商业银行体系借以创造存款货币的基础；
(2) 整个商业银行体系的存款得以倍数扩张的源泉。

2. 特征

基础货币具有4个最基本的特征：

(1) 基础货币是中央银行的货币性负债：是中央银行通过自身的资产业务供给出来的。
(2) 由中央银行直接控制和调节的变量对它造成影响：达到调节和控制供给量的目的。
(3) 是支撑商业银行负债的基础：商业银行必须持有基础货币才能创造信用。
(4) 实行准备金制度下，基础货币被整个银行体系运用的结果能产生数倍于它自身的量。

3. 构成

基础货币的构成，计算公式如下：

$$B = C + R_r + R_t + R_e \qquad (17.6)$$

式（17.6）中，B 代表基础货币；C 代表流通中现金；R_r 代表活期存款准备金；R_t 代表定期存款准备金；R_e 代表超额存款准备金。

值得注意的是：公众、银行、货币当局三个经济主体的行为决定货币存量的变化。具体来讲：

(1) 在信用货币制度下，中央银行的行为决定：高能货币量。
(2) 银行体系决定：银行存款与其准备金的比率。
(3) 公众的行为、银行存款服务水平和利率决定：存款与通货的比率。

4. 央行投放基础货币的渠道

中央银行投放基础货币的渠道主要包括：

(1) 对商业银行等金融机构进行<u>再贷款和再贴现</u>；
(2) 收购黄金、外汇等储备资产投放货币；
(3) 通过<u>公开市场业务</u>等投放货币。

若中央银行可以对基础货币进行有效控制，则控制货币供应量取决于中央银行能否准确测定和调控货币乘数。

四、货币层次（★★★）

（一）国际货币基金组织的货币层次划分

根据国际货币基金组织（International Monetary Fund，IMF）颁布的《货币与金融统计手册》，货币层次划分为：

(1) M_0 = 流通中的现金
(2) $M_1 = M_0$ + 可转让本币存款和在国内可直接支付的外币存款
(3) $M_2 = M_1$ + 单位定期存款和储蓄存款 + 外汇存款 + 大额可转让定期存单
(4) $M_3 = M_2$ + 外汇定期存款 + 商业票据 + 互助金存款 + 旅行支票

（二）我国的的货币层次划分

自1994年以来，中国人民银行按季度向社会公布货币供应量统计监测指标。具体来讲，我国的货币供应量指标被分为3个层次，如表17-4所示：

表17-4 我国的货币供给层次

层次	构成（1994年）	后续新增
M_0	流通中的现金	—
M_1	M_0 + 单位活期存款	—
M_2	M_1 + 储蓄存款 + 单位定期存款 + 单位其他存款	+ 证券公司客户保证金 + 住房公积金中心存款 + 非存款类金融机构在存款类金融机构的存款
M_3	M_2 + 金融债券 + 商业票据 + 大额可转让定期存单等	—

记忆小窍门

随着下角标的数字逐渐增大，M_0、M_1、M_2 这三者所覆盖的范围逐渐增加。其中，M_0 仅包括流通中的货币，流动性最高。M_1 同时包括 M_0 和相对流动性更高的单位活期存款。最终，M_2 涵盖的内容最广泛，因而代表我国的广义货币量。

例题17.2（2019年真题改编，多选题）在我国货币供应量指标中，M_2 包括（   ）。

A. 现金
B. 单位活期存款
C. 单位定期存款
D. 储蓄存款
E. 财政存款

【答案】ABCD

【名师解析】$M_2 = M_1$ + 储蓄存款 + 单位定期存款 + 单位其他存款

五、存款创造（★★）

（一）含义与基本条件

存款创造是指银行运用中央银行发放的货币和准备金使货币供给量增加的行为。换而言之，商业银行以原始存款为基础、在银行体系中繁衍出数倍于原始存款的派生存款。

存款创造需要具备 2 个基本条件：

（1）部分准备金制度：如果是全额准备金，商业银行就没有可贷放的资金，存款创造就无法进行；

（2）非现金结算制度：如果商业银行与储户之间实行全额现金结算，存款创造也无法进行。

（二）存款的构成

1. 原始存款

（1）原始存款。

原始存款是指商业银行吸收的、能增加其准备金的存款，可以理解成从商业银行体系之外进入商业银行的存款。具体包括：

① 商业银行吸收的现金存款；

② 中央银行投放基础货币所形成的存款。

2. 派生存款

派生存款是指由商业银行以原始存款为基础、运用信用流通工具和转账结算的方式发放贷款或进行其他资产业务时，所衍生出来的资金。

3. 原始存款与派生存款的关系

（1）派生存款必须以原始存款为基础，原始存款量的大小直接制约派生存款量的大小；

（2）派生存款只能在银行体系的信用活动中，通过信用流通工具的使用，以及转账结算的条件下才能形成。

（三）存款创造

为了清楚地说明存款货币的创造与消减过程，下面将详细分析商业银行存款货币的扩张与收缩过程。假设：

（1）商业银行只保留法定存款准备金，超额存款准备金全部用于放款或投资；

（2）商业银行的客户（包括存款人和借款人）将其一切收入均存入银行，并使用支票结算方式，不提取现金；

（3）法定的存款准备金率为 20%，原始存款为 100 万元。

假定甲商业银行吸收到 100 万元的原始存款，然后贷放给客户甲，客户甲将此 100 万元以支票形式存入他的开户行银行。

A 银行先缴存 100 万的 20%，即 20 万元的法定存款准备金，然后将其余的 80 万元贷放给客户乙，客户乙以支票形式存入其开户行 B 银行。

B 银行按 80 万元的 10%，即 8 万元缴存法定存款准备金，然后将其余的 72 万元贷放出去……以此类推。

由此可以看出，各银行的存款增加额，构成了一个递减的等比数列，经过银行系统的反复使用，100万元变成了500万元，存款货币的创造、扩展过程为：

$$100+100\times(1-20\%)+100\times(1-20\%)^2+100\times(1-20\%)^3+\cdots=100\times\frac{1}{1-(1-20\%)}=100\times\frac{1}{20\%}=500$$

根据上文案例，可总结公式如下：

$$\Delta D=\Delta B\cdot\frac{1}{r} \tag{17.7}$$

式（17.7）中，ΔD 代表存款货币的最大扩张额；ΔB 代表原始存款额；r 代表法定存款准备金率；$\frac{1}{r}$ 代表存款乘数，即每1元法定存款准备金的变动所引起的存款变动，即存款总额与原始存款的倍数。

由式（17.7）可见，派生存款的数量，主要取决于2个因素：
（1）与原始存款数量成正比；
（2）与法定存款准备金率成反比：
① 法定存款准备金率越高，存款扩张倍数越小；
② 法定存款准备金率越低，存款扩张倍数越大。

若引入法定存款准备金率、超额存款准备金率，以及现金漏损率，则式（17.7）可拓展为：

$$\Delta D=\Delta B\cdot\frac{1}{r+e+c}$$

$$c=\frac{C}{D}=\text{现金漏损率}$$

$$e=\frac{ER}{D}=\text{超额存款准备金率}$$

$$r=\frac{RR}{D}=\text{法定存款准备金率} \tag{17.8}$$

式（17.8）中，ΔB 代表原始存款额；r 代表法定存款准备金率；e 代表超额存款准备金率；c 代表现金漏损率；C 代表现金漏损；ER 代表超额存款准备金；RR 代表法定存款准备金；D 代表支票存款。

存款货币的创造过程也可以反方向作用：当商业银行的原始存款数量减少时，银行的存款货币会呈倍数的紧缩。

六、货币乘数（★★★）

（一）货币乘数的概念

现代信用制度下货币供应量的决定因素主要有2个：基础货币（MB）和货币乘数（m）。3者之间的关系可用公式表示为：

$$M_s=m\cdot MB$$

$$MB = C + RR + ER$$

$$MB = cD + rD + eD = (c + r + e)D$$

$$D = MB \cdot \frac{1}{c+r+e} \tag{17.9}$$

式（17.9）中，M_s 代表货币供应量；MB 代表基础货币；m 代表货币乘数。

根据 M_2 定义，可得到：

$$M_2 = C + D = cD + D = (c+1)D = MB \cdot \frac{1+c}{c+r+e} = MB \cdot m \tag{17.10}$$

$$m = \frac{1+c}{c+r+e} \tag{17.11}$$

式（17.11）表示：基础货币（MB）增加1个单位，货币供给（M_2）增加 $m = \frac{1+c}{c+r+e}$ 个单位。

（二）货币供应量的调控

中央银行可通过以下方式有效调控基础货币和货币乘数，最终改变货币供应量：

（1）再贴现政策、公开市场业务、法定存款准备金率等政策手段；

（2）利用差别利率等政策，调节或改变货币量在各个层次的分布结构，调控货币供应量及其结构，实现货币流通正常化。

从货币供应量的形成过程来讲，由以下3方的行为共同决定：

（1）中央银行：

① 决定法定存款准备金率；

② 影响超额存款准备金率。

（2）商业银行：决定存款准备金率。

（3）非银行经济部门等经济主体：储户决定现金漏损率 c。

名师说

货币乘数属于重要考点，考生需要认真掌握基础货币和货币乘数的计算公式。

例题17.3（2018年真题改编，单选题） 假设法定存款准备金率为8%，超额存款准备金率为4%，流通中的现金50亿美元，存款总量为100亿美元，则基础货币为（　　）亿美元。

A. 50　　　　B. 54　　　　C. 58　　　　D. 62

【答案】D

【名师解析】$MB = C + RR + ER =$ 现金漏损 + 法定准备金 + 超额准备金；

$ER =$ 超额准备金率 × 存款 $= 4\% \times 100 = 4$ 亿美元；

$RR =$ 法定准备金率 × 存款 $= 8\% \times 100 = 8$ 亿美元；

则：$MB = 50 + 4 + 8 = 62$ 亿美元。

任务 18　货币均衡

任务概述

本任务涉及"第八章　货币供求及其均衡"中"第三节　货币均衡"。

此任务在中级经济师考试中约考查 3~4 分，分值占比约为 3%~4%。考试题型同时涉及单选题和多选题。

本任务整体难度适中，其中，重要考点为：货币均衡的含义、通货膨胀及其治理。

任务框架图

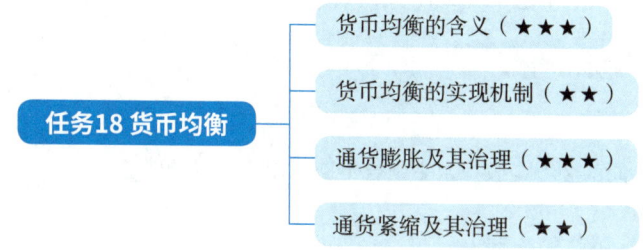

一、货币均衡的含义（★★★）

（一）IS 曲线与货币均衡

1. IS 曲线的含义

IS 曲线上的点表示产品市场达到均衡；IS 曲线上的点表示产品市场上总产出（总收入）等于总需求量。

2. IS 曲线的形态

IS 曲线的形态，如图 18-1 所示：

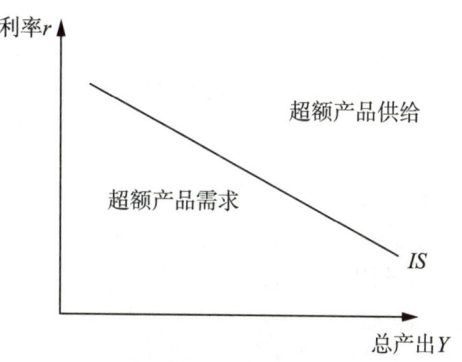

图 18-1　IS 曲线

3. IS 曲线的特征
（1）IS 曲线上的任何点均表示产品市场达到宏观均衡：
$$C+I=C+S \tag{18.1}$$
进而得到：
$$I=S \tag{18.2}$$
式（18.1）和式（18.2）中，C 代表消费；S 代表储蓄；I 代表投资。
（2）偏离 IS 曲线的任何点均表示没有实现均衡：
① IS 曲线左侧区域代表超额产品需求；
② IS 曲线右侧区域代表超额产品供给。
（3）均衡的总产出与利率之间存在着反向变化的关系：
① 利率提高时总产出水平趋于减少；
② 利率降低时总产出水平趋于增加。

（二）LM 曲线与货币均衡

1. LM 曲线的含义
LM 曲线表示在不同的利率与收入水平组合下，货币均衡点的轨迹。
2. LM 曲线的形态
LM 曲线的形态，如图 18－2 所示：

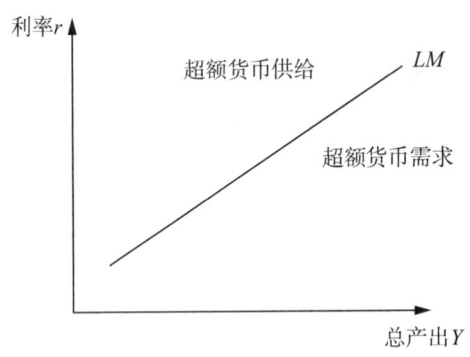

图 18－2　LM 曲线

3. LM 曲线的特征
（1）LM 曲线上的任何点均表示货币市场达到宏观均衡：
$$L=M \tag{18.3}$$
式（18.3）中，L 代表货币需求量；M 代表货币供给量。
（2）偏离 LM 曲线的任何点均表示没有实现均衡：
① LM 曲线左侧区域代表：超额货币供给；
② LM 曲线右侧区域代表：超额货币需求。
（3）根据凯恩斯的流动性偏好理论，货币需求量取决于：
① 总产出（Y）：与货币需求量正相关；

② 利率 (r)：与货币需求量负相关。

(三) 两大市场的同时均衡

产品市场与货币市场同时存在，且均受到利率水平和收入水平的影响。因此，将 IS 曲线和 LM 曲线放在同一直角坐标系内，如图 18-3 所示。

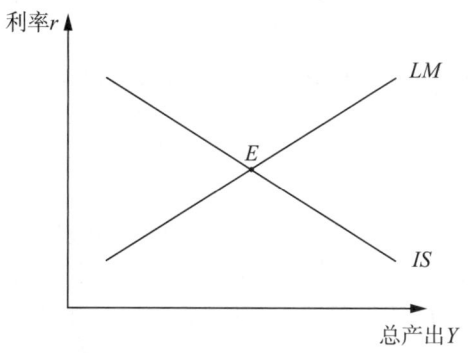

图 18-3　IS-LM 曲线

从理论上说，IS 曲线与 LM 曲线的交点（E）决定了产品和货币两个市场同时均衡时的利率水平与国民收入水平，即交点（E）同时满足 2 个条件：

(1) $I=S$；
(2) $L=M$。

(三) BP 曲线与国际收支平衡

BP 指国际收支差额，即净出口与资本净流出的差额。BP 曲线指国际劳务收支保持不变时收支和利率组合的轨迹，即 BP 曲线上的任何一点所代表的利率和收支的组合都可以使当期国际收支均衡。

在开放经济条件下，如果加入国际收支（BP）的内容，则发展为：IS-LM-BP 模型。所有能影响汇率的因素，如利率、实际国民收入、价格水平均会令 BP 曲线发生移动。若 3 线交于 1 点（E），则表明：国内产品市场、货币市场和外汇市场均处于均衡，如图 18-4 所示。

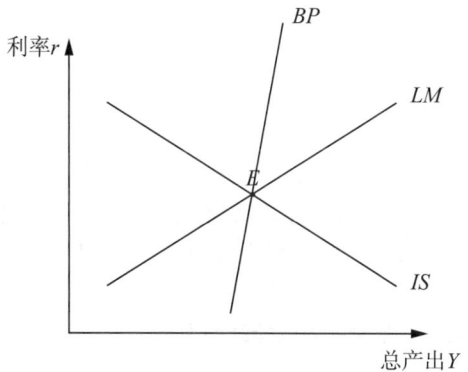

图 18-4　IS-LM-BP 曲线

IS 曲线与 LM 曲线属于重要考点。考生特别需要认真辨别这 2 条曲线所处的市场以及曲线上、左区域、右区域代表的含义。

考生可根据图 18-3 对 IS 和 LM 曲线的含义与特征进行记忆。

"IS-LM" 模型，是由英国现代著名的经济学家约翰·希克斯（John Richard Hicks）和美国凯恩斯学派的代表人阿尔文·汉森（Alvin Hansen），在凯恩斯宏观经济理论基础上概括出的一个经济分析模式，即"希克斯-汉森模型"，也称"希克斯-汉森综合"或"希克斯-汉森图形"。

例题 18.1（2018 年真题改编，单选题）LM 曲线右侧的点，代表（　　）。
A. 超额产品供给　　B. 超额货币需求　　C. 超额产品需求　　D. 超额货币供给
【答案】B
【名师解析】如果经济活动处于 LM 曲线的右边区域，表示货币供给小于货币需求，存在过度的货币需求。

二、货币均衡的实现机制（★★）

市场经济条件下货币均衡的实现有赖于 3 个条件：
（1）健全的利率机制（货币均衡最主要的实现机制）。
① 利率是货币供求是否均衡的重要信号；
② 利率对货币供求具有明显的调节功能。
（2）发达的金融市场。
（3）有效的中央银行调控机制。

三、通货膨胀及其治理（★★★）

（一）通货膨胀的涵义

通货膨胀是指在一定时间内一般物价水平的持续上涨的现象。具体包括以下 3 方面内容：
（1）物价上涨是指一般物价水平，即全部物品及劳务的加权平均价格的上涨，而非个别商品或劳务价格的上涨。
（2）一般物价水平的上涨是一定时间内的持续的上涨。
（3）物价上涨必须超过一定的幅度。

(二) 通货膨胀的类型

通货膨胀的类型,如表 18-1 所示:

表 18-1　通货膨胀的类型

分类标准	类型	含义
按通货膨胀的程度	爬行式	① 价格总水平上涨的年率不超过 2%~3%; ② 在经济生活中没有形成通货膨胀的预期
	温和式	① 价格总水平上涨比爬行式高,但又不是很快; ② 具体百分比没有统一说法
	奔腾式	物价总水平上涨率在 2 位数以上,且发展速度很快
	恶性(超级)	① 物价上升特别猛烈,且呈加速趋势; ② 完全丧失价值贮藏功能; ③ 部分丧失交易媒介功能
按成因	需求拉上型	将在"(三)通货膨胀的成因"中展开
	成本推进型	
	结构型	

(三) 通货膨胀的成因

1. 需求拉上

当经济中需求的扩张超出总供给的增长时,过度需求就会拉动价格总水平持续上涨,即"太多的货币追求太少的商品",从而引起通货膨胀。

2. 成本推进

(1) 通货膨胀的根源并非总需求过度,而是由于总供给方面生产成本上升所引起。

(2) 事实:20 世纪 70 年代,西方发达国家普遍经历了高失业和高通货膨胀并存的"滞胀"局面,即在经济远未达到充分就业时,物价就持续上涨;甚至在失业增加的同时,物价也上升。

(3) 促使产品成本上升的原因:

① 工资成本推进型通货膨胀:现代经济中工会对工资成本具有操纵能力。

② 利润推进型通货膨胀:垄断性大公司可操纵价格,是提高价格水平的重要力量。

③ 汇率变动:引起进出口产品和原材料成本上升。例如,石油危机、资源枯竭、环境保护政策不当等造成原材料、能源生产成本的提高。

3. 供求混合作用

需求拉上的作用和成本推进的作用常常相互交织,总供给和总需求共同作用导致的通货膨胀。

4. 经济结构变化

由于不同国家的经济部门结构的某些特点,当一些产业/部门在需求或成本方面发生变动时,会通过部门间的相互看齐过程而影响其他部门,从而导致一般物价水平的上升。

(四) 通货膨胀治理的对策

通货膨胀对社会再生产的负面影响包括:

(1) 不利于生产的正常发展。
(2) 打乱了正常的商品流通秩序。
因此，通货膨胀需要被治理。

1. 紧缩总需求的政策

通货膨胀的一个基本原因在于总需求超过了总供给，因此，政府可以采取紧缩总需求的政策来治理通货膨胀。紧缩总需求的政策包括紧缩性财政政策和紧缩性货币政策。

(1) 紧缩性的财政政策**（增收节支、减少赤字）**。

① 减少政府支出。

a. 削减购买性支出（政府投资、行政事业费）；

b. 削减转移性支出（福利支出、财政补贴）。

② 增加税收。

a. 降低投资/消费支出；

b. 增加财政收入、减少财政赤字。

③ 减少政府转移支付，减少社会福利开支，从而起到抑制个人收入增加的作用。

(2) 紧缩性的货币政策**（减少货币供给）**。

① 提高法定存款准备金率。

② 提高再贷款率、再贴现率。

③ 公开市场卖出业务。

④ 直接提高利率。

2. 增加供给的政策

积极运用刺激生产的方法增加供给来治理通货膨胀（供给学派）。其主要措施有：

(1) 减税：降低边际税率；

(2) 削减社会福利开支；

(3) 适当增加货币供给，发展生产；

(4) 精简规章制度。

3. 紧缩的收入政策

收入政策（"工资——价格政策"）主要针对成本推动型通货膨胀，通过对工资和物价上涨进行直接干预来降低通货膨胀，主要采取了以下3种措施：

(1) 工资——物价指导线。

政府根据长期劳动生产率的平均增长率来确定工资和物价的增长标准，并要求各部门将工资、物价的增长控制在这一标准之内。

(2) 以税收为基础的收入政策。

政府规定一个恰当的物价和工资增长率，然后运用税收的方式来处罚物价和工资超过恰当增长度的企业和个人。

(3) 工资——价格管制及冻结。

政府颁布法令强行规定工资、物价的上涨幅度，甚至在某些时候暂时将工资和物价加以冻结。这种严厉的管制措施一般在战争时期比较常见。

4. 其它治理措施

为治理通货膨胀，在一些国家还采取了收入指数化、币制改革等政策措施。

(1) 收入指数化（弗里德曼）。

① 将工资、利息等各种名义收入部分地或全部地与物价指数相联系，使其自动随物价指数的升降而升降。

② 针对成本推动型通货膨胀而采取的一种治理通货膨胀的方法：侧重于降低通货膨胀在收入分配上的影响。

（2）币制改革。

① 针对恶性通货膨胀而采取。

② 具体措施：政府废除旧币、发行新币，变更钞票面值等。

③ 目的：增强社会公众对本位币的信心，货币能够重新发挥正常作用。

通货膨胀的涵义、类型、成因，以及治理对策均属于重要考点。考生特别需要认真辨别不同类型通货膨胀之间的区别。

例题 18.2（2019 年真题改编，单选题） 以下对策不可用于治理通货膨胀的是（　　）。
A. 紧缩的需求政策　　　　　　　　B. 积极的供给政策
C. 紧缩的收入政策　　　　　　　　D. 扩张性的财政政策
【答案】D
【名师解析】扩张性的财政政策用于治理通货紧缩。

四、通货紧缩及其治理（★★）

（一）通货紧缩的涵义

通货紧缩是指商品和服务价格的普遍持续下跌。这表明单位货币所代表的商品价值在增加，而货币在不断地升值。

通货紧缩可分为狭义与广义，如表 18-2 所示：

表 18-2　狭义通货紧缩与广义通货紧缩

类型	含义
狭义通货紧缩	货币供应量的减少或货币供应量的增幅滞后于生产的增幅→对商品和劳务的总需求小于总供给→物价总水平下降
广义通货紧缩	非货币因素，如生产能力过剩，导致有效需求下降→物价总水平下降

值得注意的是，判断某个时期的物价下降是否是通货紧缩，需要关注 2 点：
（1）通货膨胀率是否由正变负；
（2）这种下降是否持续了一段时期。

关于通货紧缩的含义的 3 种观点：
（1）通货紧缩是指物价的普遍持续下降；
（2）通货紧缩是指物价持续下跌，货币供应量持续下降，并与经济衰退伴随；
（3）通货紧缩是经济衰退的货币表现，因而必须具备 3 个特征：
① 物价持续下跌，货币供应量不断下降；

② 有效需求不足，失业率上升；
③ 经济全面衰退。

（二）通货紧缩的标志

通货紧缩的标志包括：
（1）价格总水平持续下降：这是通货紧缩的基本标志。
（2）经济增长率持续下降。

（三）治理通货紧缩的政策措施

1. 扩张性的财政政策
（1）减税（非经常性调控手段）：税法和税收制度的改变，主要针对较严重的通货紧缩。
（2）增加财政支出（临时性应急措施）：在市场经济条件下，政府为提供公共产品和服务，满足社会共同需要而进行的财政资金的支付。作用路径为：
① 财政支出可直接增加总需求；
② 财政支出增加可通过投资的乘数效应带动私人投资的增加。

2. 扩张性的货币政策
扩张性的货币政策包括：
（1）扩大中央银行基础货币的投放；
（2）增加对中小金融机构的再贷款；
（3）加大公开市场操作的力度；
（4）适当下调利率和存款准备金率等。

3. 加快产业结构的调整
作为中长期内治理通货紧缩的有效手段，产业结构进行调整主要包括：
（1）产业结构合理化；
（2）产业结构升级。

4. 其他措施
（1）实施工资和物价的管制政策。
（2）干预股票市场：
① 如果股票市场呈现牛市走势，则有利于形成乐观的未来预期；
② 股票价格的上升使居民金融资产的账面价值上升，产生财富增加效应，有助于提高居民的边际消费倾向。
（3）完善社会保障体系：改善国民收入的分配格局，提高中下层居民的收入水平和消费水平，以增加消费需求。

> **记忆小窍门**
>
> 关于通货膨胀与通货紧缩的治理，考生可对比进行记忆：
> （1）通货膨胀的治理：紧缩需求和收入、积极供给。
> （2）通货紧缩的治理：扩张的财政政策和货币政策。

任务 19 中央银行

任务概述

本任务内容涉及"第九章 中央银行与金融监管"的"第一节 中央银行概述",涉及内容包括中央银行的性质、职能和业务。

此任务在中级经济师考试中约考查1~2分,分值占比约为1%。考试题型同时涉及单选题和多选题。

本任务整体难度适中,其中,重要考点为中央银行的性质、职能与业务。

任务框架图

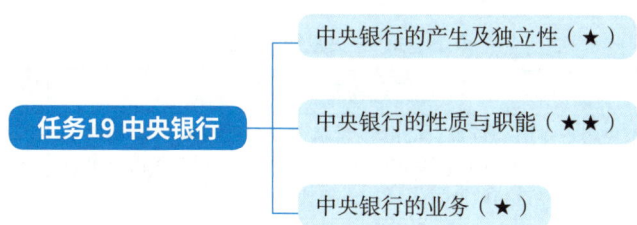

一、中央银行的产生及独立性(★)

(一)中央银行的产生

中央银行的产生有如下两个前提:
(1)商品经济发展比较成熟。
(2)金融业发展对此有客观需求。
中央银行制度的建立,出自于四个方面的需要:
(1)集中货币发行权。
(2)代理国库和为政府筹措资金。
(3)管理金融业。
(4)国家对社会经济发展实施干预。
中央银行的产生和发展的途径大致有三个,如表19-1所示:

表19-1 中央银行的产生和发展途径

央行产生和发展途径	典型代表
由商业银行转化为中央银行	英国的英格兰银行;法国的法兰西银行;德国的普鲁士银行
专门设置的中央银行	美国联邦储备系统;二战前后发展中国家和新独立国家的中央银行

续表

央行产生和发展途径	典型代表
由综合型银行改革为单一职能的中央银行	东欧各国及中国的中央银行

(二) 中央银行的独立性

中央银行的独立性通常是指中央银行在国家总体经济发展战略和目标下,独立制定、执行货币政策的职能和属性,一般体现在两个方面:

(1) 建立独立的货币发行制度,稳定货币。

(2) 独立制定实施货币政策。

中央银行的独立性应遵循两个基本原则:

(1) 中央银行应从国家宏观经济目标出发,制定货币政策,开展相应的政策工具操作。

(2) 中央银行应按照金融运行规律,制定并实施货币政策,避免政府短期行为的干扰。

中央银行独立性的模式如表 19－2 所示:

表 19－2　中央银行独立性模式

模式	具体内容	代表国家
独立性较大	① 中央银行对国会负责,可以独立制定货币政策及采取相应的措施,政府不得直接对它发布命令、指示,不得干涉货币政策。 ② 如果中央银行与政府发生矛盾,要协商解决	美国、德国的中央银行
独立性稍弱	中央银行名义上隶属政府,而实际独立性较大,中央银行可以独立地制定、执行货币政策	英格兰银行、日本银行
独立性较小	中央银行接受政府的指令,货币政策的制定和执行要经政府批准	意大利中央银行

 记忆小窍门

中央银行的独立性,在本书"任务 6 我国的金融机构"中涉及中国人民银行时也提到独立性的概念,考生可以对比记忆。

二、中央银行的性质与职能 (★★)

1. 性质

中央银行在国家金融体系中处于主导地位,代表国家制定和实施货币政策,对金融行业进行监管,对国民经济进行宏观调控和管理,是一个国家的最高货币金融管理机构。

中央银行的业务目标不是为了实现盈利,而是为实现国家的宏观经济目标;中央银行不是从事货币信用业务的经营型银行。

2. 职能

中央银行的**职能**有发行的银行、政府的银行、银行的银行、管理金融的银行。

(1) 发行的银行。

中央银行具有货币发行的特权、独占权,是一个国家唯一的货币发行机构。发行的职能有:

① 中央银行应适时、适度发行货币，保证货币供给与流通中货币需求的基本一致。
② 中央银行应稳定货币，适时适度调整货币供给，处理好货币稳定与经济增长的关系。
③ 中央银行应根据货币流通需要，印刷、铸造和销毁票币，调拨库款，调剂地区间货币分布，满足货币流通需求。

（2）政府的银行。

中央银行为政府提供服务，是政府管理国家金融的专门机构。基本职责有：

① 经理或代理国库。经办或代理政府的财政预算收支，做政府的出纳。包括：办理政府预算收入的缴纳、划拨和留用；办理预算支出的拨付；反映预算收支情况；协助财政、税收部门收缴库款；办理其他有关国库的事务等。
② 代理政府金融事务。例如，代理国债发行、到期国债的还本付息等。
③ 代表政府参加国际金融活动，进行金融事务的协调等。
④ 作为政府金融政策顾问，为国家经济政策的制定提供资料、数据等。
⑤ 为政府提供资金融通，以弥补政府在特定时间内的收支差额。
⑥ 执行金融行政管理职能。
⑦ 保管外汇和黄金储备。

（3）银行的银行。

中央银行通过办理存、放、汇等业务，充当商业银行与其他金融机构的最后贷款人，有以下职责：

① 集中保管存款准备金。集中保管存款准备金便于商业银行及其他金融机构之间互相调剂存款准备金，增强清偿能力；有助于中央银行调节信用规模、控制社会货币供给量；为金融机构之间的非现金结算提供条件；强化了中央银行的资金实力。
② 充当最后贷款人。为稳定经济金融运行，中央银行向面临资金周转困难的商业银行及其他金融机构提供贷款。中央银行作为最后贷款人提供贷款，通常有两种形式：一是票据再贴现，商业银行及其他金融机构把自己持有的已贴现但尚未到期的票据卖给中央银行并获得一定现金的业务；二是票据再抵押，商业银行及其他金融机构为应付急迫的资金需求，把自己持有的票据抵押给中央银行并获得一定现金的业务。

票据再贴现和再抵押业务，使得中央银行成为国家商业银行及其他金融机构的信贷中心，充当了最后贷款人的角色。

③ 组织全国银行间清算业务。**中央银行是银行业的清算中心**。
④ 组织外汇头寸抛补业务。中央银行根据外汇需求，适时买入卖出外汇，即在商业银行外汇头寸多时买入外汇，在商业银行外汇头寸不足时卖出外汇，稳定市场汇率。

（4）管理金融的银行。

中央银行作为国家金融体系的核心，制定实施货币政策，有以下职责：

① 制定实施货币政策，在稳定货币的前提下促进经济增长。
② 制定、颁布金融法规、业务规章。
③ 管理境内金融市场。中央银行作为最后贷款人，维持金融体系稳定；确保资金往来合法化；通过货币政策工具，影响市场利率，调节资金供求关系。

例题 19.1（2016 年真题改编，多选题） 关于中央银行是"政府的银行"的说法，错误的有（　　）。

A．中央银行根据国民经济发展的情况，适时适度发行货币
B．中央银行代理政府从事金融事务
C．中央银行充当最后贷款人
D．中央银行组织全国银行间的清算业务
E．中央银行经理或代理国库

【答案】ACD

【名师解析】中央银行根据国民经济发展的情况，适时适度发行货币属于"发行的银行"职能；中央银行充当最后贷款人和组织全国银行间清算业务属于"银行的银行"职能。

三、中央银行的业务（★）

1. 中央银行的资产负债表

中央银行的业务活动和职能可以从其资产负债表入手进行探讨，其记载的资产、负债的任何变动，均能反映国民经济的变动情况。

中央银行的资产是指中央银行在某一时点所拥有的各种债权，包括国外资产、对金融机构债权、政府债券和其他资产等，具体如表 19-3 所示：

表 19-3　中央银行的资产

资产	具体内容
国外资产	中央银行代表国家保管外汇和黄金储备，并进行适当的黄金和外汇买卖产生的余额
对金融机构债权	中央银行对商业银行和其他金融机构的贴现与贷款余额
政府债券	中央银行购买的各种不同期限的政府债权余额
其他资产	中央银行的固定资产等

中央银行的负债是指金融机构、政府、个人和其他部门持有的对中央银行的债权，包括通货发行、商业银行等金融机构存款、国库及公共机构存款、其他负债等，具体如表 19-4 所示：

表 19-4　中央银行的负债

负债	具体内容
通货发行	包括流通中的现金和商业银行等金融机构库存现金
商业银行等金融机构存款	反映了金融机构在中央银行的存款余额，包括法定存款准备金和超额存款准备金
国库及公共机构存款	中央银行代理国库接受的存款余额
其他负债	包括外国中央银行和金融机构在中央银行的存款等

其中，通货发行与商业银行等金融机构的存款准备金之和被称为基础货币，对一国的货币供给总量有重要影响。

中央银行的资本项目包括：资本、准备金、未分配利润等。

2. 中央银行的资产业务

中央银行的资产业务主要包括：

(1) 贷款。

中央银行的贷款对象是商业银行和政府。贷款的目的是为了缓解商业银行和政府的短期资金不足、补充其流动性。

(2) 再贴现。

中央银行依照再贴现条件审查商业银行的再贴现申请，买入符合条件的票据，对商业银行投放货币资金。

(3) 证券买卖。

中央银行为调控货币供应量，适时地开展公开市场业务，采用直接买卖、回购协议等方式买卖政府中长期债券、国库券等有价证券。

(4) 管理国际储备。

中央银行保管黄金、外汇等储备资产来稳定币值、调节国际收支。

(5) 其他资产业务。

3. 中央银行的负债业务

中央银行的负债业务是中央银行资产业务的基础，主要包括：

(1) 货币发行。

中央银行按照一定的货币发行制度，从事货币发行业务。**中央银行的货币发行是其调控经济金融运行的重要资金来源**。中央银行发行的货币即钞票或现金，是基础货币的主要构成部分，是中央银行的最大负债项目之一。

(2) 经理或代理国库。

中央银行凭借财政部开设的专门账户代理财政收入支出，履行经理或代理国库职责，财政金库存款是中央银行的重要资金来源之一。

(3) 集中存款准备金。

中央银行集中商业银行与其他金融机构的存款准备金的目的：满足其流动性和清偿能力要求，调控信贷规模和货币供给量等。

例题 19.2（2014 年真题改编，单选题）下列业务中，不属于中央银行负债业务的是（   ）。

A. 买入国债　　　　　　　　　　　B. 货币发行
C. 经理或代理国库　　　　　　　　D. 集中存款准备金

【答案】A

【名师解析】买入国债属于中央银行的资产业务。

4. 中央银行的中间业务

资产清算业务是中央银行主要的中间业务，包括：

(1) 集中办理票据交换。

票据交换工作一般在票据交换所进行，参与票据交换的银行必须承担一定的义务，如缴纳交换保证金、在中央银行开立往来存款账户用以结清交换差额、分摊交换所有关费用。

(2) 结清交换差额。

在中央银行开立往来存款账户的各清算银行，其票据交换的最后差额由该账户上的资金来结清。

(3) 办理异地资金转移。

中央银行的资金清算工作既办理同城票据交换与资金清算，也办理全国范围的异地资金转移。

任务 20　货币政策（上）

任务概述

本任务内容涉及"第九章　中央银行与金融监管"的"第二节　货币政策和宏观审慎政策"的部分内容，包括金融宏观调控与货币政策概述；货币政策的目标与工具。

此任务在中级经济师考试中约考查 3~5 分，分值占比约为 2%~3%。考试题型同时涉及单选题和多选题。

本任务整体难度适中，其中，重要考点为货币政策。

任务框架图

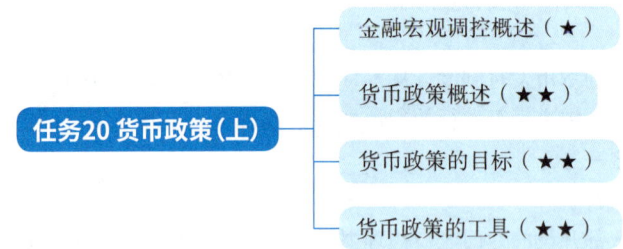

一、金融宏观调控概述（★）

金融宏观调控是指国家运用经济政策调节宏观经济变量（税率、利率、汇率、价格、就业等），促进达到总供求的基本平衡，实现经济稳定增长。

（一）宏观调控

宏观调控有如下三个特点：

（1）在经济学中，宏观调控主要针对经济的短期运行，解决经济的周期波动问题。主要调控手段有：财政政策、货币政策、宏观审慎政策、收入政策。

（2）宏观调控和政府管制的区别。两者都由政府及有关部门实施，但具体目的和手段不一样，宏观调控主要用财政政策、货币政策、宏观审慎政策等宏观政策手段，间接影响微观主体的行为；政府管制主要用行政权力，直接限制微观主体的市场行为，如市场准入、数量管制、价格管制等。

（3）宏观调控与市场经济不是对立的。市场经济需要宏观调控和政府管制，宏观调控在市场失灵时，可以校正市场，使之有效运行。

（二）金融宏观调控定义

金融宏观调控是指以中央银行或货币当局为主体，以货币政策和宏观审慎政策为核心，用各种金融工具调节货币供给量或信用量，实现社会总供求的均衡，促进金融与经济协调稳定发展，是宏观调控的重要组成部分。

金融宏观调控的主要内容如表 20-1 所示：

表 20-1 金融宏观调控的主要内容

金融宏观调控	具体内容
框架要素	金融宏观调控主体、金融宏观调控对象、金融宏观调控目标、金融宏观调控手段、金融宏观调控机制、金融宏观调控效应等
存在的前提	商业银行是独立的市场主体，实行二级银行体制
类型	包括：计划调控、行政调控、政策调控、法律调控。 其中： ① 计划调控和行政调控是计划经济体制下的主要形式； ② 政策调控和法律调控是市场经济体制下的主要形式

（三）金融宏观调控机制

金融宏观调控机制是指中央银行在一定市场环境下，通过实施货币政策，实现宏观经济目标，促进经济稳定发展的市场机制。可以分为金融宏观调控的传导机制和调控机制：

（1）金融宏观调控的传导机制。

中央银行启动调控工具到政策目标实现的自然过程，是由机制中各要素的内在联动关系决定的。

（2）金融宏观调控的调控机制。

金融宏观调控机制是利用传导机制的内在联动，由中央银行运用调控工具变动货币供给，以便影响某些宏观经济变量，达到中央银行的政策目标。

金融宏观调控机制的框架和构成要素如图 20-1 所示：

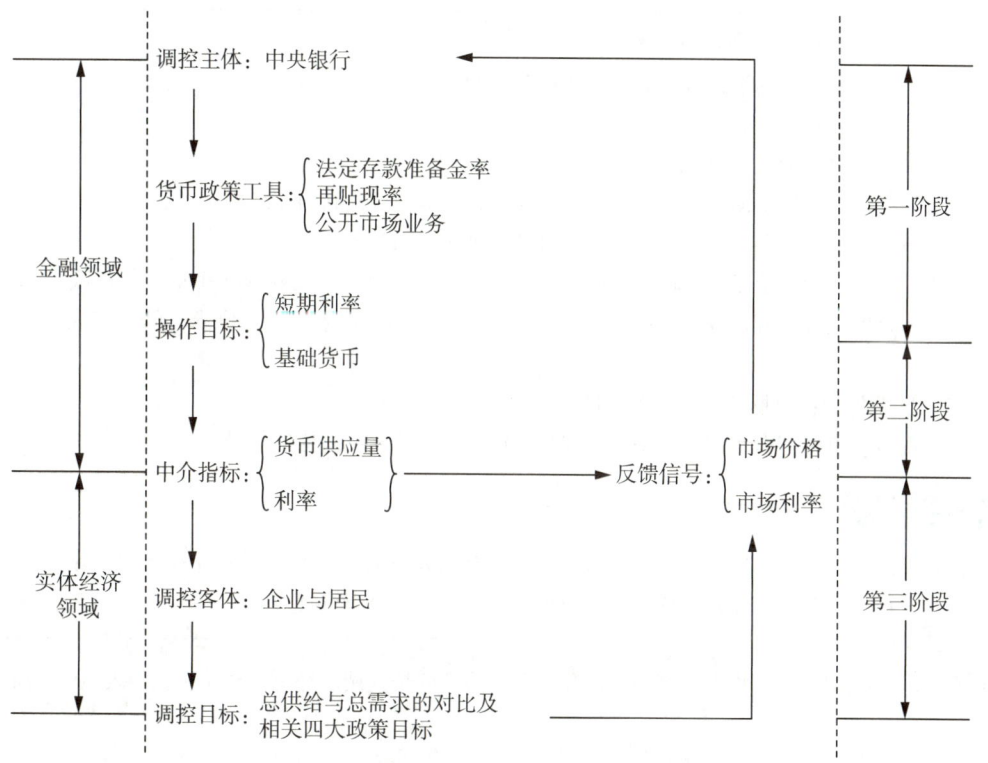

图 20-1 金融宏观调控机制的框架和构成要素

如图 20-1 所示，金融宏观调控机制的各个构成要素的解释如下：

（1）调控主体：中央银行。

中央银行处于国家金融体系的领导和核心地位，主要任务：制定和实施国家金融政策，代表国家监督和管理全国金融业。

中央银行是管理型银行，是银行的银行，不是办理货币信用业务的经营型银行，中央银行在金融宏观调控中处于调控主体的地位。

（2）调控工具：货币政策工具。

货币政策工具包括法定存款准备金率、再贴现率、公开市场业务，包括在金融市场上公开卖出或买入证券，调控市场利率或基础货币供应量、实现货币政策目标。

（3）操作目标：短期利率与基础货币。

操作目标的具体内容如表 20-2 所示：

表 20-2 操作目标

操作目标	具体内容
短期利率	① 短期利率：资金借贷期限在一年以内的利率，主要表现为货币市场利率。 ② 具体操作中，主要使用银行间同业拆借利率作为操作目标
基础货币	中央银行可以直接控制的影响货币供应量的变量，中央银行通过调控基础货币来调控商业银行创造存款货币的能力

（4）中介指标：利率和货币供应量。

利率和货币供应量的中央银行宏观金融调控的间接控制二阶变量，它们会直接影响社会对劳务和商品的需求。

（5）调控客体：企业与居民。

企业与居民是市场上的微观主体，决定了社会总供求的规模和内在结构。

（6）调控目标：总供给与总需求的对比及相关四大政策目标。

中央银行的四大政策目标：稳定币值、经济增长、充分就业、国际收支平衡。货币政策的宏观调控的实质是间接总量调控政策，中央银行通过调节货币供应量来影响总供求，间接实现四大政策目标。

（7）反馈信号：市场利率与市场价格。

中央银行将市场利率与市场价格作为观察金融宏观调控实际效应的信号。

在产品市场上，总供给大于总需求，产品价格总水平将会下跌；总供给小于总需求，产品价格水平将会上升。在金融市场上，利率水平也有类似的反应过程。

在金融宏观调控中，货币政策的传导和调控会涉及两个领域、经历三个阶段，如表 20-3 所示：

表 20-3　货币政策的传导和调控过程

分类		具体内容
领域	金融领域	货币政策首先改变的是金融领域的货币供给状况，按照中央银行的意图建立新的货币供求，是以基础货币变动引起货币供求变动的动态过程
	实体经济领域	从货币供给变化到实现中央银行的四大政策目标是在该领域实现的，货币供给的变化影响企业与居民的投资与消费，使社会的需求供给从旧的均衡走向新的均衡
阶段	第一阶段	中央银行操作货币政策工具对一阶变量基础货币的直接控制
	第二阶段	基础货币的变化通过商业银行信贷行为对二阶变量货币供应量产生间接控制作用
	第三阶段	由二阶变量货币供应量变化间接影响实现货币政策的最终目标

二、货币政策概述（★★）

（一）货币政策的含义

货币政策是指中央银行为实现特定的经济目标，采取各种控制、调节货币供应量或信用量的方针、政策、措施。

货币政策的构成要素：货币政策目标、实现目标所用的政策工具、预期达到的政策效果等。

（二）货币政策的基本特征

货币政策的基本特征有：

(1) 货币政策是宏观经济政策。

货币政策一般涉及的是国民经济中的货币供应量、信用总量、利率、汇率等宏观问题。

(2) 货币政策是调节社会总需求的政策。

货币政策通过货币的供给来调节社会总需求中的投资需求、消费需求、出口需求，并间接影响社会总供给的变动，从而促进社会总需求与总供给的平衡。

(3) 货币政策主要是间接调控政策。

货币政策主要用经济手段、法律手段调整"经济人"的经济行为，一般较少或不采用直接的行政手段调控经济。

(4) 货币政策是长期连续的经济政策。

货币政策都是实现长期性的政策目标，一般有稳定物价、经济增长、充分就业、国际收支平衡。

货币政策的具体操作和调节措施的特点是：短期性、实效性，因此，货币政策的实施是短期的，需要连续操作来达到货币政策的长期目标。

（三）货币政策的类型

货币政策的类型有几下几种，如表 20-4 所示：

表 20-4 货币政策的类型

类型	具体内容	措施
宽松的货币政策	中央银行降低利率、扩大信贷、增加货币供给，增加投资，扩大总需求，刺激经济增长	① 降低法定存款准备金率；② 降低再贴现利率；③ 公开市场业务，购进证券，增加货币供应
紧缩的货币政策	中央银行提高利率、紧缩信贷、减少货币供给，抑制投资，压缩总需求，防止经济过热	采取的措施与宽松的货币政策的措施相反
稳健的货币政策	注重强调的是货币信贷增长和国民经济增长保持协调，在不同时期和条件下，可以有不同的操作特点和操作方式	可以依据经济形势的变化，灵活地实行适时适度的放松或收紧银根的措施

例题 20.1（2016 年真题改编，多选题） 下列措施中，属于紧缩货币政策的有（　　）。

A. 中央银行降低利率　　　　　　　　B. 中央银行增加货币供给

C. 中央银行提高利率　　　　　　　　D. 中央银行减少货币供给

E. 中央银行调节税收

【答案】CD

【解析】紧缩的货币政策包括：中央银行提高利率、紧缩信贷、减少货币供给，抑制投资，压缩总需求，防止经济过热。

（四）货币政策框架——通货膨胀目标制

通货膨胀目标制是中央银行直接以一定的通货膨胀率为目标，并将此目标对外公布。

通货膨胀目标制的**做法**是：

（1）中央银行明确以物价稳定为目标，公布其未来一定时期要达到的目标通货膨胀率；

（2）预测目标期的通货膨胀率，根据预测和目标通货膨胀率之间的差距，决定货币政策的实施措施。**如果预测高于目标通货膨胀率，则采用紧缩性货币政策；如果预测低于目标通货膨胀率，则采用扩张性货币政策；如果预测接近目标通货膨胀率，则保持货币政策不变。**

1990 年，新西兰在全球率先采用通货膨胀目标制，此后，英国、瑞典等国家也开始采用，通货膨胀目标制由此盛行。

在通货膨胀目标制中，货币政策的首要目标是稳定物价；评价货币政策绩效的重要依据是通货膨胀预测是否得到有效控制；货币政策目标的本质是将金融宏观调控对象物价化。反通货膨胀称为货币政策的实质内容。

具体实践中，通货膨胀目标制的**前提条件**：

① 中央银行具有较高的独立性；

② 货币政策的首要目标为价格稳定；

③ 中央银行在执行货币政策时，保持较强的责任性和较高的透明度；

④ 能够对通货膨胀目标或目标区间进行合理确定，并对通货膨胀率进行精准预测；

⑤ 金融体系发展比较完善，实现了利率市场化和汇率浮动制。

通货膨胀目标制的实施**特点**：

① 货币政策承诺维持一个长期的具体的通货膨胀水平；

② 在长期通货膨胀目标的约束下，中央银行短期内具有采取灵活政策的权利，即"弹性通货膨胀目标"；

③ 通货膨胀目标制要求货币政策决策者保持开放、透明。

通货膨胀目标制的**优点**：

① 克服了传统货币政策下，单纯关注经济、金融变量的弊端，实现了规则性和灵活性的统一；

② 提高了货币政策的透明度；

③ 增强公众对货币政策的信心，利于经济的稳定运行。

通货膨胀目标制的**缺点**：

① 该制度过分重视需求方面的扰动，因此处理供给方面因素时，缺乏必要的弹性；

② 忽视了货币政策对就业的影响；

③ 忽视了频繁变动政策工具对实体经济的不利影响。

三、货币政策的目标（★★）

（一）货币政策最终目标体系

货币政策的目标是解决宏观经济问题，一般来说，货币政策的最终目标有几个方面：

（1）物价稳定。

物价稳定指的是在经济运行中，物价总水平在短期内不发生显著的波动。实际操作中，基本以通货膨胀率来衡量物价稳定状态。

（2）充分就业。

充分就业是指有能力并愿意工作的人都可以在合理条件下，随时找到适当的工作。

经济学中的充分就业并不是 100% 就业，通常将两种失业排除在外：① 摩擦性失业，由短期内劳动力供求失调或季节性原因产生的失业；② 自愿失业，工人不愿意接受现行的工资水平而产生的失业。

判断充分就业是否实现，一般用劳动力的失业率来衡量。失业率反映了充分就业目标是否实现与实现程度。与充分就业相对应的失业率为自然失业率。

$$失业率 = \frac{社会的失业人数}{愿意就业的劳动力人数} \tag{20.1}$$

（3）经济增长。

经济增长是针对国民经济发展状况而设置的宏观经济目标，国民生产总值要保持一定的增长速度，不要停滞，更不能负增长。

经济增长与充分就业关系密切，充分就业程度越高，意味着生产资源越能被充分利用。

衡量经济增长的主要指标：国民生产总值增长率、国民收入增长率、人均国民生产总值增长率、人均国民收入增长率。

（4）国际收支平衡。

国际收支平衡是指国家国际收支中的收入和支出达到基本持平的状态。

国际收支平衡有静态平衡和动态平衡。静态平衡是指以一个年度周期内的国际收支平衡为目标的平衡，即年度末的国际收支数额基本持平，就达到了静态平衡；动态平衡是指以一定时期的国际收支平衡为目标的平衡。

在开放型经济中，国际收支是否平衡对国内货币供应量与物价产生较大影响。

① 如果出现过大顺差（收>支），则国内货币供应量增多，市场商品供应量减少，从而使该国市场出现货币供给偏多、商品供应不足，物价上涨；

② 如果出现过大逆差（收<支），则国内商品供应量增大，国内货币量减少，加剧国内商品过剩，导致经济增长停滞。

与顺差相比，逆差对经济的不利影响更大，因而各国在调节国际收支时，重点放在减少或清除逆差上。

例题 20.2（2013 年真题改编，多选题） 经济学中的充分就业并不是 100% 就业，通常将两种失业排除在外，分别是（　　）。

A. 摩擦性失业　　　　B. 自愿失业　　　　C. 周期性失业　　　　D. 非自愿失业

E. 被动型失业

【答案】AB

【名师解析】经济学中的充分就业并不是 100% 就业，通常将摩擦性失业和自愿失业排除在外。

（二）货币政策最终目标之间的矛盾性

宏观经济的最佳状态是同时保持物价的稳定、较高的经济增长速度、劳动力充分就业、国际收支基本平衡。

这四个政策目标之间存在一致性，也存在着不协调，不协调主要表现为：

（1）稳定物价与充分就业之间的矛盾。

采取减少失业或实现充分就业的政策，可能导致较高的物价和较高的通货膨胀率；反之，降低物价或稳定物价，可能导致较高的失业率。

（2）稳定物价与经济增长之间的矛盾。

稳定物价要求收紧银根、压缩投资需求、控制货币量与信用量；为使经济高速增长，要求增加投资。

（3）稳定物价与国际收支平衡之间的矛盾。

稳定物价的货币政策目标不一定能够保持国际收支平衡，因为国际收支情况取决于本国和外国的经济环境，即使本国物价维持着较稳定的状态，但如果国外发生通货膨胀，本国出口商品竞争力减弱，本国国际收支逆差。

只有在各国的物价稳定标准大致相同时，物价稳定才有可能与国际收支平衡并存，但这种情况较为少见。

(4) 经济增长与国际收支之间的矛盾。

经济增长带动了进口增加，出口产品由于国民收入增加带来了需求，如果进口的增长较出口更快，就会导致贸易逆差；为促进经济增长，需要增加投资，如果国内资金不足，外资流入会造成资本项目的顺差，但依靠资本流入弥补经常项目逆差的方式，只是暂时的。

在国际收支逆差时，通常会压制国内需求减少进口，就可能影响国内经济增长速度，导致经济衰退，因此，经济增长和国际收支平衡也很难并进。

> **记忆小窍门**
>
> 货币政策的最终目标和最终目标之间的矛盾，如图20-2所示：
>
>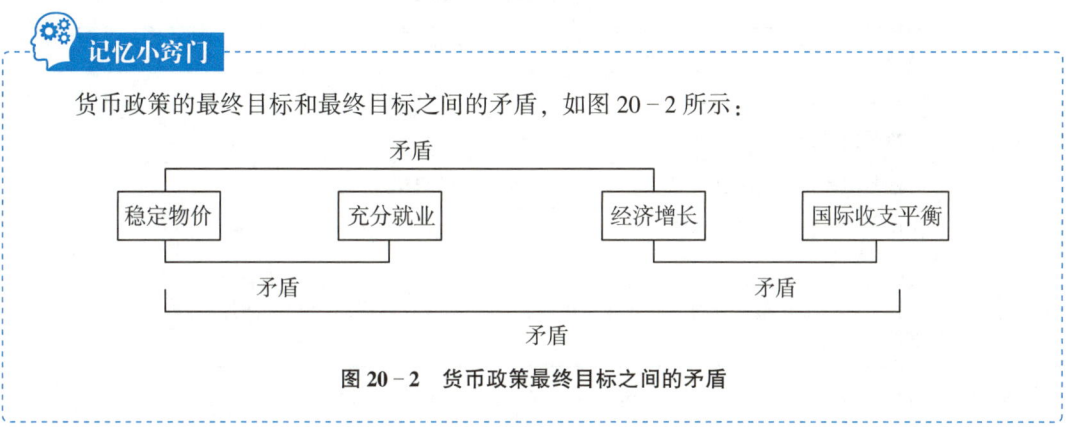
>
> 图20-2 货币政策最终目标之间的矛盾

四、货币政策的工具（★★）

货币政策工具是指中央银行采取的、能够通过金融途径影响各经济主体的经济活动，从而实现货币政策目标的经济手段。即作为货币政策工具，应当是属于中央银行的信用管理业务，并且能够对货币供给产生作用。

货币政策工具主要有一般性货币政策工具和选择性货币政策工具。其中，一般性货币政策工具又称货币政策的总量调节工具，是常规性的货币政策工具，主要包括：存款准备金政策、再贴现政策、公开市场操作。

（一）存款准备金政策

存款准备金政策是中央银行在其权力范围内，规定或调整商业银行缴存中央银行存款准备金率，以控制商业银行的信用创造能力，改变货币乘数，间接控制货币供应量的政策。

存款准备金政策的<u>主要内容</u>：

(1) 规定存款准备金计提的基础，即需要交存款准备金的存款种类和数额。
(2) 规定法定存款准备金率，即在存款准备金计提的基础上，计提的存款准备金比率。
(3) 规定存款准备金的构成，存款准备金只能是在中央银行的存款。
(4) 规定存款准备金提取的时间。

存款准备金政策作用于经济的途径有：

(1) 对货币乘数产生影响。

根据存款创造原理，货币乘数随法定存款准备金率做反向变化，即法定存款准备金率越高，货币乘数越小，银行原始存款创造的派生存款也越少。

(2) 对超额存款准备金的影响。

当存款准备金率降低时,即便基础货币和准备金总额没有变化,也相当于解冻了一部分存款准备金,转化为超额存款准备金,使得商业银行的信用扩张能力增强。

(3) 宣示效果。

存款准备金率上升,说明信用收缩,利率也将上升,公众会自动紧缩对信用的需求。

存款准备金政策的优点和缺点如表20-5所示:

表20-5 存款准备金政策的优点和缺点

优缺点	具体内容
优点	中央银行具有完全的自主权,在货币政策工具中最容易实施
	对货币供应量的作用快速,一旦确定,各商业银行等金融机构必须立即执行
	对松紧信用比较公平,一旦变动,能同时影响所有的金融机构
缺点	作用猛烈,缺乏弹性,不适合作为中央银行日常调控货币供给的工具
	政策效果在很大程度上受超额存款准备金的影响,即如果商业银行超额存款准备金较多,当法定存款准备金比率上升时,商业银行可以将部分超额存款准备金充抵法定存款准备金,不用收缩信贷

例题20.3（2014年真题改编,多选题）关于存款准备金的说法中,正确的是（　　）。

A. 存款准备金政策通常被认为是货币政策中最猛烈的工具之一

B. 法定存款准备金率越高,货币乘数越大

C. 当存款准备金率降低时,即便基础货币和准备金总额没有变化,也相当于解冻了一部分存款准备金

D. 存款准备金率上升,说明信用收缩,利率也将上升

E. 存款准备金政策是由财政部发起的

【答案】ACD

【名师解析】法定存款准备金率越高,货币乘数越小;存款准备金政策是由中央银行发起的。

(二) 再贴现政策

再贴现是指商业银行以未到期、合格的客户贴现票据再向中央银行贴现。**对中央银行来说,再贴现是买入票据,提供资金;对商业银行来说,再贴现是卖出票据,收到资金。**

再贴现政策的**内容**:

(1) 调整再贴现率,影响商业银行借贷中央银行资金的成本。

(2) 规定向中央银行申请再贴现的资格,即对再贴现的票据种类和申请机构区别对待,来影响金融机构借入资金的流向。

再贴现政策作用于经济的**途径**:

(1) 借款成本效果。

中央银行通过提高或降低再贴现率,以影响金融机构向中央银行借款的成本,进而影响基础货币投放量,从而影响货币供应量和其他经济变量。

货币供应量过多时,提高再贴现率,会让商业银行减少向中央银行的借款,货币供应量减少。

(2) 宣示效果。

中央银行提高再贴现率,表示货币供应量减少,市场利率将上升,为了避免信用借款导致收益

减少，人们会减少投资和消费需求。
(3) 结构调节效果。
① 规定再贴现票据种类，来支持或限制不同用途的信贷；
② 对不同种类的再贴现制定差别再贴现率，使货币供给结构符合中央银行的政策意图。
再贴现政策运用的**前提条件**：
(1) 在金融领域，以票据业务进行融资称为融资的主要方式之一。
(2) 商业银行要以再贴现方式向中央银行借款。
(3) 再贴现率低于市场利率。商业银行处于成本考虑，愿意向中央银行再贴现。
再贴现的优缺点，如表 20-6 所示：

表 20-6 再贴现的优点和缺点

优缺点	具体内容
优点	有利于中央银行发挥最后贷款人的作用
	比存款准备金调节方式更灵活，可以调节总量、结构
	以票据融资，风险较小
缺点	**再贴现的主动权在商业银行，不在中央银行**。商业银行可以通过除再贴现之外的其他途径融资，这样中央银行就无法通过再贴现调节货币供应量和结构

例题 20.4（2016 年真题改编，多选题） 再贴现的优点包括（ ）。
A. 有利于中央银行发挥最后贷款人的作用
B. 比存款准备金调节方式更灵活，可以调节总量、结构
C. 以票据融资，风险较小
D. 再贴现的主动权在商业银行，不在中央银行
E. 没有存款准备金调节方式灵活
【答案】ABC
【名师解析】再贴现的缺点之一是再贴现的主动权在商业银行，不在中央银行。

（三）公开市场操作

公开市场操作是指中央银行在金融市场上买卖国债、中央银行票据等有价证券，影响货币供应量和市场利率的行为，是目前发达国家运用的最多的货币政策工具。

当资金缺乏时，中央银行通过公开市场操作买进有价证券，投放基础货币，引起货币供应量增加和利率的下降；当资金过多时，中央银行通过公开市场操作卖出有价证券，收回基础货币，引起货币供应量的减少和利率的升高。

公开市场操作作用于经济的**途径**：
(1) 通过影响利率来影响经济。
中央银行在公开市场操作中买入证券，货币供应扩大，利率下降，刺激投资，对经济产生扩张性影响；中央银行在公开市场操作中卖出证券，货币供应缩小，利率上升，抑制投资，对经济产生收缩性影响。
(2) 通过影响银行存款准备金来影响经济。
中央银行买入商业银行的证券，增加了商业银行的超额存款准备金，商业银行利用这些超额存

款准备金使货币供应按照乘数扩张，刺激经济增长；反之则相反。

中央银行买入一般公众的证券，增加了公众在商业银行的存款，商业银行按所增存款计提法定存款准备金后，用剩余的部分使货币供应再按乘数扩张；反之则相反。

上面的两种情况都会导致基础货币增加，从而扩大货币供应量，但前者的作用更大。

公开市场操作的优点和缺点如表20-7所示：

表20-7 公开市场操作的优点和缺点

优缺点	具体内容
优点	主动权在中央银行，不像再贴现那样中央银行处于被动地位
	富有弹性，可以对货币进行微调，也可以大调，但不像存款准备金政策那样作用猛烈
	中央银行可以买卖证券同时进行，所以很容易逆向修正货币政策，可以连续进行，能够补充存款准备金、再贴现这两个非连续性工具的效果不足
	根据证券市场供求波动，主动买卖证券，可以稳定证券市场
缺点	从政策实施到影响最终目标，时滞较长
	干扰其实施效果的因素比存款准备金、再贴现多，往往带来政策效果的不确定性

（四）其他货币政策工具

（1）选择性货币政策工具。

选择性货币政策工具是指中央银行对于某些特殊领域实施调控所采取的措施或手段，作为一般性货币政策工具的补充。主要包括：

① 消费者信用控制。中央银行对不动产以外的各种耐用消费品的销售融资加以控制，抑制或刺激消费需求，从而影响经济。

② 不动产信用控制。中央银行就金融机构对客户购买房地产等方面放宽的限制，抑制房地产和其他不动产的交易投机。

③ 优惠利率。中央银行对国家重点发展的经济部门、产业（农业、能源、交通等）采取的优惠措施。

（2）直接信用控制的货币政策工具。

直接信用控制是指中央银行用行政命令或其他方式，直接控制金融机构，尤其是商业银行的信用活动。具体包括的内容如表20-8所示：

表20-8 直接信用控制的内容

类别	具体内容
贷款限额	中央银行对商业银行规定贷款的最高限额，控制信贷规模和货币供应量；也可以规定某类贷款的最高限额，控制某些部门的过热发展
利率限制	中央银行规定存款利率的上限、贷款利率的下限，限制商业银行的恶性竞争
流动性比率	中央银行规定商业银行全部资产中流动性资产所占的比重，限制商业银行的信用扩张，保护存款人利益
直接干预	中央银行直接对商业银行的信贷业务进行干预，例如，限制放款的额度和范围、干涉吸收活动存款等

(3) 间接信用指导的货币政策工具。

间接信用指导是指中央银行利用道义劝告、窗口指导等来间接影响商业银行的信用创造。**优点**是比较灵活，但为了充分发挥作用，中央银行必须在金融体系中保持较高的地位和足够的控制信用的法律权力和手段。

间接信用指导的具体内容如表 20-9 所示：

表 20-9 间接信用指导的内容

类别	具体内容
道义劝告	中央银行利用其在金融体系中的地位，以口头或书面的形式对商业银行和其他金融机构发出通告、指示，让其遵守政策、主动合作
窗口指导	中央银行根据产业行情、物价趋势和金融市场动向，规定商业银行季度贷款的变动额，并"指导"其执行

任务 21　货币政策（下）

任务概述

本任务内容涉及"第九章　中央银行与金融监管"的"第二节　货币政策和宏观审慎政策"的部分内容，包括货币政策的传导机制与中介指标；我国的货币政策和宏观审慎政策。

此任务在中级经济师考试中约考查 3~4 分，分值占比约为 2%~3%。考试题型同时涉及单选题和多选题。

本任务整体难度适中，其中，重要考点为货币政策的操作指标、我国的货币政策。

任务框架图

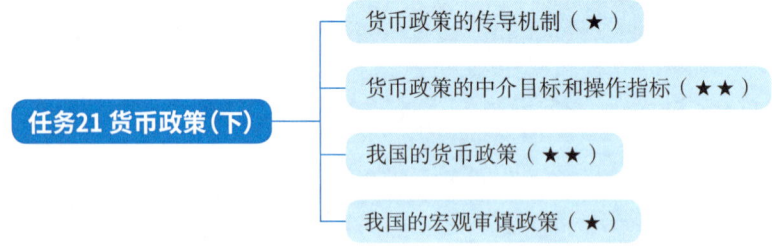

一、货币政策的传导机制（★）

货币的传导机制即是运用货币政策工具或手段影响中介指标，进而对总体经济活动发挥作用的途径和过程。

（一）凯恩斯学派的货币政策传导机制理论

该学派的过程为：中央银行通过改变货币供应量 M，改变利率 r，利率的变化通过资本边际效率的影响改变投资 I，进而影响总支出 E 和总收入 Y。具体的过程如图 20-1 所示：

中央银行改变货币供应量（M）⟶ 利率（r）——通过资本边际效率——⟶ 投资（I）⟶ 总支出（E）⟶ 总收入（Y）

图 21-1　凯恩斯学派货币政策传导过程

在这个货币政策传导过程中，关键环节是利率，但该过程没有考虑商品市场对货币市场的影响，没有反映出两个市场循环往复的反馈作用，因此，凯恩斯学派又做了进一步分析，即一般均衡分析。

一般均衡分析的主要内容为：

（1）假定货币供给增加，产出水平不变，则利率会相应下降，进而会刺激投资，引起总需求增加，推动产出和收入的增加。这是货币市场对商品市场的作用，是局部均衡分析。

（2）产出和收入的增加，会引起货币需求的增加，此时如果货币供给没有增加，则下降的利率会上升。这是商品市场对货币市场的作用。

（3）利率的上升，将会降低总需求，产量下降，收入减少。收入减少会引起降低货币的需求，利率回落。这是货币市场和商品市场之间循环往复的相互作用。

（4）以上循环往复会接近一个均衡点，均衡点上同时满足了货币市场均衡和商品市场均衡的要求。

凯恩斯学派理论的**特点**：强调利率的作用，它认为货币政策在增加国民收入上，主要取决于投资的利率弹性和货币需求的利率弹性。

如果投资的利率弹性大，货币需求的利率弹性小，那么增加货币供给导致的收入增长会比较大。

（二）货币学派的货币政策传导机制理论

弗里德曼的现代货币数量论强调货币供应量变动直接影响名义收入，具体过程如图 21-2 所示：

货币供应量（M）⟶ 总支出（E）⟶ 投资（I）⟶ 名义收入（y）

图 21-2　货币学派货币政策传导过程

货币学派强调货币供应量的主要作用，而不是利率在货币传导中起主导作用。货币政策不是通过利率来间接影响投资和收入，而是通过货币供应量来直接影响社会的支出和名义收入。

具体的影响过程原理解释如下：

（1）货币供应量（M）→总支出（E）。

① 根据货币需求理论，货币需求有内在的稳定性。

② 弗里德曼的货币需求函数中不包含任何的货币供给因素，货币供给的变动不会直接引起货币需求的变动，在现代货币制度中，货币供给由中央银行控制，因此，货币学派将货币供给当作外生变量。

③ 当货币供给增大，由于货币需求不变，公众会将多余的货币购买各种资产（金融资产、实物资产等），公众支出增加。

（2）总支出（E）→投资（I）。

总支出到投资即支出用于投资的过程，货币主义认为这是对资产结构进行调整的过程。具体如下：

① 货币供应超过货币需求，多余的货币会进行投资，会改变金融市场、商品市场、人力资本市场的均衡。

② 货币持有者的投资会造成这些资产相对收益率的变动。如果大量货币投资金融资产，金融资产的收益率会相对下降，从而刺激对非金融资产的需求；如果对非金融资产投资增加，即产业投资增加，将可能促进产出增加，产品价格上涨。

③ 上述过程的结果必然会引起资产结构的调整，在调整过程中，不同资产的收益率会趋于相对稳定。

货币供给短期内对实际产量和价格水平均可发生影响，但长期来说，只会影响物价水平，即货币是中性的。

二、货币政策的中介目标和操作指标（★★）

（一）货币政策的中介目标

货币政策的中介目标又称货币政策的中介指标、中间目标、中间变量等，是指介于货币政策工具变量（操作目标）和货币政策目标变量（最终目标）之间的变量指标。

（1）货币政策中介目标的功能。

货币政策中介目标有三种功能，具体如表21-1所示：

表21-1 货币政策中介目标的功能

功能	具体内容
测度功能	在货币政策最终目标实现的长期过程中，必须用短期的、数量化的金融变量来测定货币政策工具的作用和效果，预测最终目标的实现程度
传导功能	中央银行不能直接控制和实现货币政策的最终目标，货币政策中介目标就是一个承前启后的桥梁
缓冲功能	中介目标使货币政策工具对宏观经济的影响有一个缓冲，中央银行可以及时调整政策工具和操作力度，避免经济急剧波动

（2）货币政策中介目标选择的标准。

① 可测性。可测性是指中央银行所选择的作为中介目标的金融变量的变动情况能够被迅速、准确观测。

② 可控性。可控性是指作为中介目标的金融变量能够被中央银行控制。

③ 相关性。相关性是指中介目标的变动与货币政策最终目标的实现之间必须存在密切的相关关系。

按照上述标准中介目标可以分为两类：一类是总量目标，如货币供应量等；一类是利率指标，如长期利率等。

（3）货币政策的中介目标体系。

货币政策的中介指标体系一般包括利率和货币供应量。

① 利率。利率作为中介目标时主要指的是中长期利率，它作为货币政策中介目标的理由：一是可控性强，可以通过再贴现率、公开市场业务来调节；二是市场利率的水平和结构随时都可以进行分析和调整；三是与最终目标的相关性强。

> 凯恩斯学派主张将充分就业作为终极目标，此时，货币政策的中介目标是利率，因为在利率很低时，货币供应量即使很大，也会被公众吸收，对社会经济的影响微不足道，因此，美国等国家过去都是以市场利率为主要的中介目标。

② 货币供应量。货币供应量也称总量目标，是货币学派推崇的中介目标。货币实际余额的变动可以直接影响支出和收入，而无须通过利率对投资和收入进行间接传导。在现代货币主义政策影响下，美国联邦储蓄系统在1979年以后改为以货币供应量（M_2）为货币政策主要的中介目标。但将

货币供应量作为中介目标的问题是，货币范围再逐渐扩大并有超出中央银行控制的趋势，货币供应量与经济活动之间的稳定关系也在逐渐破裂。

> 货币供应量就是流通中的货币量，广义上有流通中的现金和银行存款，在世界银行公布的"货币概览"中分为 M_0、M_1、M_2、M_3 等。货币供应量作为货币政策的中介目标是因为它符合中介目标的标准：可测性——货币供应量反映在中央银行、商业银行和非银行金融机构的资产负债表内；可控性——M_1、M_2 不受中央银行直接控制，但中央银行可以通过对基础货币的控制、存款准备金的调整等措施间接地对其进行控制；相关性——货币供应量在相关性方面存在一些问题，以货币供应量作为货币政策的中介目标，最大的问题就是指标口径的选择。

例题 21.1（2015 年真题改编，多选题）货币政策的中介指标体系一般包括（　　）。

A. 利率　　　　　　B. 货币供应量　　　　C. 货币需求量　　　　D. 总支出和总收入

E. 货币供应量和需求量之和

【答案】AB

【名师解析】货币政策的中介指标一般包括利率和货币供应量。

（二）货币政策的操作指标

操作指标也称近期目标，它介于货币政策工具和中介目标之间。 在货币政策发挥作用的过程中，操作指标离货币政策工具最近，是货币政策工具直接作用的对象，随工具变量的改变而迅速改变。

操作指标的选择也要符合可测性、可控性和相关性三个标准。

如果以总量指标为中介指标，那么操作指标也应该是总量指标；如果以利率为中介指标，那么操作指标也应是利率指标。主要的操作指标有：

（1）短期利率。

短期利率的操作指标主要是银行间同业拆借利率。优点：可测性好，中央银行可以通过公开市场操作和再贴现窗口进行调控，灵活性高。缺点：利率作用于经济存在时滞，因为其是顺周期的，容易造成货币供给的周期性膨胀和紧缩。

（2）基础货币。

基础货币是指处于流通领域，公众持有的现金和商业银行持有的准备金总和。货币供应量等于基础货币与货币乘数之积。

基础货币是比较好的操作指标：

① 可测性，基础货币是中央银行资产负债表上的负债，很容易获得相关数据；

② 可控性，基础货币中的现金，是由中央银行直接控制的，金融机构的存款准备金取决于中央银行的货币政策工具的操作，可控性很高；

③ 相关性，中央银行操控基础货币，可以使商业银行及公众调整其资产构成，改变货币乘数，另一方面可以通过改变货币基数，直接影响货币供应总量，最后实现货币政策的最终目标。

（3）存款准备金率。

① 可测性，中央银行在统计报表中可以轻易得到法定存款准备金和超额存款准备金；

② 可控性，中央银行可以通过公开市场业务、再贷款政策对存款准备金率进行调整；

③ 相关性，基础货币由流通中的现金和银行准备金组成，调控银行准备金可以改变基础货币，从而改变货币供应量。

>
>
> 由于准备金中的超额存款准备金决定银行的信贷扩张能力，而超额存款准备金取决于银行的贷款意愿，不由中央银行决定，因此，它的可控性是有限的。

三、我国的货币政策（★★）

（一）我国的货币政策目标

1995年3月颁布，2003年修正的《中华人民共和国中国人民银行法》中，对我国货币政策目标的表述为：**保持货币币值的稳定，以此促进经济的增长，该政策目标要求抑制物价上涨幅度的同时维持适度的经济增长，并且绝不以牺牲经济增长为前提。我国货币政策目标实质上是以防通货膨胀为主的多目标制。**

（二）我国的货币政策工具

我国的货币政策工具有以下几种：

1. 存款准备金

存款准备金是指金融机构为保证客户提取存款和资金清算需要而准备的资金。**存款准备金率**是金融机构按规定向中央银行缴纳的存款准备金占其存款总额的比例。

中国人民银行从1998年起，对原有的存款准备金制度进行改革，使我国的存款准备金成为真正意义上的货币政策工具，**改革主要内容**包括：

① 调整金融机构的一般存款范围，包括将金融机构代理人民银行财政性存款中的机关团体存款、财政预算外存款划为一般存款，金融机构将一般存款按照规定比例，作为法定存款准备金存入中国人民银行。

② 将各金融机构在中国人民银行的"缴来一般存款"和"备付金存款"合并为"存款准备金"账户。

③ 法定存款准备金率下调到8%，准备金存款账户超额部分的总量及分布由各金融机构确定。

④ 对各金融机构的法定存款准备金按法人统一考核。

从2004年起，中国人民银行决定实行**差别存款准备金率制度**，该制度主要包括四个方面内容：

① 确定差别存款准备金率的依据，主要包括金融机构资本充足率、金融机构不良贷款比率、金融机构内控机制状况、发生重大违约及风险情况、金融机构支付能力明显恶化及发生可能危及支付系统安全的风险情况。

② 差别存款准备金率制度的实施对象为存款类金融机构。

③ 确定差别存款准备金率的方法。

④ 调整存款准备金率的操作。

> **名师说**
>
> 金融机构资本充足率越低、不良贷款比率越高,适用的存款准备金率就越高;反之,金融机构资本充足率越高、不良贷款比率越低,适用的存款准备金率越低。

从 2015 年起,改革存款准备金考核制度,由此前的时点法改为平均法考核。即维持期内,金融机构按法人存入的存款准备金日终余额算数平均值与准备金考核基数之比,不得低于法定存款准备金率。同时,设定存款准备金考核每日下限,在维持期内每日营业终了时,金融机构按法人存入的存款准备金日终余额与考核基数之比,可以低于法定存款准备金率,但幅度必须小于等于 1%。

从 2016 年起,人民币存款准备金的考核基数由考核期末一般存款时点数调整为考核期内一般存款日终余额的算数平均值。

2019 年,中国人民银行将农村商业银行存款准备金率与农村信用社存款准备金率并档,确立了我国存款准备金制度"三档两优"的框架。其中,"三档":第一档是大型银行(包括中农工建交和邮政储蓄银行)存款准备金率,相对较高;第二档是中型银行(股份制商业银行和城市商业银行)存款准备金率,较第一档略低;第三档是小型银行(农村信用社、农村合作银行、村镇银行和服务县城的农村商业银行)存款准备金率,较第二档低。"两优"是指在三个基准档的基础上有两项优惠:

① 第一档和第二档银行达到普惠金融定向降准政策考核标准时,可享受 0.5%~1.5% 的存款准备金率优惠;

② 服务县城的银行达到新增存款一定比例用于当地贷款考核标准的,可享受 1% 的准备金率优惠。

2. 再贴现与再贷款

中国人民银行适时调整再贴现总量及再贴现利率,达到吞吐基础货币和实施宏观调控的目的。

再贷款是中国人民银行对金融机构贷款的基本形式。

3. 公开市场操作

我国公开市场操作包括人民币操作和外汇操作。

从交易品种看,公开市场操作债券交易主要包括:回购交易、现券交易、发行中央银行票据。

回购交易有正回购和逆回购两种,如表 21-2 所示:

表 21-2 正回购和逆回购交易

回购	交易内容	交易目的
正回购	中国人民银行向一级交易商卖出有价证券,并约定在未来买回有价证券的交易	① 正回购交易:从市场收回流动性; ② 正回购到期:向市场投放流动性
逆回购	中国人民银行向一级交易商购买有价证券,并约定在未来将有价证券卖给原一级交易商	① 逆回购交易:向市场投放流动性; ② 逆回购到期:从市场收回流动性

现券交易分为现券买断和现券卖断两种,具体为:

① 现券买断:中国人民银行从二级市场上买入债券,一次性地投放基础货币;

② 现券卖断:中国人民银行直接卖出持有债券,一次性地回笼基础货币。

中央银行票据即中国人民银行在银行间市场发行的短期债券,发行的对象是公开市场业务一级交易商。

中国人民银行发行中央银行票据（央行票据）可以回笼基础货币，央行票据的到期则可以投放基础货币。

2013年，中国人民银行创设了短期流动性调节工具（Short-term Liquidity Operations，SLO）作为公开市场常规操作的必要补充，在银行体系流动性出现临时波动时使用。

4. 常备借贷便利

常备借贷便利（Standing Lending Facility，SLF）的**特点**：由金融机构主动发起，其可以根据自身流动性需求申请常备借贷便利；常备借贷便利是中央银行与金融机构"一对一交易"，针对性强；常备借贷便利的交易对手覆盖存款金融机构，覆盖面广。

主要功能：满足金融机构较长期限的大额流动性需求。**对象**：政策性银行和全国性商业银行，期限为1~3个月。

常备借贷便利和公开市场操作两大货币政策工具常被中央银行综合运用来管理流动性。

例题21.2（2013年真题改编，多选题）关于正回购和逆回购的说法，正确的有（　　）。

A. 正回购是指中国人民银行向一级交易商卖出有价证券，并约定在未来买回有价证券的交易

B. 逆回购交易是从市场收回流动性

C. 逆回购是指中国人民银行向一级交易商购买有价证券，并约定在未来将有价证券卖给原一级交易商

D. 正回购交易是从市场收回流动性

E. 正回购和逆回购对市场的流动性没有影响

【答案】ACD

【名师解析】逆回购交易是向市场投放流动性。

5. 中期借贷便利

2014年，中国人民银行创设中期借贷便利（Medium-term Lending Facility，MLF），给符合宏观审慎管理要求的商业银行、政策性银行提供中期基础货币。中期借贷便利以质押方式发放，合格质押品包括国债、中央银行票据、政策性金融债、高等级信用债等优质债券。

中期借贷便利发挥中期政策利率的作用，促进降低社会融资成本。

6. 临时流动性便利

2017年，中国人民银行创设临时流动性便利（Temporary Liquidity Facilities，TLF），为在现金投放占比较高的几家大型商业银行提供临时流动性支持，保障春节前现金的集中性需求，操作期限为28天，资金成本与同期限公开市场操作利率大致相同。

7. 临时准备金动用安排

2017年，中国人民银行创设"临时准备金动用安排"，其与临时流动性便利相似，目的是保障春节前现金的集中需求，两者的区别是：临时准备金动用安排是通过调整存款准备金率来释放流动性，且操作范围是全国的银行，而临时流动性便利的操作对象仅仅是现金投放占比较高的几家大型商业银行。

8. 民营企业债券融资支持工具

民营企业债券融资支持工具是指由中国人民银行运用再贷款提供部分初始资金，由专业机构进

行市场化运作，通过出售信用风险缓释工具、担保增信等方式，重点支持暂时遇到困难，但市场前景和技术竞争力较好的民营企业，支持其债券融资。

9. 定向中期借贷便利

2018 年，中国人民银行创设定向中期借贷便利（Targeted Medium-term Lending Facility，TMLF），对小微企业、民营企业进行金融支持，向其提供长期稳定资金。

支持实体经济力度大、符合宏观审慎要求的大型商业银行、股份制商业银行和大型城市商业银行，可以向中国人民银行提出申请。

定向中期借贷便利资金可以使用 3 年，操作利率比中期借贷便利（MLF）利率优惠 0.15%。

10. 央行票据互换工具

2019 年，中国人民银行宣布创设央行票据互换工具（Central Bank Bills Swap，CBS），为银行发行永续债提供流动性支持，采取固定费率数量招标方式，向公开市场业务一级交易商进行公开招标，中国人民银行从中标机构换入合格银行发行的永续债，同时向其换出等额央行票据，到期时，中国人民银行与一级交易商互相换回债券。

央行票据互换操作的期限原则上**不超过 3 年**，互换的央行票据不得用于现券买卖、买断式回购等交易。

央行互换操作可接受满足以下条件的银行发行的永续债：
① 最新季度末的资本充足率大于等于 8%；
② 最新季度末以逾期 90 天贷款计算的不良贷款率不高于 5%；
③ 最近三年累计不亏损；
④ 最新季度末资产规模不低于 2 000 亿元；
⑤ 补充资本后能加大对实体经济的支持力度。

（三）近年来我国货币政策的实施

从 2011 年起，我国开始实施稳健的货币政策，在不同阶段的实际操作中有"稳中偏紧""稳中趋松""稳健中性"等不同取向，但**稳健的总基调始终不变**。

四、我国的宏观审慎政策（★）

（一）宏观审慎政策主要内容

2008 年全球金融危机爆发后，国际社会开始重视并不断强化宏观审慎管理，世界各主要经济体的金融监管开始从以微观审慎为主导转为宏观微观审慎相结合。

> 传统的国际金融监管，重心长期放在金融机构的微观经营审慎上，主要是从微观角度出发，关注个体金融行为的风险而不是整个金融体系的总风险。

宏观审慎政策**目标和范围**主要包括：
① 增加缓冲资本，增强金融体系的弹性和韧性；
② 降低资产价格和信贷投放之间的顺周期性，控制杠杆和债务的不可持续增长，防范时间维度

上的系统性风险；

③ 降低金融系统的脆弱性，防范有共同风险暴露及大型机构引起的系统性风险。

宏观审慎与货币政策、财政政策、微观审慎政策相互配合，加强应对经济金融风险的能力。目前，国际上通常采用"Macro-prudential Policy"来表述宏观审慎，它包括了宏观审慎的政策目标、评估、工具、传导机制、治理架构等一系列政策组合，监管只是宏观审慎政策框架中的一个环节，宏观审慎政策的内涵大于一般意义上的监管。

（二）我国宏观审慎政策的构建

2017年，国务院金融稳定发展委员会成立，其办公室设在中国人民银行，强化中国人民银行宏观审慎管理和系统性风险防范职责。同年，"健全货币政策和宏观审慎政策双支柱调控框架"的政策号令明确。

我国正在逐步建立符合我国国情的宏观审慎管理体制：

① 改革了2003年以来的中国人民银行、中国银监会、中国证监会、中国保监会（"一行三会"）的金融监管格局，2018年，合并中国银监会和中国保监会，成立中国银保监会，**把宏观审慎政策及法律法规的制定职能划归中国人民银行，确立了"一行二会"的监管体制**。

② 完善优化中国人民银行机构设置，2003年成立金融稳定局（负责金融稳定职责），2019年设立宏观审慎管理局，负责牵头建立宏观审慎管理框架，拟定金融业重大法律法规，制定审慎监管基本制度。

③ 建立完善监管协调机制，加强对宏观审慎管理的协调和指导。

任务 22　金融监管

任务概述

本任务内容涉及"第九章　中央银行与金融监管"的"第三节　金融监管概述"和"第四节　金融监管的框架和内容",涉及内容包括金融监管的基本原则以及理论;银行业监管的主要内容和基本方法;证券业和保险业监管的主要内容。

此任务在中级经济师考试中约考查 6~7 分,分值占比约为 4%~5%。考试题型同时涉及单选题和多选题。

本任务整体难度较低,其中,重要考点为:金融监管概述;银行业和证券业监管的主要内容与基本方法。

任务框架图

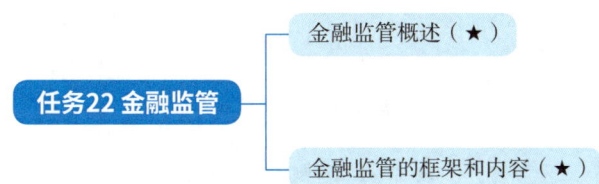

一、金融监管概述（★）

（一）金融监管的含义

金融监管是指金融监管机构制定市场准入、风险监管和市场退出等标准,对金融机构的经营行为实施约束,确保金融机构和金融体系安全稳健运行。

（二）金融监管的基本原则

金融监管的基本原则主要有:
（1）监管主体独立性。
金融监管主体的独立性是金融监管机构实施监管的基本前提。
（2）依法监管。
依法监管有三层含义:①国家必须以法律形式赋予金融监管机构法定地位和职责;②金融监管机构必须依据有关法律法规实施金融监管;③金融机构应合法经营,依法接受监管机构的监督。
（3）外部监管与自律并重。
金融监管机构对金融机构、金融业务、金融市场进行监管,只有与金融机构的内部控制有机结合，才能将监管措施转化为金融机构的内部控制要素，才能最大程度地发挥金融监管的作用。

（4）安全稳健与经营效率结合。

金融监管不应是消极的单纯防范风险，应该是在监管中促使金融机构将积极防范风险和提高经营效率相协调。

（5）适度竞争。

适度竞争的好处：一是避免出现金融市场上的垄断行为；二是防止恶劣竞争，避免出现危及金融体系安全稳定的行为。

（6）统一性。

金融监管要做到微观金融和宏观金融统一，国内金融和国际金融统一。

例题22.1（2014年真题改编，多选题）金融监管的基本原则主要包括（　　）

A. 适度竞争　　　　　　　　　　B. 统一性

C. 安全稳健与经营效率结合　　　D. 外部监管与自律并重

E. 全面性

【答案】ABCD

【名师解析】金融监管的基本原则主要包括：监管主体独立性；依法监管；外部监管与自律并重；安全稳健与经营效率结合；适度竞争；统一性。

（三）金融监管的理论

金融监管的理论基础是管制理论。目前的管制理论主要有三种，如表22-1所示：

表22-1　管制理论的种类

分类	理论具体内容
公共利益论	该理论认为： ① 监管是政府对公众要求纠正某些个体和社会组织的不公正、不公平、无效率或低效率的一种回应。 ② 自由的市场机制不能使资源达到最优配置，存在自然垄断、外部效应、不对称信息，会导致自由市场的破产。 ③ 此时，需要政府介入经济过程，通过实施管制纠正市场缺陷，避免市场破产
特殊利益论	该理论认为：政府管制仅仅保护主宰了管制机关的某一些特殊利益集团的利益，对整个社会没有助益，政府在管制过程中被特殊利益集团"俘虏"了
社会选择论	该理论认为： ① 政府管制可以从公共选择的角度来解释。 ② 管制制度作为产品，存在供给和需求的问题，但因为公共产品只能由政府来提供供给，各种利益主体是管制制度的需求者。 ③ 管制者并不只是被动地反映利益集团对管制的需求，它应该坚持独立性

（四）我国金融监管的演进

以监管机构设立的标志性事件为主线，我国的金融监管的发展可以分为五个阶段，各阶段特征如下：

（1）第一阶段：1983年以前。

改革开放之前，金融业和高度集中的计划经济管理体制相适应，建立了"大一统"的国家金融体系，中国人民银行建立了集中统一的综合信贷计划管理体制，实行"统存统贷"，银行信贷计划被纳入国家经济计划。

在这种金融体制下，没有监管对象，也没有监管的法律法规。在此期间，**中国没有现代意义上的金融监管**。

（2）第二阶段：1983年—1991年。

中国人民银行作为发行的银行、政府的银行、银行的银行，主要用经济办法对各金融机构进行管理。

中国人民银行是领导和管理全国金融事业的国家机关，是专门从事金融管理、制定和实施货币政策的政府机构。

（3）第三阶段：1992年—1997年。

中国证券监督管理委员会（证监会）成立，监管体制变化，分业经营、分业管理体制初现雏形。对银行业、证券业、保险业实行分业管理，确立了我国分业监管体制的政策基础。

（4）第四阶段：1998年—2002年。

金融分业经营、分业监管体制进一步完善，中国保险监督管理委员会（保监会）成立，专司中国保险业的监管，形成了中国人民银行、中国证券监督管理委员会和中国保险监督管理委员会分别对银行业、证券业、保险业分业监管的金融监管体制。

（5）第五阶段：2003年至今。

中国银行业监督管理委员会（银监会）成立，对商业银行、金融资产管理公司、信托公司、其他存款类金融机构进行监督监管。**我国"一行三会"的分业监管体制形成**。

2013年，中国人民银行会同中国银行业监督管理委员会、中国证券监督管理委员会、中国保险监督管理委员会、国家外汇管理局等建立了金融监管协调部际联席会议制度。

2016年，"十三五"规划明确了监管职责和风险防范处置责任，构建货币政策与审慎管理相协调的金融管理体制。

2017年，国务院金融稳定发展委员会成立，办公室设在中国人民银行，强化中国人民银行宏观审慎管理和系统性风险防范职责。

2018年，中国银行业监督管理委员会和中国保险监督管理委员会整合，组建中国银行保险监督管理委员会（银保监会）。

二、金融监管的框架和内容（★★）

金融监管主要分为三个方面：银行业监管、证券业监管、保险业监管。

（一）银行业监管的主要内容与基本方法

银行业监管的主要内容有市场准入监管、市场运营监管、市场退出监管。

1. 市场准入监管

市场准入监管是指银行监管机构对银行机构市场准入、银行业务范围、银行从业人员素质实施管制的行为。

市场准入监管的环节有：

（1）审批注册机构。

进入银行业的机构或组织向银行监管机构提出申请，经监管机构许可后，领取营业执照才能进行经营活动。

审批机构，一方面表明监管当局允许经营金融产品的机构进入市场，并对其进行监管；一方面表明进入市场的银行机构将接受监管机构的监管。

（2）审批注册资本。

审批注册资本是指银行监管机构必须对进入市场的机构进行**最低资本限制**，对资本是否及时入账、股东资格、股东条件和股本构成等进行监督。

（3）审批高级管理人员的任职资格。

监管机构对银行机构的法定代表人和其他高级管理人员的任职资格进行审查。

确定任职资格的标准：

① 必要的学识水平；

② 对金融业务的熟练程度。

（4）审批业务范围。

监管机构对进入市场的机构进行业务范围的管制，总的要求是银行必须对它所从事的所有业务活动有充分的控制能力。

> **名师说**
>
> 根据我国的《商业银行法》，设立商业银行的条件为：
> ① 有符合规定的银行章程；
> ② 有符合规定的注册资本额最低限额；
> ③ 有具备任职专业知识和业务工作经验的董事、高级管理人员；
> ④ 有健全的组织机构和管理制度；
> ⑤ 有符合要求的营业场所、安全防范措施和与业务有关的其他设施；
> ⑥ 符合其他审慎性条件。

2. 市场运营监管

市场运营监管是指监管对银行机构日常经营进行监督管理的活动。具体的监管内容包括：

（1）资本充足性。

银行资本是指可以自主取得用来抵补任何未来损失的资本，主要包括核心资本和附属资本。

资本充足性是指资本对风险资产的比例，是衡量银行机构资本安全的尺度，衡量资本充足性还有资本存款比率、资本对负债总量的比率、资本对总资产的比率等。

> **名师说**
>
> 根据《商业银行资本管理办法（试行）》和《商业银行杠杆率管理办法（修订）》，商业银行各级资本充足率和杠杆率要满足以下要求：
> ① 核心一级资本充足率不得低于5%、一级资本充足率不得低于6%、资本充足率不得低于8%。

② 商业银行应当在最低资本要求的基础上，计提储备资本，储备资本要求为风险加权资产的 2.5%，由核心一级资本来满足。

③ 特定情况下，商业银行应当在最低资本要求和储备资本要求上，计提逆周期资本。逆周期资本要求为风险加权资产的 0~2.5%，由核心一级资本来满足。

④ 系统重要性银行还应当计提附加资本，国内系统重要性银行附加资本要求为风险加权资产的 1%，由核心一级资本满足。

⑤ 若国内银行被认定为全球系统重要性银行，所适用的附加资本要求不得低于巴塞尔委员会的统一规定。

⑥ 商业银行并表和未并表的杠杆率均不得低于 4%，该杠杆率为商业银行持有的、符合有关规定的一级资本净额与商业银行调整后的表内外资产余额的比率。

例题 22.2（2014 年真题改编，单选题） 下列选项中，符合我国《商业银行资本管理办法（试行）》和《商业银行杠杆率管理办法（修订）》规定的是（　　）。

A. 核心一级资本充足率不得低于 4%
B. 一级资本充足率不得低于 6%
C. 资本充足率不得低于 7%
D. 逆周期资本要求为风险加权资产的 2.5%，由核心一级资本来满足。

【答案】B

【名师解析】我国《商业银行资本管理办法（试行）》和《商业银行杠杆率管理办法（修订）》规定：核心一级资本充足率不得低于 5%、一级资本充足率不得低于 6%、资本充足率不得低于 8%。特定情况下，商业银行应当在最低资本要求和储备资本要求上，计提逆周期资本。逆周期资本要求为风险加权资产的 0~2.5%，由核心一级资本来满足。

（2）资产安全性。

传统的业务贷款，采取风险分类方法划分信贷资产，根据贷款风险发生的可能性，将贷款划分成不同的类别。国际通行的做法将信贷资产划分为五类：**正常贷款、关注贷款、次级贷款、可疑贷款、损失贷款，后三类贷款为不良贷款**。

风险迁徙类指标可以衡量商业银行资产风险变化的程度，表示为资产质量从前期到本期变化的比率，是动态指标。具体包括内容，如表 22-2 所示：

表 22-2　风险迁徙类指标

一级指标	指标含义	二级指标	指标含义
正常贷款迁徙率	正常贷款中变为不良贷款的金额与正常贷款之比	正常类贷款迁徙率	正常类贷款中变为后四类贷款的金额与正常类贷款之比
		关注类贷款迁徙率	关注类贷款中变为不良贷款的金额与关注类贷款之比
不良贷款迁徙率	—	次级类贷款迁徙率	次级类贷款中变为可疑类贷款和损失类贷款的金额与次级类贷款之比
		可疑类贷款迁徙率	可疑类贷款中变为损失类贷款的金额与可疑类贷款之比

资产安全性监管的重点：银行机构风险的分布、资产集中程度、关系人贷款。 我国衡量资产安全性的指标为信用风险的相关指标，如表 22-3 所示：

表 22-3 衡量资产安全性的指标

指标	指标定义	数值范围
不良资产率	不良资产与资产总额之比	不得高于 4%
不良贷款率	不良贷款与贷款总额之比	不得高于 5%
单一集团客户授信集中度	对最大一家集团客户授信总额与资本净额之比	不得高于 15%
单一客户贷款集中度	最大一家客户贷款总额与资本净额之比	不得高于 10%
全部关联度	全部关联授信与资本净额之比	不得高于 50%

我国银行业监管机构**考核商业银行贷款损失准备的充足性的指标**：贷款拨备率和拨备覆盖率指标。这两项标准中的较高者为商业银行贷款损失准备的监管标准。

① 贷款拨备率：贷款损失准备与各项贷款余额之比，基本标准为 1.5%~2.5%。

② 拨备覆盖率：贷款损失准备与不良贷款余额之比，基本标准为 120%~150%。

例题 22.3（2017 年真题改编，单选题） 我国商业银行不良资产率和不良贷款率分别不得高于（　　）。

A. 4% 和 10%　　　　B. 5% 和 15%　　　　C. 10% 和 10%　　　　D. 4% 和 5%

【答案】D

【名师解析】我国商业银行不良资产率不得高于 4%，不良贷款率不得高于 5%。

(3) 流动适度性。

银行机构的流动能力有两部分：

① 可用于立即支付的现金，包括库存现金、在中央银行的超额存款准备金，用于随时兑付存款和债权、临时增加投资；

② 在短期内可以兑现或出售的高质量可变现资产，包括国库券、公债和其他流动性有保证的低风险的金融证券，用于应对市场不测时的资金需要。

对银行机构的流动性监管内容：

① 监测银行机构的流动性是否保持在适度水平。流动性风险指标包括流动性覆盖率、净稳定资金比例、流动性匹配率、优质流动性资产充足率、流动性比例，前 4 个指标应不低于 100%，最后 1 个指标应当不低于 25%。

② 监测银行资产负债的期限匹配。监管当局对银行的流动性资产、流动性负债、长期资产、长期负债、资产负债总体结构进行监督。

③ 监测银行机构的资产变化，包括长期投资、不良资产和盈亏变化等。

我国衡量银行机构流动性的指标，如表 22-4 所示：

表 22-4 衡量流动性的主要指标

指标	指标定义	指标要求
流动性比例	流动性资产余额与流动性负债余额之比	不低于 25%
核心负债比例	核心负债与负债总额之比	不低于 60%

续表

指标	指标定义	指标要求
流动性缺口率	90天内表内外流动性缺口与90天内到期表内外流动性资产之比	不低于−10%

（4）收益合理性。

收益是银行机构业务经营成果的综合反映。

对银行的财务监管主要内容有：

① 对收入的来源和结构进行分析；

② 对支出的去向和结构进行分析；

③ 对收益的真实状况进行分析。

我国盈利能力的监管指标如表22−5所示：

表22−5　关于盈利能力的监管指标

指标	指标定义	指标要求
成本收入比	营业费用加折旧与营业收入之比	不应高于45%
资产利润率	税后净利润与平均资产余额之比	不应低于0.6%
资本利润率	净利润与平均净资产之比	不应低于11%

（5）内控有效性。

内部控制体系是商业银行为实现经营管理目标，通过制定并实施系统化的政策、程序和方案，对风险进行有效识别、评估、控制、监测和改进的动态过程和机制。

商业银行内部控制的目标：

① 保证国家有关法律法规和规章的贯彻执行；

② 保证商业银行发展战略和经营目标的实现；

③ 保证商业银行风险管理的有效性；

④ 保证商业银行业务记录、会计信息、财务信息、其他信息的真实、准确、完整和及时。

3. 市场退出监管

（1）处置有问题银行。有问题银行是指因经营管理状况的恶化或突发事件的影响，有发生支付危机、倒闭或破产危险的银行机构。

监管机构处置有问题银行的主要措施：① 督促有问题银行采取有效措施，制定整改计划，改善内部控制，提高资本比例，增强支付能力；② 采取管制措施；③ 协调银行同业对有问题银行进行救助；④ 中央银行进行救助；⑤ 对有问题银行进行重组；⑥ 接管有问题银行。

金融市场中，从微观上看，单个银行的好坏或许不重要，但如果一个或多个银行机构出现问题或倒闭，容易引起存款人对银行的挤兑，甚至将影响整个金融业的稳定，从个别的、局部的金融风险演变为系统性的、区域性的金融危机。

（2）处置倒闭银行。倒闭银行是指无力偿还所欠债务并停止经营的银行。

监管机构处置倒闭银行的主要措施：

① 收购或兼并，这种方法下，存款人不会损失，因为所有存款都已经转到倒闭银行的收购或兼

并方；

② 依法清算。通过清算，终结解散银行现存的法律关系，收取债权，偿付债务，处理解散剩余财产。

> 银行倒闭的情况有两种：① 因银行的资产不足以抵偿其全部债务，即资不抵债而停业；② 银行的总资产超过其总负债，但银行手头的流动资金不足偿还已到期的债务，经债权人要求，由法院宣告银行破产。

银行业监管的基本方法有：市场准入、非现场监管和现场检查，通常被称为银行业监管的"三驾马车"。从银行整体风险考虑，还应包括并表监管，在现场检查后监管当局还会对银行进行监管评级。

（1）市场准入。

市场准入是银行监管的第一关。在巴塞尔委员会颁布的《有效银行监管核心原则》中，明确了市场准入监管应遵循的具体要求，要求监管当局应具有与履行监管职责相适应的法律授权，有权制定以审慎监管原则为基础的发照标准，做出审慎决定。

（2）非现场监管。

非现场监管是监管机构针对单个银行，在并表的基础上收集、分析其经营稳健性和安全性的一种方式，包括审查和分析各种报告和统计报表（银行机构的管理报告、资产负债表、损益表、现金流量表等）。

非现场监管的目的：① 评估银行机构的总体状况；② 对有问题的银行机构进行密切跟踪，使银行监管机构采取有效监管措施；③ 通过对同组银行机构的比较，关注整个银行业的经营状况。

（3）现场检查。

现场检查是指监管机构派出具备相应专业知识和水平的检查人员组成检查组，按统一的程序，对某一银行进入现场进行实地审核、察看、取证、谈话等活动的检查形式，监管机构还可以委托外部审计师事务所、会计师事务所等进行现场检查。

现场检查包括合规性检查和风险性检查。

① 合规性检查是现场检查的基础，任何违规行为是不被允许的；

② 风险性检查包括资本的真实状况和充足程度、资产质量、负债的来源、结构和质量、资产负债的期限匹配和流动性、管理层能力、管理水平、银行的盈利水平和质量、风险集中的控制情况、各种交易风险的控制情况、表外风险的控制水平和能力等。

（4）并表监管。

并表监管又叫合并监管，是指在所有情况下，银行监管机构应具备了解银行和集团的整体结构，以及与其他监管银行集团所属公司的银行监管机构进行协调的能力，**并表监管的业务有境内外业务、表内外业务和本外币业务**。

（5）监管评级。

许多国家的银行监管机构都围绕**资本充足性、资产质量、经营管理能力、盈利水平、流动性及市场敏感性**对银行的经营状况进行检查和评价。

① 资本充足性：包括资本充足率是否达到最低要求，资本构成和变化等。

② 资产质量：包括风险资产程度、资产质量及呆账准备情况等。

③ 经营管理能力：银行的业绩、业务策略、管理机构、高层人员变化、对银行法规的遵守、报表质量、内部检查报告、外部检查报告、信贷或流动资金、利率、外汇等风险的内部控制情况。

④ 盈利水平：盈利的增长及走势、收入来源、支出情况、财务实现与预算的比较、平均股东资金的回报率、股息政策及派发率等。

⑤ 流动性：库存现金、超额储备、资产流动比例、存贷款比例等。

⑥ 市场敏感性：银行资产、负债对各项市场变化因素（利率、汇率、市场价格等）的敏感程度。

在对银行经营情况进行检查后，要进行综合评级。我国是"CAMELS+"的监管评级体系，对商业银行的资本充足性、资产质量、管理、盈利、流动性、市场风险状况六个单项要素进行评级，加权汇总得出综合评级，然后再依据其他要素的性质和对银行风险的影响程度，对综合评级结果做出细微的正向或负向调整。

> 国际上通行的是银行统一评级制度，即"骆驼评级制度"（CAMELS），这套评级制度包括六个评价内容：资本充足性（Capital Adequacy）、资产质量（Asset Quality）、经营管理能力（Management Quality）、盈利水平（Earnings）、流动性（Liquidity）、市场敏感性（Sensitivity），很多国家的银行监管机构都采用了该制度。

例题22.4（2014年真题改编，多选题）银行业监管的基本方法有（　　）
A. 非现场监管　　　B. 现场检查　　　C. 并表监管　　　D. 监管评级
E. 跟踪整改
【答案】ABCD
【名师解析】银行业监管的基本方法有：非现场监管和现场检查，并表监管，监管评级。

（二）证券业监管的主要内容

1. 证券业监管的法律法规体系

中国证监会对于证券业的监管，已初步形成了以证券法律为核心，以部门规章为主体的证券业监管法律法规体系。

第一层是法律，《中华人民共和国公司法》《中华人民共和国证券法》《中华人民共和国证券投资基金法》等法律；

第二层是部门规章，《证券登记结算管理办法》《证券发行与承销管理办法》等；

第三层是关于机构、业务、人员、内部控制方面的监管规则，证券公司审批规则、证券公司分支机构审批规则等。

2. 证券发行监管

证券的发行监管主要体现在证券的发行审核制度上。

证券的发行审核制度有两种，如表22-6所示：

表 22-6　证券发行审核制度

审核制度	具体内容
注册制	即公开原则，证券发行者在公开发行债券或股票前，需按照法定程序向证券监管部门申请注册登记，同时提交相关材料，并对其提供的资料的真实性和可靠性承担法律责任
核准制	即实质管理原则，证券监管部门需要对发行人及发行证券的实质内容加以审查，符合既定标准才能批准发行

美国采用注册制，我国从 2001 年开始，截至目前为止，A 股主板市场采用核准制。

3. 证券交易监管

证券交易活动全过程的监管是证券业监管的主要内容。

证券交易监管的主要目标包括：

① 提供低成本的、安全迅速和适度流动性的交易及清算场所；

② 消除垄断、操纵、内幕交易和各种欺诈行为，保证投资者的信心和利益；

③ 增强市场透明度，提高交易市场的信息完全性和信息效率；

④ 抑制过度投机，防止市场瓦解，减少证券市场不稳定所导致的负面外部效应；

⑤ 构建富有效率的证券市场组织结构，提高证券市场营运效率；

⑥ 提供有效的价格发现机制；

⑦ 促进各类交易市场主体的公平竞争。

中国证监会及其派出机构、证券交易所按照分工协作的原则共同负责证券交易的监管，重点打击内幕交易和市场操纵等违法违规行为。

4. 上市公司监管

上市公司监管主要包括上市公司信息披露、上市公司治理和并购重组三个方面。

上市公司披露的信息可以分为证券募集说明书（发行信息）、定期报告和临时报告三类。

5. 证券公司监管

我国对证券公司的监管框架：证券公司市场准入、经营风险防范、退出、从业人员监管等机制。

（1）市场准入监管。

① 证券公司的股东应当用货币或者证券公司经营必需的非货币财产出资，证券公司股东的非货币财产出资总额不得超过证券公司注册资本的 30%。

② 因有故意犯罪被判处刑罚，刑罚执行完毕未逾 3 年以及不能清偿到期债务等情形之一的单位或个人，不得成为证券公司持股 5% 以上的股东或实际控制人。

③ 任何单位或个人不得委托他人或接受他人委托，持有或管理证券公司的股权。

④ 证券公司应有 3 名以上在证券业担任高级管理人员满 2 年的高级管理人员。

例题 22.5（2016 年真题改编，单选题）假设某证券公司的注册资本为 80 亿元，该公司股东的非货币财产出资不得超过（　　）。

A. 24 亿元　　　　　　B. 8 亿元　　　　　　C. 40 亿元　　　　　　D. 没有规定

【答案】A

【名师解析】证券公司的股东应当用货币或者证券公司经营必需的非货币财产出资，证券公司股东的非货币财产出资总额不得超过证券公司注册资本的 30%。

（2）证券公司的分类监管。

按照证券公司风险管理能力为基础，根据公司市场竞争力和持续合规状况，中国证监会对证券公司进行综合评价，将证券公司分为 A（AAA、AA、A）、B（BBB、BB、B）、C（CCC、CC、C）、D、E 五大类 11 个级别。针对不同类别的证券公司，证监会实施了**扶优限劣、区别对待**的监管政策。

（3）证券公司业务许可的监管。

按照相关规定，证券公司可以经营下列部分业务或全部业务：① 证券经纪；② 证券投资咨询；③ 与证券交易、证券投资活动有关的财务顾问；④ 证券承销与保荐；⑤ 证券融资融券；⑥ 证券做市交易；⑦ 证券自营；⑧ 其他证券业务。

（4）证券公司风险控制的监管。

《证券公司监督管理条例》规定了证券经纪业务、证券自营业务、证券资产管理业务和融资融券等业务的规则和风险控制措施。

自营业务：从账户实名、持股分散、规模控制等方面做出规定；

资产管理业务：从账户报备、风险揭示、信息披露、禁止保本保底、对有关账户的交易行为实行实时监控等方面做出规定；

融资融券业务：从账户开立、融资融券比例、担保品的收取、逐日盯市等方面做出规定。

（5）对证券公司高管人员的监管。

《证券公司监督管理条例》规定：

① 证券公司不得聘任、选任未取得任职资格的人员担任证券公司的董事、监事、高级管理人员、境内分支机构负责人；已经聘任、选任的，有关聘任、选任的决议、决定无效。

② 任何人未取得任职资格，实际行使证券公司董事、监事、高级管理人员或境内分支机构负责人职权的，国务院证券监督管理机构应当责令其停止行使职权，予以公告，并可以按照规定对其实施证券市场禁入。

③ 证券公司董事、监事、高级管理人员或境内分支机构负责人不再具备任职资格条件的，证券公司应当解除其职务并向国务院证券监督管理机构报告；证券公司未解除的，国务院证券监督管理机构应当责令证券公司解除。

④ 高管人员的持续监管，国务院证券监督管理机构可以对其高级管理人员、境内分支机构负责人予以谴责，责令证券公司更换高级管理人员或限制其权利。

⑤ 证券公司高级管理人员离任的，公司应当对其进行离任审计，并自其离任之日起 2 个月内将审计报告报送国务院证券监督管理机构。

（6）证券公司市场退出的监管。

证券公司停业、解散或破产的，应经国务院证券监督管理机构批准，并按照有关规定安置客户、处理未了结的业务。

（7）证券公司的股权管理。

证券公司应当遵循分类管理、资质优良、权责明确、结构清晰、变更有序、公开透明的原则加强股权管理。

根据持股比例和对证券公司经营管理的影响，**证券公司股东有控股股东、主要股东、持有证券公司 5% 以上股权的股东和持有证券公司 5% 以下股权的股东四类**。

证券公司股东以及股东的控股股东、实际控制人参股证券公司的数量不得超过 2 家，其中控制证券公司的数量不得超过 1 家；证券公司股东在股权锁定期内不得质押所持证券公司股权；股权锁定期满后，证券公司股东质押所持证券公司的股权比例不得超过所持该证券公司股权比例的 50%。

证券公司董事会办公室是证券公司股权管理事务的第一责任人；证券公司董事会秘书协助董事长工作，是证券公司股权管理事务的直接责任人；中国证监会及其派出机构遵循审慎监管原则，依法对证券公司股权实施穿透式监管和分类监管。

> **名师说**
>
> 证券公司股东的前两类指的是：
>
> 控股股东：持有证券公司 50% 以上股权的股东或虽持股比例不足 50%，但其所享有的表决权足以对证券公司股东会的决议产生重大影响的股东。
>
> 主要股东：持有证券公司 25% 以上股权的股东或持有 5% 以上股权的第一大股东；证券公司增加注册资本且股权结构发生重大调整、减少注册资本，变更持有 5% 以上股权的股东、实际控制人，应当依法报中国证监会批准；投资者通过证券交易所购买证券公司股份达到 5% 的，应当依法举牌并报中国证监会批准，获批前，投资者不得继续增持该公司股份。

（三）保险业监管的主要内容

1. 保险业监管的法律法规体系

保险法律体系规范的对象：保险监管机关、保险公司、保险中介机构、投保人、被保险人、受益人等。

根据法律法规规范的法律关系，**法律法规分为保险民事法律规范、保险行政法律规范和保险刑事法律规范三类**。

（1）保险民事法律规范：适用保险公司与投保人、被保险人及受益人通过保险合同建立的主体间的权利义务。

（2）保险行政法律规范：适用保险监管机构与保险人之间的关系。

（3）保险刑事法律规范：适用保险活动中的各种刑事犯罪活动。

2. 偿付能力监管

偿付能力是保险公司的灵魂，也是保险监管一个最为重要的方面。**我国目前对偿付能力的监管标准使用的是最低偿付能力原则，中国保险监督管理机构的干预界限是以保险公司的实际偿付能力与此标准的比较来确定。**

监管机构主要通过要求保险公司定期上报会计报表、现场检查或有针对性委托中介机构审计等手段对保险公司的资本额、保证金和保险保障基金、准备金、保险投资以及其他的财务指标进行合规性监管，以达到对保险公司的偿付能力监管。

（1）最低资本要求。

保险公司的最低资本是偿付能力监管的基石，最低资本要求为：

① 公司开业前：全国性公司为 5 亿元人民币；区域性公司为 2 亿元人民币。

② 公司成立后：将注册资本的 20% 作为法定保证金存入中国保险监督管理机构指定银行，专用于公司清算时清偿债务，财产险、人身意外伤害险、短期健康保险、再保险业务按当年自留保费收入的 1% 提取保险保障基金，直至达到总资产的 6%。**保证金和保险保障基金是最基本的风险缓冲**

基金。

（2）准备金规定。

对保险公司保险准备金的真实性和充足性监管是保证偿付能力监管的又一道防线。

我国准备金的提取比例：

① 经营人寿保险业务的保险公司，按有效人寿保单的全部净值提取未到期责任准备金；

② 经营非寿险业务的，从当年自留保费中按照相当于当年自留保费的50%提取未到期责任准备金。

（3）投资监管。

保险投资收益是增强保险公司偿付能力的重要途径。保险资金运用限于下列形式：

① 银行存款；

② 买卖债券、股票、证券投资基金份额等有价证券；

③ 投资不动产；

④ 投资股权；

⑤ 国务院规定的其他资金运用形式。

> **名师说**
>
> 2015年，中国保险监督管理委员会发布中国风险导向的偿付能力体系（"偿二代"），于2016年1月1日开始实行。"偿二代"监管侧重在三方面：定量要求、定性要求及市场约束机制。
>
> 与"偿一代"相比，"偿二代"是以风险为导向，不同风险的业务对资本的要求出现了显著的变化，从而影响保险公司的资产和负债策略。

3. 公司治理监管

各保险公司都必须建立股东大会、董事会、监事会和经理层组织架构，形成公司治理结构的基本框架。

各国立法一般都规定，禁止非保险企业经营保险或类似保险业务，禁止保险企业兼业（除保险资金运用外）。一些国家禁止同一保险企业兼营财产保险和人寿保险两类业务。

针对保险公司治理薄弱环节，明确了通过常态化的公司治理评估工作机制，提升公司的治理质效。具体有以下6项措施：

（1）推动党的领导和公司治理有机融合。

（2）规范股东行为。

（3）提升董事会等治理主体的履职质效。

（4）健全激励约束机制。

（5）加强利益相关者的保护。

（6）强化外部市场约束。

4. 市场行为监管

各监管分支机构从当地实际情况出发，重点关注：

① 机构设立或变更事项的报批手续是否完备；

② 资本、出资额是否真实、足额；

③ 内部控制制度建设是否完善；

④ 规章制度执行情况；
⑤ 高级管理人员的任职资格和从业人员的持证情况；
⑥ 监管费是否及时上缴、是否按规定提取营业保证金，办理职业责任保险；
⑦ 业务经营状况和财务状况；
⑧ 向保险监管机构上报的各类报告、报表、资料等是否真实和及时。

任务 23　国际收支和国际储备

任务概述

本任务内容涉及"第十章　国际金融及其管理"的"第一节　汇率""第二节　国际收支及其调节""第三节　国际储备及其管理"。涉及内容包括汇率制度；国际收支与国际收支平衡表；国际储备的概述和管理。

此任务在中级经济师考试中约考查 4~5 分，分值占比约为 2%~3%。考试题型同时涉及单选题和多选题。

本任务难度适中，其中，重要考点为汇率制度；国际收支及其调节。

任务框架图

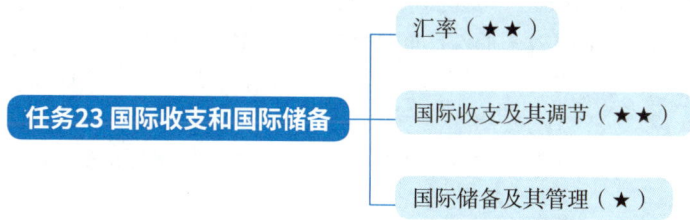

一、汇率（★★）

（一）汇率概念

1. 汇率的定义

汇率又称汇价，指的是两种货币之间兑换的比率，也可以理解为一种货币表示另一种货币的价格。

2. 汇率的标价方法

汇率的标价方法有两种，如表 23-1 所示：

表 23-1　汇率的标价方法

两种标价方法	具体标价方法	汇率名称	举例
直接标价法 （应付标价法）	以一定整数单位的外国货币为标准，折算为多少单位的本国货币	外汇汇率：是以本国货币表示外国货币的价格	中国、绝大多数国家和地区
间接标价法 （应收标价法）	以一定整数单位的本国货币为标准，折算为多少单位的外国货币	本币汇率：是以外国货币表示本国货币的价格	英国、美国等少数国家

记忆小窍门

在我国，人民币为本国货币，美元为外国货币，其中：

直接标价法：将外国货币看作物品，以人民币表示美元的价格。如 1 个汉堡、100 个汉堡售价多少人民币，是**将外国货币看作商品**的汇率标价方法。如 1 美元=6.4664 人民币。

间接标价法：将本国货币看作物品，以美元表示人民币的价格。如 1 个汉堡、100 个汉堡售价多少美元，是**将本国货币看作商品**的汇率标价方法。如 1 人民币=0.1546 美元。

趣味说

去汉堡店买汉堡，去文具店买文具，你不会问，一元钱能买多少个汉堡，一元钱能买多少支水彩笔。你会问，一个汉堡多少钱，一盒水彩笔多少钱。

这就是我们国家用的汇率标价法——直接标价法，把外国货币作为商品，一单位的外国货币等于多少本币。直接标价法下的汇率为外汇汇率。

例题 23.1（2018 年真题改编，单选题） 根据国家外汇管理局公布的信息，美元对人民币的汇率由 1∶7.1232 变为 1∶6.8969，这表明人民币相对于美元已经（　　）。

A. 升值　　　　　B. 贬值　　　　　C. 没有变动　　　　　D. 以上都不对

【答案】A

【名师解析】1 美元可以兑换 7.1232 元人民币变为 1 美元可以兑换 6.8969 元人民币，说明美元贬值，人民币升值了。

3. 汇率的种类

汇率可以从不同的角度进行分类，具体的分类如表 23-2 所示：

表 23-2　汇率分类

汇率分类的角度	具体分类
汇率的制定方法	基本汇率
	套算汇率
商业银行对外汇的买卖	买入汇率
	卖出汇率
外汇交易的交割期限	即期汇率
	远期汇率
汇率形成的机制	官方汇率
	市场汇率
商业银行报出汇率的时间	开盘汇率
	收盘汇率

续表

汇率分类的角度	具体分类
外汇交易的支付通知方式	电汇汇率
	信汇汇率
	票汇汇率
汇率制度的性质	固定汇率
	浮动汇率
衡量货币价值的需要	名义汇率
	实际汇率
	有效汇率

（二）汇率的决定基础

1. 金本位制

金本位制就是以黄金作为本位货币的货币制度。金本位制下，每单位货币价值等于若干重量的黄金，即货币具有一定的含金量。

在金本位制下，汇率是由两种**货币的含金量之比**决定的，货币含金量之比即为铸币平价，另外，由于黄金可以自由输入或输出国境，对汇率起到自动调节作用，所以，**市场汇率最终体现为围绕铸币平价波动**。

2. 纸币制度

纸币制度是指以国家发行的纸币作为本位货币的货币制度。

在纸币制度下，汇率是由各国货币所代表的价值量，即**货币的法定含金量或购买力**来表示的。

（三）汇率的变动

1. 汇率变动的形式

汇率变动的形式如表 23-3 所示：

表 23-3 汇率变动的形式

汇率	汇率变动	定义
官方汇率变动	法定升值	官方货币当局公开宣布提高本国货币的法定含金量或币值，降低外汇汇率
	法定贬值	官方货币当局公开宣布降低本国货币法定含金量或币值，提高外汇汇率
市场汇率变动	升值	在外汇市场上，因为供求关系的变化，一国货币可以兑换到更多的外币，即外汇汇率下降
	贬值	在外汇市场上，因为供求关系的变化，一国货币可以兑换更少的外币，即外汇汇率上升

2. 汇率变动的决定因素

决定汇率变动的因素有四个：

（1）物价的相对变动。

长期来看，物价的相对变动通过国际商品和劳务的套购机制实现对汇率变动的影响，并通过国际收支中的经常项目收支变化来传导。

物价水平其实反映了一国的货币购买力。

① 如果一国的物价水平与其他国家的物价水平相对上涨，即该国通货膨胀，则该国货币贬值。

② 如果一国的物价水平与其他国家的物价水平相对下跌，即该国通货紧缩，则该国货币升值。

> 民国时期，国民政府为了打内战，筹措军费，滥发钞票，造成大规模的通货膨胀，钱不值钱。从抗战开始到法币崩溃，法币发行量增长了47万倍，上海地区的物价就上涨了492.7万倍。民国初年，一元钱能买一头牛，1949年，一元钱只能买一盒火柴。
> 可见**通货膨胀的情况下，物价上涨，货币贬值**。

（2）国际收支差额的变化。

市场汇率的变动直接由外汇市场的外汇供求关系决定的。

物价、国民收入、利率等因素决定了国际收支（顺差或逆差），进而决定了外汇市场上的外汇供求关系（供大于求或供小于求），最终决定了市场汇率的变动。

具体的变化关系如图23-1所示：

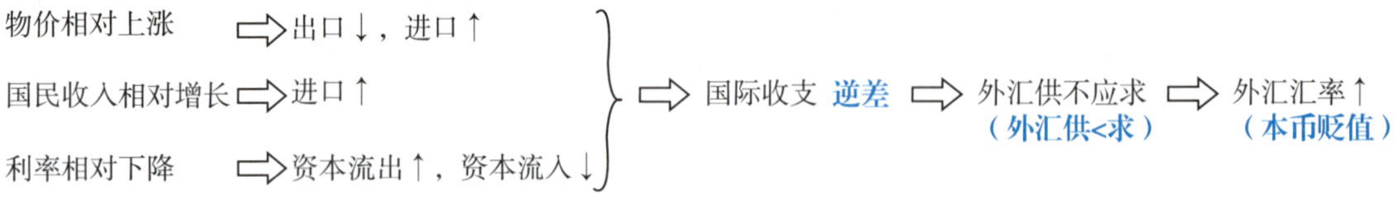

物价相对上涨 ⇒ 出口↓，进口↑

国民收入相对增长 ⇒ 进口↑

利率相对下降 ⇒ 资本流出↑，资本流入↓

⇒ 国际收支 逆差 ⇒ 外汇供不应求（外汇供<求）⇒ 外汇汇率↑（本币贬值）

图23-1　国际收支差额对外汇汇率的影响

（3）市场预期的变化。

市场预期变化是导致**市场汇率短期变动**的主要因素。

具体的变化关系如图23-2所示：

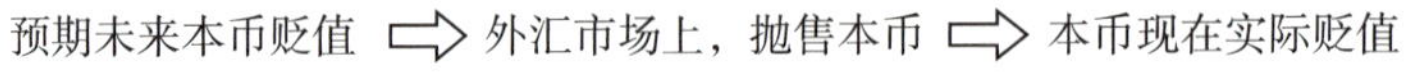

预期未来本币贬值 ⇒ 外汇市场上，抛售本币 ⇒ 本币现在实际贬值

图23-2　市场预期的变化对外汇汇率的影响

（4）政府干预汇率。

当外汇市场上外汇供不应求，外汇汇率上涨的幅度过大时，各国政府会投放外汇，收购本币，降低外汇汇率；当外汇供过于求，外汇汇率下跌幅度过大时，各国政府收购外汇，投放本币，提高外汇汇率。

除此之外，政府还会采取外汇管制等行政手段，稳定汇率。

3. 汇率变动的经济影响

（1）直接经济影响。

① 汇率变动影响国际收支。

汇率变动对国际收支的影响分为对经常项目收支的影响、对资本与金融项目收支的影响。

经常项目收支：本币贬值，原先100美元的出口商品价格下降，刺激出口，原先100元人民币的进口商品价格上涨，限制进口，导致经常项目收入增加，经常项目支出减少。

资本与金融项目收支：本币贬值，偿还外债的本币负担增多，外国债务人偿还本币的负担减少，会减少借贷资本流入，增加借贷资本流出；减少直接投资和证券投资项目下的资本流入，增加直接投资和证券投资项目下的资本流出。

上述结论见图 23-3 所示：

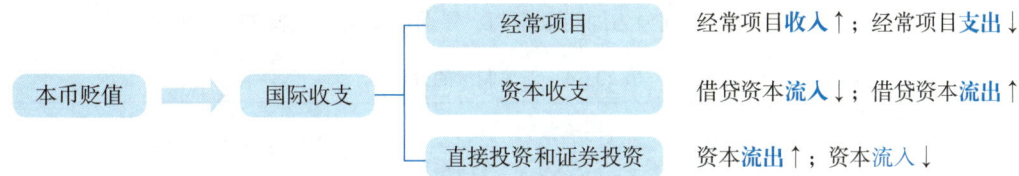

图 23-3　汇率变动对国际收支的影响

② 汇率变动影响外汇储备。

汇率变动对外汇储备的影响如表 23-4 所示：

表 23-4　汇率变动对外汇储备的影响

汇率变动发生的情况	对外汇储备的影响
本币与外币之间	不会影响以外币计值的外汇储备价值
	当外汇储备被结成本币用于国内时，如果本币升值，则用外汇储备结成的本币金额减少，外汇储备价值缩水
不同储备货币之间	如美元与欧元汇率变动： ① 美元对欧元升值时，欧元外汇储备的美元价值缩水； ② 反之，美元对欧元贬值时，欧元外汇储备的美元价值膨胀

（2）间接经济影响

汇率变动产生的间接经济影响是由国际收支传导的。体现在：

① 汇率变动影响经济增长。

汇率变动对经济的增长，可以从两个角度来说，即贸易收支和资本流动，具体内容如表 23-5 所示：

表 23-5　汇率变动对经济的间接影响

影响的两个方面	汇率变动	影响结果
贸易收支	本币贬值	① 限制商品和劳务的进口； ② 推动出口的增长，通过"外贸乘数"带动所有经济部门的增长
	本币升值	与上述本币贬值的影响相反
资本流动	本币升值	① 刺激借贷资本、直接投资、证券投资的流入； ② 限制这些资本的流出，推动经济增长
	本币贬值	与上述本币升值的影响相反

② 汇率变动影响产业竞争力、产业结构。

当本币贬值，刺激了出口、降低了进口，同时提升了出口部门和进口替代部门的产业竞争力，改变了产业结构。

（四）汇率制度

1. 汇率制度的分类

汇率制度是一国货币当局对本国货币汇率确定与变动的基本模式所做的安排。

按照汇率的变动幅度，汇率制度分为固定汇率制、浮动汇率制。如表 23-6 所示：

表 23-6 汇率制度的分类

汇率制度分类	定义	举例
固定汇率制	汇率平价保持基本不变，市场汇率波动被限制在小界限内	① 国际金本位制；② 布雷顿森林货币体系
浮动汇率制	市场汇率可以随外汇市场供求关系的变化，自由波动	—

其中，浮动汇率制可以按照官方是否干预和汇率浮动是否结成国际联合，进一步细化分类，具体如表 23-7 所示：

表 23-7 浮动汇率制的分类

分类标准	明细分类	具体内容
官方是否干预	自由浮动	官方不干预，汇率在外汇供求关系作用下波动
	管理浮动	官方干预，汇率在官方操纵的前提下，在外汇供求关系作用下相对平稳波动
汇率浮动是否结成国际联合	单独浮动	本币不与外币建立联系，本币汇率单独浮动
	联合浮动	若干国家货币建立彼此联系，对其他国家的汇率共同进行浮动

2. 国际货币基金组织对现行汇率制度的划分

国际货币基金组织将汇率弹性由小到大，进行了划分，如表 23-8 所示：

表 23-8 汇率制度的划分

汇率制度	内容
货币局制	官方立法明确本币与某一货币保持固定汇率，与此同时，控制本币发行来确保履行法定义务
传统的盯住汇率制	官方将本币按照固定汇率盯住一种国际货币或一篮子货币，汇率波动幅度不超过±1%
水平区间内盯住汇率制	类似于传统的盯住汇率制，但该制度下的汇率波动幅度大于±1%
爬行盯住汇率制	官方按照已宣布的固定汇率，根据既定的量化指标，定期小幅度调整汇率
爬行区间盯住汇率制	是水平区间内盯住汇率制和爬行盯住汇率制的结合。与爬行盯住汇率制不同的是，该制度的汇率波动幅度更大
事先不公布汇率目标的管理浮动	官方不公布汇率目标，积极干预外汇市场影响汇率的波动
单独浮动	汇率由市场决定，官方即便干预，也只是为了让汇率波动的幅度不要过大

例题 23.2（2018 年真题改编，单选题）官方按照已宣布的固定汇率，根据既定的量化指标，定期小幅度调整汇率的制度是（　　）。

A. 货币局制
B. 水平区间内盯住汇率制
C. 爬行盯住汇率制
D. 事先不公布汇率目标的管理浮动汇率制

【答案】C

【名师解析】爬行盯住汇率制是根据既定的量化指标，定期小幅度调整汇率制度。

3. 影响汇率制度的主要因素

何种因素会影响一国对汇率制度的选择，有两种理论观点。

（1）经济论。

汇率制度的选择主要受经济因素影响。具体的经济因素如图 23-4 所示：

	影响汇率的经济因素				
	① 经济开放程度	② 经济规模	③ 进出口贸易的商品结构、地域分布	④ 国内金融市场的发达程度、其与国际金融市场一体化的程度	⑤ 相对的通货膨胀率
第一种情况：	高	小	集中度高	—	—	一般倾向于固定汇率制或盯住汇率制
第二种情况：	低	—	商品多样化或地域分散化	与国际金融市场一体化程度高，资本流入流出较频繁	与其他国家不一致	倾向于浮动汇率制或弹性汇率制

图 23-4　经济论下影响汇率制度选择的因素

趣味说

美国经济学家对一些国家的汇率政策比较发现，实行浮动汇率制的国家，呈现出经济开放程度较低、进出口贸易商品和地域分布高度分散化，金融国际化程度高，相对的通货膨胀率较高的特点。

（2）依附论。

汇率制度的选择受一国对外经济、政治、军事等多方面的联合影响。

发展中国家在实行盯住汇率制时，对"被盯住货币"的选取，取决于该国对外经济、政治关系的集中程度或依附关系。例如，政治、经济上与美国联系较为密切的国家，往往将本币盯住美元。与此相反，与美国联系不是特别紧密的国家，往往将本币盯住一篮子货币。

（五）人民币汇率制度

人民币汇率形成机制改革坚持的原则有：**主动性**、**可控性**、**渐进性**。2016 年，人民银行明确了

"收盘汇率+一篮子货币汇率变化"的人民币对美元汇率中间价形成机制。2017年，在原有"收盘汇率+一篮子货币汇率变化"的报价模型中加入了"逆周期因子"，用来对冲市场中的顺周期波动，人民币升值与贬值双向波动的格局形成。

上述"收盘汇率"指的是，上一交易日人民币兑美元收盘汇率，反映的是外汇市场供求状况。"一篮子货币"说的是，指定若干种主要的货币，赋予一定的权重，组成一个用于管理参考的货币篮子。

在我国的计划经济时期，人民币汇率长期被高估。1985年，1美元等于2.8元人民币。改革开放后，我国物价开始逐步上涨，1990年11月，汇率调整为1美元等于5.22元人民币。1994年4月，银行间外汇市场——中国外汇交易中心在上海成立，实行撮合成交、集中清算制度，同时体现价格优先、时间优先原则。

尽管我国宣布对人民币实行有管理的浮动，但由于汇率变动幅度不大，国际货币基金组织仍将我国对汇率的管理归类为传统的盯住汇率制度。

二、国际收支及其调节（★★）

（一）国际收支

国际收支的含义可以从狭义和广义上来理解，如表23-9所示：

表23-9 国际收支的含义

类别	国际收支的含义
狭义	① 一定时期内，一国居民与非居民所发生的全部货币或外汇的收入和支出。 ② 判断是否是国际收支，核心是看是否发生了货币或外汇的支付
广义	① 一定时期内，一国居民与非居民所进行的全部经济交易系统的货币记录。 ② 判断是否是国际收支，核心是看是否发生了经济交易

国际收支**本质特征**：
① 是一个流量的概念，即一定时期的发生额；
② 是一个收支的概念，收入和支出是以一定货币计值的价值量；
③ 是一个总量的概念，是整个国家在一定时期收入和支出的总量；
④ 是一个国际的概念，经济交易的主体特征，即居民与非居民。

广义国际收支与狭义国际收支相比，涵盖了易货贸易、物品捐赠、以实物投入的直接投资等。

例题 23.3（2017 年真题改编，多选题） 国际收支的本质特征是（　　）。
A. 国际收支是一个流量的概念
B. 国际收支是一个收支的概念
C. 国际收支是一个国际的概念
D. 国际收支是一个总量的概念
E. 国际收支是一个存量的概念
【答案】ABCD
【名师解析】国际收支有四个本质特征：是流量的概念、收支的概念、国际的概念、总量的概念。

国际收支中的每笔交易的记录均由两个金额相等但方向相反的分录组成，反映了每笔交易的流入和流出，即采用了复式记账法。

（二）国际收支平衡表

1. 概念

国际收支平衡表是按照一定会计原理和方法编制的系统记录国际收支的统计表。

国际收支平衡表是按照复式簿记的借贷记账法编制的，在表中分设了借方和贷方。**借方以"–"表示，记入资金占用科目，即国际收支的支出科目；贷方以"+"表示，记入资金来源科目，即国际收支中的收入科目。**

2. 国际收支平衡表的账户

国际收支平衡表包括的账户有：

（1）经常账户。

经常账户反映的是居民与非居民之间货物、服务、初次收入和二次收入的流量。经常账户差额显示的是出口和应收收入之和与进口和应付收入之和之间的差额。

（2）资本账户。

资本账户显示的是居民与非居民之间非生产非金融资产和资本转移的贷方分录及借方分录。

（3）金融账户。

金融账户反映了金融资产和负债的获得及处置净额，金融账户交易列在国际收支中。

经常账户差额与资本账户差额之和为某一经济体与世界其他经济体之间的净贷款（顺差）和净借款（逆差）。

（4）误差与遗漏净额。

误差与遗漏净额是指，在实践中，由于源数据和编制的不理想，国际收支账户存在的不平衡问题。这种误差与遗漏净额是作为残差项推算的，可按从金融账户推算的净贷款或净借款，减去从经常账户和资本账户中推算的净贷款或净借款来推算。

（三）国际收支均衡与不均衡

1. 国际收支均衡与不均衡的含义

引致国际收支的经济交易，按照其交易动机，可以分为两种，如表 23–10 所示：

表 23–10　引致国际收支的经济交易分类

分类	具体内容
自主性交易	又叫事前交易，是指有关交易主体出于获取利润、利息等经济动机或其他动机，根据本国与他国在价格、利率、利润率等方面存在的差异或其他考虑，在**事前主动进行**的经济交易

续表

分类	具体内容
补偿性交易	又叫事后交易，是指有关交易主体为了平衡自主性交易发生的收支差额，在**事后被动进行**的经济交易

一般以自主性交易来界定国际收支均衡与不均衡。

国际收支均衡是指自主性交易的收入和支出的均衡。

国际收支不均衡是指自主性交易的收入和支出的不均衡。

2. 国际收支不均衡的类型

国际收支不均衡可以划分为不同的类型，如表 23-11 所示：

表 23-11 国际收支不均衡的分类

分类的依据	分类	具体内容
差额的性质	国际收支顺差	自主性交易的收入大于支出
	国际收支逆差	自主性交易的收入小于支出
差额产生的原因	收入性不均衡	一国的国民收入增长超过他国的国民收入增长，引起本国进口需求增长超过出口增长，导致国际收支不均衡
	货币性不均衡	由一国的货币供求失衡引起本国通货膨胀率高于他国通货膨胀率，进而刺激进口、限制出口而导致的国际收支不均衡
	周期性不均衡	由一个国家的经济周期性波动而导致的国际收支不均衡
	结构性不均衡	由一个国家的经济结构及其决定性的进出口结构不能适应国际分工结构的变化所导致的国际收支不均衡
不同账户的状况	经常账户不均衡	经常账户出现顺差或逆差
	资本与金融账户不均衡	资本与金融账户出现顺差或逆差
	综合性不均衡	经常账户差额同资本与金融账户差额相抵后出现顺差或逆差

（四）国际收支不均衡的调节

1. 国际收支不均衡调节的必要性

国际收支不均衡调节的必要性体现在：

（1）国际收支不均衡的调节是**稳定物价**的要求。

当国际收支逆差时，货币当局动用外汇储备，投放外汇，回笼本币，导致通货紧缩；当国际收支顺差时，货币当局投放本币，收购外汇，补充外汇储备，导致通货膨胀。

（2）国际收支不均衡的调节是**稳定汇率**的要求。

国际收支逆差时，外汇供不应求，导致外汇汇率上涨；国际收支顺差时，外汇供过于求，导致外汇汇率下跌。

（3）国际收支不均衡的调节是**保有适量外汇储备**的要求。

国际收支逆差时，货币当局动用外汇储备，导致外汇储备不足或枯竭；国际收支顺差时，货币当局补充外汇储备，导致外汇储备过多。

2. 国际收支不均衡调节的政策措施

国际收支不均衡调节的政策措施有宏观经济政策和微观政策措施。

（1）宏观经济政策。

宏观经济政策有财政政策、货币政策和汇率政策三种，如表 23－12 所示：

表 23－12　宏观经济政策

政策	国际收支不均衡	应对政策	政策实施的影响
财政政策	国际收支逆差	紧缩的财政政策	产生需求效应，导致进口需求减少，进口下降
			产生价格效应，导致价格下跌，刺激出口，限制进口
	国际收支顺差	宽松的财政政策	对国际收支产生进口需求扩大的需求效应和价格上涨限制出口、刺激进口的价格效应
货币政策	国际收支逆差	紧的货币政策	产生需求效应，导致有支付能力的进口需求减少，进口下降
			产生价格效应，导致价格下跌，刺激出口，限制进口
			产生利率效应，导致利率提升，刺激资本流入，阻碍资本流出
	国际收支顺差	松的货币政策	进口需求扩大的需求效应，价格上涨限制出口、刺激进口的价格效应，以及利率降低阻碍资本流入、刺激资本流出的利率效应
汇率政策	国际收支逆差	本币法定贬值	以外币标价的本国出口价格下降，刺激出口；以本币标价的本国进口价格上涨，限制进口
	国际收支顺差	本币法定升值	外币标价的本国出口价格上涨，限制出口；以本币标价的本国进口价格下跌，刺激进口

其中：汇率政策主要调节经常账户收支。

（2）微观政策措施。

当国际收支逆差时，加强外贸管制和外汇管制；当国际收支顺差时，放宽甚至取消外贸管制和外汇管制。

例题 23.4（2017 年真题改编，单选题）在国际收支顺差时，可以采取（　　）的政策。

A. 松的货币政策　　　　　　　　　B. 紧的货币政策
C. 加强外贸管制　　　　　　　　　D. 本币法定贬值

【答案】　A

【名师解析】　在国际收支顺差时，可以采取松的货币政策。

（五）我国的国际收支不均衡的调节

自 20 世纪 80 年代以来，我国的国际收支基本以顺差为主，在顺差当中，多数年份都是经常项目收支和资本项目收支同时顺差，也称"双顺差"。

我国对国际收支顺差采取了一些调节政策和措施：

① 逐步放宽和取消经常项目下的外汇管制。

② 逐步放宽资本项目下的外汇管制。

③ 降低对出口的激励范围和力度，改变外贸增长方式，调整外贸出口结构。
④ 优化利用外资结构，限制高耗能、重污染、附加值低的直接投资流入。
⑤ 对国外投机性的热钱流入采取密切监控的高压政策。

例题 23.5（2015 年真题改编，单选题） 20 世纪 80 年代以来，我国大多数年份出现国际收支（　　）。

A. 双逆差 B. 双顺差
C. 资本项目顺差，经常项目逆差 D. 经常项目顺差，资本项目逆差

【答案】B
【名师解析】20 世纪 80 年代以来我国大多数年份国际收支为顺差，而且是经常项目收支和资本项目收支同时顺差，即"双顺差"。

三、国际储备及其管理（★）

（一）国际储备

1. 概念

国际储备是指国家政府持有的，用于平衡国际收支、稳定汇率的国际普遍接受的一切资产。**包括黄金储备、外汇储备、在国际货币基金组织的储备头寸和特别提款权**，后两项国际储备，只有国际货币基金组织的成员才能拥有。

国际储备具有四个**本质特征**：
① 国际储备是官方储备，为货币当局持有，不包括民间持有的黄金、外汇等；
② 国际储备是货币资产，不包括实物资产。
③ 国际储备是为世界各国普遍接受的货币资产，不能将他国不可兑换货币用作国际储备。
④ 国际储备是一个存量的概念，一般以截止某一时点的余额来表示或计量国际储备总量。

2. 功能

国际储备的主要功能有：
① 弥补国际收支逆差。
② 稳定本币汇率。
③ 维持国际资信和投资环境。

（二）国际储备的管理

1. 国际储备的总量管理

国际储备总量管理的目标是使国际储备总量适度，如果国际储备少，会在动用国际储备实现其功能时力不从心；如果国际储备多，会造成资源闲置，产生的机会成本高。

在确定国际储备总量时依据的因素有：
① 是否是储备货币发行国。如果是，则对国际储备需求少，反之则多。
② 经济规模与对外开放程度。该因素与国际储备需求量呈正相关关系。
③ 国际支出的流量。该因素与国际储备需求量呈正相关关系。
④ 外债规模。该因素与国际储备需求量呈正相关关系。

⑤ 短期国际融资能力。在国际收支逆差时，如果在国际上获得短缺融资的能力强，则可以不动用或少动用国际储备，从而对国际储备的需求少；反之则多。

⑥ 其他国际收支调节政策措施的可用性与有效性。在国际收支逆差时，如果可供选择的其他国际收支调节措施较多，实施后见效的时滞短，效果好，则对国际储备的需求越少，反之则多。

⑦ 汇率制度。如果实行固定汇率制度或弹性低的汇率制度，则所需的国际储备就多，反之则少。

2. 国际储备的结构管理

国际储备结构管理的目标是使国际储备结构最优，在安全性、流动性、盈利性之间找到最好的均衡点。

国际储备结构管理的内容：

① 国际储备资产结构的优化。国际储备资产结构的优化集中在黄金储备和外汇储备结构的优化上。

② 外汇储备货币结构的优化。从安全性出发，需要将外汇储备的货币结构与未来外汇支出的货币结构相匹配，在未来的外汇支出中，将不同储备货币之间的兑换降低到最低程度；从盈利性出发，需要提高储备货币中硬币的比重，降低软币的比重。

③ 外汇储备资产结构的优化。活期存款、支付凭证、有价证券三种资产形式，外汇储备的流动性和盈利性是不同的，在满足即时支付需要、实现保值增值的顺序，安排三种资产的优先顺序。

（三）我国国际储备及其管理

我国国际储备由黄金储备、外汇储备、在国际货币基金组织的储备头寸、特别提款权构成。

国际储备特别是外汇储备的管理逐步成为我国宏观经济管理的重要内容，我国围绕维护国际收支平衡和汇率稳定的核心职能，不断优化币种结构和资产结构，实现投资的多元化和分散化。

任务 24　国际货币和外汇管理

任务概述

本任务内容涉及"第十章　国际金融及其管理"的"第四节　国际货币体系""第五节　离岸金融市场""第六节　外汇管理与外债管理"。涉及内容包括国际金本位制；布雷顿森林体系；牙买加体系；离岸金融市场；欧洲货币市场；外汇和外债管理。

此任务在中级经济师考试中约考查 4~5 分，分值占比约为 2%~3%。考试题型同时涉及单选题和多选题。

本任务难度适中，其中，重要考点为外汇管理。

任务框架图

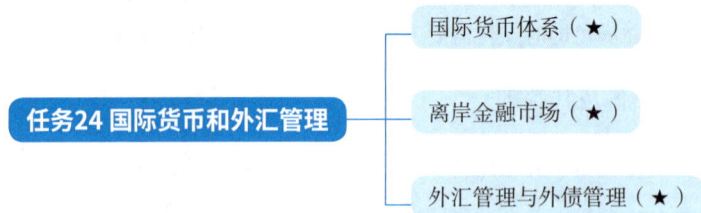

一、国际货币体系（★）

近现代国际货币体系大致经历了三个发展阶段：第一个阶段是一战前的国际金本位制；第二个阶段是二战后的布雷顿森林体系；第三个阶段是 20 世纪 70 年代以来的牙买加体系。

（一）国际金本位制

国际金本位制的**内容**：

① 铸币平价构成各国货币的中心汇率。在国际金本位制下，决定货币汇率的直接基础是两国单位货币的含金量，含金量之比的铸币平价是中心汇率。

② 市场汇率受外汇市场供求关系的影响，围绕铸币平价上下波动，波动幅度为黄金输送点之内。黄金输送点包括黄金输出点和黄金输入点，等于铸币平价加减运送黄金的运费。

国际金本位制下的汇率制度是自发形成的固定汇率制。

国际金本位制的**特征**：

① 黄金是主要的国际储备资产。

② 汇率制度是固定汇率制，防止了汇率剧烈波动所引起的风险。

③ 国际收支不均衡的调节，存在"物价与现金流动机制"的自动调节机制。

(二) 布雷顿森林体系

1. 布雷顿森林体系的建立和崩溃

1944年，44个国家代表出席在美国召开的国际金融会议，最后通过"布雷顿森林协定"，布雷顿森林体系由此建立。

1971年，十国集团首脑在美国召开会议，达成"史密森协定"，美元实行战后第一次贬值，1973年，布雷顿森林体系彻底崩溃。

2. 布雷顿森林体系的主要内容

① 建立一个永久性的国际金融机构，即国际货币基金组织，旨在加强国际货币金融合作。

② 实行"双挂钩"的固定汇率制度，一是美元同黄金挂钩，在其他各国中央银行以持有的美元向美国兑换黄金时，美国按照法定含金量兑换。二是其他各国的货币与美元挂钩，人为规定本国货币与美元的法定平价，实行可调整的有明确汇率波动幅度限制的固定汇率制度。

③ 取消对经常账户交易的外汇管制，但同时也对国际资金流动做出限制。

3. 布雷顿森林体系的特征

布雷顿森林体系的特征：

① 美元处于和黄金相同的地位，成为最主要的国际储备货币。

② 实行以美元为中心的、可调整的固定汇率制度，美国以外的国家需要保证本国货币与美元汇率保持稳定。

③ 国际货币基金组织作为一个新兴机构成为国际货币体系的核心。

(三) 牙买加体系

1. 牙买加体系的建立和发展

1973年，布雷顿森林体系崩溃后，进入了浮动汇率制度时代，1978年，"牙买加协议"生效，国际货币体系进入了新时代——牙买加体系。

目前来看，"牙买加体系"的运行情况良好，在此体系中，美元仍居主导地位，但其他主要货币的地位有相应的提升；该体系也存在缺陷，如国家间政策协调难度大、发展中国家在国际货币基金组织的话语权较弱等。

2. 牙买加体系的内容

"牙买加协议"规定：

① 浮动汇率合法化。各成员可以自由做出汇率制度的安排。

② 黄金非货币化。取消成员之间或与国际货币基金组织之间以黄金清偿债务的义务。

③ 扩大特别提款权的作用。成员之间可以使用特别提款权来偿还债务以及接受贷款。

④ 扩大发展中国家的资金融通且增加各成员的基金份额。以优惠条件向贫穷的发展中国家提供贷款，扩大国际货币基金组织的信用贷款限额。

3. 牙买加体系的特征

"牙买加体系"的特征：

① 国际储备货币多样化。美元仍是主导型国际储备货币，执行国际支付、储藏手段职能，欧元的诞生推动了国际储备货币的多样化。

② 汇率制度安排多元化。牙买加体系认可浮动汇率制度与固定汇率制度的暂时并存。

③ 黄金非货币化。黄金不再是各国货币平价的基础，也不能用于官方之间的国际偿付。
④ 国际收支调节机制多样化。

二、离岸金融市场（★）

（一）离岸金融市场含义

离岸金融市场（Offshore Financial Market）是指货币的国际借贷和交易转移到该货币发行国境外进行，即在非居民与非居民之间从事离岸货币（境外货币）借贷的市场。

> 离岸金融市场起源于伦敦，最初的离岸货币是欧洲美元。

（二）离岸金融中心

离岸金融中心是指组成离岸金融市场的众多金融中心，在这些国际金融中心，离岸金融业务比较集中。

从离岸金融业务与国内金融业务的关系出发，离岸金融中心有三种类型：

（1）伦敦型中心。

伦敦型（London Type）中心，又称一体型中心，特点有：

① 交易的货币币种是不包括市场所在国货币的其他货币。

② 经营范围比较宽泛，市场的参与者可以同时经营在岸（Onshore）金融业务和欧洲货币等离岸金融业务。

③ 对经营离岸业务没有严格的申请程序。

在伦敦型金融中心下，各种金融业务融为一体，非居民之间的交易和居民与非居民之间的交易没有严格界限。伦敦和中国香港的离岸金融中心属于这一类型。

（2）纽约型中心。

纽约型（New York Type）中心的特点：

① 欧洲货币业务包括市场所在国货币的非居民之间的交易。

② 管理上对境外、境内货币严格分账。

纽约型中心，又称分离型中心，对居民的存放业务与对非居民的业务分开，离岸金融业务与国内金融业务分开。美国纽约的国际银行便利，日本东京的海外特别账户，新加坡的亚洲货币单位属于这一类型。

（3）避税港型中心。

避税港（Tax Heaven Type）中心的特点：

① 资金流动几乎不受任何限制，且免征有关税收。

② 资金源于非居民，也用于非居民。

③ 市场上几乎没有实际的交易，而只是其他金融中心资金交易的记账和转账。

避税港型中心，又称为走账型或簿记型中心，实际上就是建立所谓的空壳分行，旨在避税和管制。巴哈马、开曼、百慕大、巴拿马、马恩岛等离岸金融中心，属于这一类型。

（三）欧洲货币市场的含义

欧洲货币市场是专门从事境外货币存放借贷的市场。欧洲货币就是在货币发行国境外流通的货币，或者说是在市场所在地流通的外国货币。

（四）欧洲货币市场的特点

欧洲货币市场的特点：

① 欧洲货币市场的交易客体是欧洲货币。可以从一笔货币资金是否缴纳存款准备金，来判断该笔存款是不是欧洲货币。一般来说，只有非居民的外币存款不用缴纳存款准备金。

② 欧洲货币市场的交易主体主要是市场所在地的非居民。欧洲货币市场主要从事非居民与非居民之间的借贷，成为与国内金融市场、传统的国际金融市场相分离的离岸金融市场。

③ 欧洲货币市场的交易中介是欧洲银行。欧洲银行专指那些经营欧洲货币业务的银行。

（五）欧洲货币市场的构成

1. 欧洲银行同业拆借市场

（1）欧洲银行同业拆借市场的定义。

欧洲货币市场中的银行同业市场中，银行同业间的资金拆借占整个市场的比重很大。

欧洲货币市场存在发达的银行同业市场的原因：

① 各国商业银行常常在欧洲货币市场上借款来满足本国对准备金的要求。

② 资金由拥有过剩存款的欧洲银行流向最终客户，需要一系列的银行充当中介。

③ 商业银行在各货币间进行短期套利。

（2）欧洲银行同业拆借市场的报价。

银行同业拆借实行双向报价制，即同时报出出价利率和要价利率，对方可以选择存款或借款。出价利率是指报价银行从其他银行吸收存款的利率；要价利率是指对其他银行贷款的利率，两个利率的差是银行从事交易的收益。

（3）欧洲银行同业拆借市场的产品。

银行同业之间拆借欧洲货币的定期存款，标准的期限有1个月、2个月、3个月、6个月、9个月、12个月、1天、1周、2周，除此之外，还有隔夜存款（交易日当天交割的期限只有1天的存款）、隔日存款（期限只有1天，但在交易日的次日交割的存款）。

2. 欧洲中长期信贷市场

按照惯例，1~5年的贷款为中长期贷款，5年以上的贷款为长期贷款，二战后，不再严格区分两者，统称为中长期贷款，它的主要形式有银团贷款和双边贷款。

（1）银团贷款。

银团贷款是向非银行借款人提供欧洲中长期贷款的主要形式，又称辛迪加贷款，它是指由一家或几家信誉较高的大银行牵头，按照相同条件共同向借款人提供贷款。

银团贷款的两种形式：

① 直接银团贷款。参加贷款银团的各成员银行直接向借款人提供贷款，贷款的具体工作由协议中指定的代理银行进行。

② 间接银团贷款。由一家或几家大银行为牵头银行向借款人做出贷款安排，由牵头银行将贷款

分别转售给其他参与银行，贷款工作由牵头银行负责管理。

(2) 双边贷款。

双边贷款又称独家银行贷款，是指金额较低、期限较短的中期贷款，一般只由一家银行提供。

双边贷款除利率结构与银团贷款相同外，其他费用较低，有时甚至全免。

3. 欧洲债券市场

欧洲债券是国际债券的一种，从债券发行人的身份来看，债券分为国内债券和国际债券两类。**国内债券**是指市场所在地的本国发行人发行的债券；**国际债券**是指市场所在地的非居民发行人发行的债券。

国际债券的分类如表 24-1 所示：

表 24-1　国际债券的分类

债券分类	定义	举例
外国债券	非居民在异国债券市场上以市场所在地货币为面值货币发行的国际债券	中国政府在日本发行的日元债券
欧洲债券	借款人在本国以外市场发行的以第三国货币为面值货币的国际债券	墨西哥政府在东京发行的美元债券

在每个金融中心发行的外国债券一般都会有一个统一的名称，例如，在美国发行的外国债券称为扬基债券，在英国发行的外国债券称为猛犬债券，在中国发行的外国债券称为熊猫债券。

三、外汇管理与外债管理（★）

（一）外汇管理含义

外汇管理的含义有狭义和广义之分，如表 24-2 所示：

表 24-2　外汇管理的含义

狭义/广义	外汇管理的含义
狭义	又称外汇管制，是指对外汇兑换等施加限制，主要对外汇可得性和价格的限制
广义	既包括外汇管制，也包括为实施外汇管制或其他管制措施而采取的配套管理措施

在我国，外汇管理由国家外汇管理局负责。

（二）外汇管理的目的与弊端

(1) 外汇管理的目的。

一般来说，外汇管理的**目的**：

① 促进国际收支平衡或改善国际收支状况。

② 稳定本币汇率，控制汇率风险。

③ 防止资本外逃或大规模投机性资本冲击，维护金融市场的稳定和安全。

④ 增加外汇储备。
⑤ 保护国内市场，集中和有效利用外汇资源。
⑥ 增强商品的国际竞争力。
（2）外汇管理的弊端。
外汇管理的**弊端**：
① 扭曲汇率，造成资源配置低效率。
② 导致寻租和腐败行为。
③ 导致非法金融蔓延。
④ 导致收入分配不公。
⑤ 不利于经济的长远发展。

（三）货币可兑换

1. 货币可兑换的含义

货币可兑换是相对于外汇管制而言的，在纸币流通中，国家货币的持有者可以不受该国政府或货币当局的限制，以任何目的将所持有的该国货币按照一定汇率兑换为外国货币，用于对外支付或持有。

2. 货币可兑换的类型

按照可兑换程度，货币可兑换分为完全可兑换和部分可兑换。

（1）完全可兑换。

完全可兑换是指国家货币的持有者可以在国际收支的所有项目下，自由地将本国货币与外国货币相兑换。

（2）部分可兑换。

部分可兑换是指国家货币的持有者可以在部分国际收支项目下（如经常项目和资本项目），例如，在经常项目下，为支付国际货物、服务交易的目的而自由地将本国货币与外国货币相兑换。

3. 经常项目可兑换

经常性交易的规定有：
① 所有同外贸和其他经常性业务以及正常的银行短期信贷业务相关的支付。
② 贷款利息和其他投资净收益的支付。
③ 数额不大的偿还贷款本金或摊提直接投资折旧的支付。
④ 数额不大的家庭生活费用汇款。

国际货币基金组织认为的货币可兑换主要是指经常项目可兑换，而不是完全可兑换。

4. 资本项目可兑换

资本项目可兑换就是实现货币在资本与金融账户下各交易项目的可兑换。

要实现资本项目可兑换需要一定条件：稳定的宏观经济环境和金融体系，弹性的汇率制度。大多数发展中国家很难同时具备这些条件，因此实行资本项目可兑换有一定难度，但是循序渐进的推进资本项目可兑换是可以实施的。

资本项目可兑换的**顺序**：
① 就资本流入、流出而言，大多数发展中国家先放松资本流入管制，资本流入自由化的程度高于资本流出。

② 就资本性交易本身而言，首先从受短期冲击影响不大的具有长期稳定性的资本交易和与正常商业活动有直接关系的资本交易入手，通常外国直接投资自由化早于资产组合投资。

③ 资本交易的兑换限制放松早于资产交易本身的管制；数量型管制的放松早于价格型管制的放松，或价格型管制的放松取代前者。

(四) 我国的外汇管理体制

1. 我国外汇管理体制的改革

1996年，我国实现了人民币经常项目可兑换，2001年，我国继续完善经常项目可兑换，稳步推进资本项目可兑换和跨境贸易投资便利化。

2. 人民币经常项目可兑换条件下的经常项目管理

1996年，实施人民币经常项目可兑换后，对该项目仍然实行真实性审核。

① 经常项目外汇收入，可以按照有关规定保留或卖给经营结汇、售汇业务的金融机构。

② 经常项目外汇收支的交易基础应当真实、合法。

③ 境内机构经常项目用汇，除个别项目须经外汇管理部门对真实性进行审核外，可以直接按照市场汇率凭相关的有效凭证用人民币向外汇指定银行购汇或从其外汇账户上对外支付。

④ 实行进出口收付汇核销制度。货物出口后，外汇管理部门对相应的出口收汇进行核销；进口货款支付后，外汇管理部门对相应的进口付汇进行核销。

3. 人民币经常项目可兑换条件下的资本项目管理

我国按照"循序渐进、统筹规划、先易后难、留有余地"的原则，逐步推进资本项目可兑换。除另有规定外，资本项目外汇收入均需调回境内。

(1) 直接投资。

① 外商投资企业的资本金、投资资金等需开立专项账户保留；外商投资项下的外汇资本金结汇可持相应材料直接到指定的外汇银行办理，其他资本项下的外汇收入需经外汇管理部门批准后结汇；外商投资企业资本项下支出经批准后可以从其外汇账户中直接汇出或购汇汇出。

② 境内机构、境内个人向境外直接投资或从事境外有价证券、衍生产品发行、交易，应当按照外汇管理部门的规定办理登记。

③ 2010年，启动跨境直接投资人民币结算试点，支持外商以人民币出资在我国进行直接投资；允许国内企业以人民币开展境外直接投资。

④ 2015年，取消外汇年检和境外再投资备案，全国推广外商投资企业资本金意愿结汇，直接投资无需前置性审批，直接投资实现完全可兑换。

(2) 证券投资。

① 放松管制，促进证券资金流入。例如，境外投资者可直接进入境内B股市场，无须审批；境外资本可以通过合格境外机构投资者（Qualified Foreign Institutional Investors，QFII）间接投资境内A股市场，买卖股票、债券等；境内企业可通过境外上市，或者发行国际债权及离岸人民币债权，到境外募集资金调回使用。

② 拓宽渠道，鼓励证券资金流出。例如，外汇指定银行可以买卖境外非股票类证券。

③ 创新机制，推动金融市场双向开放。建立股票市场和债券市场交易互联互通机制和证券投资基金互认机制，推出"沪港通""深港通"等，提高资本项目可兑换水平。

(3) 其他投资。

对外债实行计划管理。例如，允许境内居民以特殊目的公司的形式设立境外融资平台，通过反向并购、股权置换等在国际资本市场上从事各类股权融资活动。

4. 新形势下外汇管理体制改革的深化

将本外币一体化的全口径跨境融资宏观审慎管理试点扩大至全国范围内的金融机构和企业。对金融机构和企业不实行外债事前审批，而是由金融机构和企业在与其资本或净资产挂钩的跨境融资上限内，按规定自主开展本外币跨境融资。

对境外机构投资者实行登记管理，境外机构投资者应通过结算代理人办理外汇登记，不设置单家机构限额或总限额，境外机构投资者可凭登记信息，到银行办理资金汇出入和结汇或购汇。

2017年，我国决定将单个或多个外国投资者直接或间接投资证券、基金管理、期货公司的投资比率限制放宽至51%，上述措施实施3年后，投资比例不受限制；实施内外一致的银行业股权投资比例规定；3年后，将单个或多个外国投资者投资设立经营人身保险业务的保险公司的投资比例放宽至51%，5年后的投资比例不受此限制。

（五）外债管理概述

1. 外债与外债管理的概念

（1）外债。

国际货币基金组织和世界银行对外债的定义：在任何特定时间内，一国居民对非居民承担的具有契约型偿还责任的债务，包括本金的偿还和利息的支付。

国家外汇管理局对外债的定义：我国境内的机关、团体、企业、事业单位、金融机构或其他机构对我国境外的国际金融组织、外国政府、金融机构、企业或其他机构用外国货币承担的具有契约型偿还义务的债务。包括：国际金融组织贷款；外国政府贷款；外国银行和金融机构贷款；买方信贷；外国企业贷款；发行外币债权；国际金融租赁；延期付款；补偿贸易中直接以现汇偿还的债务；其他形式的对外债务。

外国控股权投资，如外商直接投资和股票投资不属于外债。

（2）外债管理。

外债管理是指国家政府对外债及其运行加以控制和监督。

2. 外债总量与结构管理

（1）外债总量管理。

外债总量管理的核心是让外债总量适度，不超过债务国的**吸收能力**。外债的吸收能力取决于债务国的负债能力和偿债能力。负债能力决定债务国能否将既融入的外债消化得了，使用得起；偿债能力决定债务国对外债能否偿还得起。

监测外债总量的指标有：

$$负债率=\frac{当年未清偿外债余额}{当年国民生产总值}\times100\% \quad (24.1)$$

$$债务率=\frac{当年未清偿外债余额}{当年货物和服务出口总额}\times100\% \quad (24.2)$$

$$偿债率=\frac{当年外债还本付息总额}{当年货物和服务出口总额}\times100\% \quad (24.3)$$

$$短期债务率 = \frac{短期外债余额}{当年未清偿外债余额} \times 100\% \quad (24.4)$$

根据国际通行标准，负债率20%、债务率100%、偿债率25%、短期债务率25%，是债务国控制外债总量的警戒线。当相关指标处于警戒线以下时，外债总量是适度和安全的；反之，外债总量超过吸收能力，需要进行调整。

（2）外债结构管理。

外债结构是指外债的各个构成部分在外债总体中的排列组合与相互地位。

外债结构管理的核心是优化外债结构。外债结构的优化包括：外债种类结构的优化、外债期限结构的优化、外债利率结构的优化、外债币种结构的优化、外债国别结构的优化、外债投向结构的优化。

例题 24.1（2018 年真题，单选题）在下列选项中，债务率是（　　）。
A. 当年未清偿外债余额与当年国民生产总值之比
B. 当年未清偿外债余额与当年国内生产总值之比
C. 当年未清偿外债余额与当年货物和服务进口总额之比
D. 当年未清偿外债余额与当年货物和服务出口总额之比

【答案】D

【名师解析】债务率是当年未清偿外债余额和当年货物和服务出口总额之比。

（六）我国的外债管理体制

1. 我国的外债情况

从总量上看，尽管外债绝对规模较大，但负债率、债务率和偿债率等外债风险指标低于国际公认的警戒线，也远远低于发达国家和新兴国家的整体水平。

从结构上看，外债主要的特征：

① 从外债的期限结构看，短期外债为主，中长期外债次之；
② 从外债的币种结构看，本币外债较外币外债余额低；
③ 从债务工具看，债务证券、贷款、货币和存款合计占绝大多数；
④ 从债务人类型看，外债余额从高到低为：银行、企业、广义政府（含中央银行）。

2. 我国的外债管理制度

我国的外债管理主体有：财政部、国家发展和改革委员会、国家外汇管理局。其中，财政部是政府外债的统一管理部门。国家发展和改革委员会负责 1 年期以上的中长期外债的管理；国家外汇管理局负责 1 年期以内（含 1 年）的短期外债管理。

我国对外债实行登记管理，国家外汇管理局及其分支局负责外债的登记、账户、使用、偿还以及结售汇等管理、监督和检查。

2015 年起，国家外汇管理局按季对外公布我国全口径外债数据。全口径外债指的是将人民币外债计入我国外债统计的范围之内的外债，包括：以外币表示的对外债务；直接以人民币形式存在的外债。

其中，外币外债易受汇率波动的影响，人民币外债不存在货币错配风险和汇率风险等，特别是没有外汇偿付风险，不直接消耗外汇储备。